Wege in den Traumberuf
Journalismus

1. Jens Bergmann • Bernhard Pörksen (Hrsg.):
Medienmenschen. Wie man Wirklichkeit inszeniert.
Gespräche mit Joschka Fischer, Verona Pooth,
Peter Sloterdijk, Hans-Olaf Henkel, Roger Willemsen u. v. a.
Münster: Solibro Verlag 1. Aufl. 2007
ISBN 978-3-932927-32-4

2. Jan Philipp Burgard • Moritz-Marco Schröder:
Wege in den Traumberuf Journalismus.
Deutschlands Top-Journalisten verraten ihre Erfolgsgeheimnisse
Mit praktischem Studienführer
Münster: Solibro Verlag 1. Aufl. 2012
ISBN 978-3-932927-15-7

verlegt. gefunden. gelesen.

Jan Philipp Burgard | Moritz-Marco Schröder

Wege in den Traumberuf
Journalismus

Deutschlands Top-Journalisten
verraten ihre Erfolgsgeheimnisse

SOLIBRO

Informationen
über unser Programm
erhalten Sie unter:
www.solibro.de

Impressum
Umschlaggestaltung: Christoph Pittner (U1) · Nils A. Werner (U4)
Layout: Christoph Pittner
Satz: Reihs Satzstudio, Lohmar

Bildnachweis
Fotos Umschlag und Innenteil:
privat (Buhrow) · Frank Zauritz (Diekmann) · Wolfgang Borrs (Will)
privat (Kloeppel) · picture-alliance / Norbert Schmidt (Delling – Innenteil)
picture-alliance / Pressefoto ULMER / Claus Cremer (Delling – Umschlag)
picture-alliance/ZB (Schirrmacher) · Stephanie Füssenich für NEON (Ebert)
Gert Krautbauer (Pleitgen) · privat (Jörges)
privat (Müller von Blumencron) · Matthias Ziegler (Arp)
Scherenschnitte U1: Christoph Pittner
Gregor Lautwein (Jan Philipp Burgard, S. 286)
Florian Geserer (Moritz-Marco Schröder, S. 286)

Druck und Bindung: GGP Media GmbH, Pößneck

Verlag:
SOLIBRO® Verlag, Münster/Westfalen
www.solibro.de

1. Auflage 2012/Originalausgabe
Gedruckt auf chlorfrei gebleichtem Papier.

© SOLIBRO® Verlag Münster 2012
ISBN 978-3-932927-15-7

FSC
www.fsc.org
MIX
Papier aus ver-
antwortungsvollen
Quellen
FSC® C014496

Interviews – TV

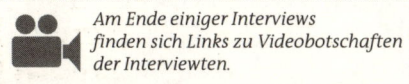
Am Ende einiger Interviews finden sich Links zu Videobotschaften der Interviewten.

Interviews –
Tageszeitungen, Zeitschriften und Online

Dein Start
in den Traumberuf Journalismus

Vorwort

Unsere Eltern schauten uns so entsetzt an, als hätten wir gerade verkündet, nach dem Abi in den australischen Regenwald auswandern zu wollen, um eine fünfjährige Ausbildung zum professionellen Buschtrommler zu absolvieren. Dabei hatten wir auf die Frage, was wir denn nach der Schule mit unserem Leben anfangen wollten, nur eine aus unserer Sicht völlig harmlose Antwort gegeben: Journalist werden! Doch für unsere Eltern schien eine Welt zusammenzubrechen. Sie hatten sich ihre Söhne vor ihrem inneren Auge im weißen Kittel eines Chefarztes oder der schwarzen Robe eines Anwalts vorgestellt – den sie jetzt gegen das angeranzte Sakko eines Schreiberlings eintauschen wollten. Statt als Juristen in Gerichtssälen für Recht und Ordnung zu sorgen, sahen sie uns mit Fotoapparaten bewaffnet und hinter Büschen lauernd als Paparazzi Jagd auf Prominente machen. Und statt mit einem geregelten Einkommen möglichst schnell ein Reihenhaus erarbeitend, sahen sie uns in ihrer Horrorvision als freie Journalisten unter der Brücke landen.

Wie also war unser schockierender Berufswunsch zu erklären? Was war passiert, nachdem wir uns im Anschluss an die kindlichen Berufswünsche Feuerwehrmann und Astronaut jahrelang keine Gedanken mehr um unsere Zukunftsplanung gemacht hatten? Statt im Fernsehen nur Comedy und Comics zu konsumieren, hatten wir mit gewachsenem politischen Interesse auf der Fernbedienung plötzlich auch die Taste mit der Nummer eins entdeckt. Und während wir zu Hause im Sauerland auf dem Sofa saßen und uns unsere kleine Stadt zunehmend enger erschien, entdeckten wir in der ARD einen Mann, der es in die große weite Welt hinaus geschafft hatte. Meistens stand er mit einem blauen Mikrofon in der Hand vor dem Weißen Haus und erklärte den deutschen Fernsehzuschauern, was in den USA gerade los war. Einmal interviewte er sogar den US-Präsidenten. Er kommentierte live, wie die Amerikaner ihre ersten Bomben über dem Irak abwarfen, und ließ sich bei einer Reportage über eine Naturkatastrophe selbst von einem vorbeiziehenden Hurrikan nicht aus der Ruhe bringen. Für eine Dokumentation sprach er mit den Rolling Stones – und wurde dafür anscheinend sogar noch bezahlt! Der Name dieses Mannes mit dem spannendsten Job der Welt: Tom Buhrow. Einige Zeit später stieg der Washington-Korrespondent zum Moderator des wichtigsten Nachrichtenmagazins im deutschen Fernsehen auf. Als »Mr. Tagesthemen« erklärte er jetzt jeden Abend einem Millionenpublikum die News des Tages.

Wir fragten uns: Wie genau hat er das geschafft? Was ist sein Erfolgsgeheimnis? Und wie wird man überhaupt Journalist? Welche Charaktereigenschaften muss ich mitbringen, um ein guter Journalist zu werden? Wie bekomme ich mein erstes Praktikum? Welche Studien- und Ausbildungsmöglichkeiten gibt es?

Deshalb sind wir durchs Land gereist und haben für Euch Deutschlands Top-Journalisten nach ihren Wegen in den Traumberuf Journalismus gefragt.

Eins können wir an dieser Stelle schon vorwegnehmen: Viele Wege führen in den Traumberuf. RTL-Chefredakteur Peter Kloeppel zum Beispiel studierte Landwirtschaft und schrieb seine Diplomarbeit über das Verhalten von Zuchtschweinen, bevor er die Journalistenschule besuchte. Der stern-Kolumnist Hans-Ulrich Jörges erzählte uns, wie er während der Studentenbewegung Steine warf, Haschisch rauchte, sein Studium abbrach – und doch in die Chefredaktion des sterns aufstieg. Auch der mächtige BILD-Chefredakteur Kai Diekmann, der mit seinen Enthüllungen sogar den Bundespräsidenten ins Wanken brachte, spricht offen darüber, welche Rückschläge er als junger Journalist hinnehmen musste.

Deutschlands Top-Journalisten erzählen in diesem Buch nicht nur von ihren Anfängen, sie geben Euch auch viele exklusive Einblicke in ihre tägliche Arbeit. Die Königin der politischen Talkshows, Anne Will, hat uns verraten, wie sie mit ihrer »Schraubstock-Technik« die Bundeskanzlerin ins Kreuzverhör nimmt. FAZ-Herausgeber Frank Schirrmacher erklärte, wie er auf die Ideen für seine Bestseller kommt. VOGUE-Chefredakteurin und »Mode-Päpstin« Christiane Arp hat uns erzählt, wie Karl Lagerfeld und Heidi Klum hinter den Kulissen sind und wie sie neue Trends aufspürt. Während wir mit dem ARD-Sportmoderator Gerhard Delling ein Bundesligaspiel guckten, berichtete er, wie es ist, mit der deutschen Fußball-Nationalmannschaft ein Bier zu trinken. Während Dellings Arbeitskleidung schicke Anzüge sind, trägt Frederik Pleitgen meistens eine schusssichere Weste, wenn er auf Sendung geht. Der Kriegs- und Krisenberichterstatter von CNN hat uns zwischen seinen Einsätzen in Afghanistan, Libyen und Ägypten bei unserem Besuch davon erzählt, wie er einen Luftangriff nur knapp überlebte. Und ganz nebenbei hat er noch verraten, wie er den Sprung vom Sitzenbleiber zum weltbekannten Reporter schaffte. Von NEON-Chefredakteur Michael Ebert erfahrt Ihr, wie Ihr es schafft, trotz allem Konkurrenzdruck im Journalismus kein »Arschloch« zu werden. Und SPIEGEL Online-Chef Mathias Müller von Blumencron erläutert, was man als Journalist im digitalen Zeitalter außer Schreiben noch alles können muss.

Einige der Top-Journalisten haben zusätzlich noch eine persönliche Video-Botschaft für Euch – dafür scannt einfach mit eurem Smartphone den QR-Code unter den Interviews.

Übrigens: Wir konnten unsere Eltern dann doch relativ schnell davon überzeugen, dass der Beruf des Journalisten der spannendste der Welt ist und man sogar davon leben kann. Trotzdem hier noch ein paar Argumente für Eure Eltern: Nicht alle Journalisten tragen angeranzte Sakkos (oder schusssichere Westen), sondern viele sind sogar richtig schick (vor allem diejenigen, die fürs Fernsehen arbeiten). Zu Recht und Ordnung kann man mit seinen Enthüllungen von Skandalen auch als Journalist betragen. Und nicht jeder Journalist hat Geldnot, mancher wird sogar Millionär, wenn er zum Beispiel einen Bestseller nach dem anderen schreibt.

Natürlich kann nicht jeder Fernsehmoderator, Chefredakteur oder Bestsellerautor werden. Aber was wir von fast allen Starjournalisten in unseren Gesprächen gehört haben, ist dies: Der Weg in den Traumberuf Journalismus ist oft hart und steinig. Wer aber Talent mitbringt, unbedingt Journalist werden will und überdurchschnittlich einsatzbereit ist, der findet auch seinen Platz. Und falls Ihr es am Ende nicht bis in die Chefredaktion oder vor die Kamera schafft, gibt es für Eure Eltern vielleicht trotzdem einen kleinen Trost: Immerhin wollt Ihr nicht professionelle Buschtrommler im Regenwald werden.

Viel Spaß beim Lesen!

Jan Philipp Burgard und Moritz-Marco Schröder

Interviews
TV

Mr. Tagesthemen

»Ein konkretes Ziel zu haben ist wie eine metaphysische Kraft«

TOM BUHROW

Moderator, ARD

Tom Buhrow ist der lebende Beweis, dass ein Journalistentraum wahr werden kann, wenn man fest genug daran glaubt und hart genug daran arbeitet. Schon mit 18 träumte er davon, USA-Korrespondent zu werden und später die ARD-Tagesthemen zu moderieren. Mit 34 ging der erste Traum in Erfüllung: Als ARD-Korrespondent in Washington interviewte er nicht nur US-Präsident George W. Bush, während dieser gerade Krieg gegen den Irak führte, sondern auch die Rolling Stones. Tom Buhrow reiste durch ganz Amerika und war etwa live dabei, als Hurrikan Katrina über das Land fegte. Mit 48 erfüllte sich sein zweiter Lebenstraum: Er stieg zum »Mr. Tagesthemen« auf. Während wir ihn einen Tag lang von der Morgenkonferenz bis zum späten Abend im Studio begleiten durften, haben wir mit ihm über sein Erfolgsgeheimnis, seine Zeit als Auslandskorrespondent und die Auswahl seiner Krawatten gesprochen.

Sie laufen in jeder Stadt, in der Sie arbeiten, einen Marathon. Welche Eigenschaften braucht ein Journalist, die ein Marathonläufer auch braucht?
Es gibt die verschiedensten Typen von Journalisten. Aber eine gewisse Zielstrebigkeit ist für jeden Journalisten wichtig. Man muss sich gut vorbereiten, in Etappen denken, sich ein Ziel für seine Arbeit setzen. Das kann in fast keinem Beruf schaden. Grundsätzlich würde ich Marathonläufer am ehesten mit Fachjournalisten vergleichen, weil die bei einem bestimmten Thema sehr in die Tiefe gehen. Ich denke da zum Beispiel an Wissenschaftsjournalisten, Wirtschaftsjournalisten oder Enthüllungsjournalisten. Ich als aktueller Nachrichtenjournalist arbeite in vielen kleinen Etappen und bin viel mehr Sprinter als Marathonläufer.

Sie sagen, man müsse sich ein Ziel stecken. Gilt das nur für die tägliche Arbeit oder auch für die gesamte Lebensplanung?
Ich glaube, dass es sehr hilft, wenn man weiß, was einem Spaß macht und in welche Richtung man sich entwickeln möchte. Es gibt junge Menschen, die haben ein ganz konkretes Ziel für ihre Laufbahn. Die sagen: »Ich möchte Chefredakteur werden!« Das Allerwichtigste ist aber, dass man erst mal weiß, wie man überhaupt »tickt«. Was ist die eigene Neigung? Wenn jemand gerne Themen in die Tiefe gehend bearbeitet, dann sollte er nicht in die Aktualität gehen, also zum Beispiel zur Tagesschau. Jemand der Nachrichten mag sollte nicht versuchen Fachjournalist zu werden. Und jemand, der gerne Menschen trifft und wie ein Trüffelschwein Geschichten hinterher schnuppert, der sollte vielleicht nicht versuchen, ins journalistische Management zu gehen, sondern zum Beispiel Auslandskorrespondent zu werden. Ein Lebens- oder Karriereziel kann dich also dazu zwingen, dir selbst Rechenschaft darüber abzugeben, was deine Neigungen sind.

Wann haben Sie denn Ihre eigenen Ziele ganz konkret formuliert?
Ich habe schon mit 18 Jahren, zur Abizeit, den Traum gehabt, dass ich Auslandskorrespondent und eines Tages vielleicht auch Tagesthemen-Moderator werde. Heute kann ich das ja sagen, weil ich es erreicht habe, aber damals habe ich es niemandem erzählt! (lacht) Konkrete Ziele sollte man nur sich selbst gegenüber haben.

Was ist denn so schlimm daran, über ehrgeizige Ziele auch zu sprechen?
Je hochgesteckter die Ziele sind, desto vermessener klingt das für Zeitgenossen, für Kollegen, für Freunde oder auch Vorgesetzte. Tagesthemen-Moderator ist auf den ersten Blick ein vermessener Traum.

Ihren Traum hatten Sie schon sehr konkret definiert, obwohl Sie noch so jung waren. Was hat Sie so sicher gemacht, dass Journalismus Ihr Ding ist?
Ich glaube, wie vieles ist so etwas instinktiv. Ich würde auch jeden ermutigen, da auf seinen Instinkt zu hören. Im Rückblick würde ich sagen, ich habe zwei Neigungsbündel, das eine in der linken Gehirnhälfte, das andere in der rechten. Das eine Bündel ist die rationale Beschäftigung mit politischen und gesellschaftlichen

Themen. Das ist dieses inhaltliche Interesse, das mich auch Geschichte und Politikwissenschaft hat studieren lassen – ein akademisch-analytisches Interesse. Das zweite ist ein kreatives Neigungsbündel. Viele Menschen sind entweder akademisch-analytisch oder kreativ veranlagt, und ich habe sehr früh eine Kombination von beidem gespürt. Deshalb habe ich instinktiv etwas angepeilt, was einer Kombination beider Neigungen entspricht.

Was genau hat Sie denn am Journalistenberuf fasziniert?
Es ist sehr spannend, sich täglich mit neuen Themen auseinanderzusetzen. Ein 08/15-Bürojob wäre einfach nicht mein Ding gewesen. Wenn ich morgens in den Sender gehe, weiß ich nie, was genau mich im Laufe des Tages erwartet. Ich lerne viele interessante Leute kennen und komme in der Welt herum. Außerdem mag ich es, unter Zeitdruck zu arbeiten.

Ihren Eltern hat der Berufswunsch »Journalist« aber überhaupt nicht gefallen ...
Ja, sie wollten mir meine Leidenschaft zunächst ausreden. Mein Vater war richtig entsetzt, er dachte, ich sei ausgeflippt. Ich erinnere mich noch genau an die Diskussion am Mittagstisch, es wurde sogar etwas laut. Mein Vater hätte es lieber gehabt, wenn ich mich für BWL entschieden hätte ...

> *Konkrete Ziele sollte man nur sich selbst gegenüber haben.*

Heute sind Ihre Eltern bestimmt froh, dass Sie sich durchgesetzt haben. Wie konnten Sie Ihren Vater überzeugen?
Zuerst schien er sich gar nicht überzeugen zu lassen. Dann habe ich ihm gezeigt, dass ich schon einige Universitäten angeschrieben hatte, um mich zu erkundigen, wo man überhaupt Journalismus studieren kann und ob es überhaupt Sinn macht, Journalistik oder Kommunikationswissenschaften zu studieren. Und da konnte er sehen, dass ich nicht einfach nur »irgendwas mit Medien« machen wollte, sondern einen konkreten Plan hatte. Ich hatte mir überlegt, dass ich die Fächerkombination Geschichte und Politikwissenschaft studieren wollte. Geschichte war auch mein Leistungskurs und Topfach in der Schule gewesen. Insofern konnte er sehen, dass meine Planung schon ein bisschen Hand und Fuß hatte. Nach dem Abitur habe ich dann auch angefangen, für die Lokalzeitung zu schreiben.

Wie haben Sie diesen ersten journalistischen Job bekommen?
Ich habe mit einem Freund gesprochen, der schon als freier Mitarbeiter beim Bonner Generalanzeiger im Lokalbüro Siegburg tätig war. Er wechselte gerade zur Siegburger Rundschau und gab mir den Tipp, mich beim Generalanzeiger als sein Nachfolger zu bewerben. Also bin ich einfach hingegangen und habe mich vorgestellt.

Hatten Sie da schon für die Schülerzeitung geschrieben und konnten Arbeitsproben mitbringen?

Nein, gar nicht, ich habe das einfach »kalt« gemacht. Wenn ich heute manchmal Lebensläufe von jungen Leuten lese, haben die meisten in dieser Lebensphase schon mehr drauf als ich damals. Die meisten schreiben schon für die Schülerzeitung und machen während der Schulzeit die ersten Praktika. Damals waren die formalen Anforderungen und die Konkurrenz wohl noch nicht so groß.

Über was haben Sie Ihren ersten Artikel beim Bonner General-Anzeiger geschrieben?
Über eine Karnevalssitzung. Was die Taubenzüchter im Ruhrgebiet sind, sind im Rheinland die Karnevalsvereine. Das ist eine große Sache. Ich bin heute noch gut mit dem Fotografen des General-Anzeigers befreundet, mit dem ich immer unterwegs war. Wir hatten fünf bis sechs Termine an einem Tag. Ich hatte gerade den Führerschein, habe in einem alten Auto die Karnevalsveranstaltungen abgeklappert – bei jedem Verein nimmst du ein bisschen die Stimmung auf, sammelst die wichtigsten Infos und dann haust du wieder ab.

> Ich würde jeden ermutigen, auf seinen Instinkt zu hören.

Was waren denn die wichtigsten Dinge, die Sie im Lokalen gelernt haben?
Genauigkeit ist wichtig. Wenn du einen Namen falsch geschrieben hast oder eine Funktion, kam sofort ein Leserbrief. Du lernst auch, wie man mit Menschen redet und dass in diesem Beruf das Wenigste am Schreibtisch passiert. Am Schreibtisch wird am Ende nur geschrieben.

Am Anfang haben Sie Karnevalsprinzessinnen interviewt, heute die Bundeskanzlerin ...
... heute darf ich beim Kölner Karneval sogar beim Festkomitee auf dem Wagen mitfahren (lacht) ...

Tatsächlich ist der Kölner Karneval jedes Jahr ein Pflichttermin in Tom Buhrows prall gefülltem Kalender. Dem gebürtigen Siegburger wurde sogar schon der Karnevalsorden »lachender Amtsschimmel« verliehen. Obwohl Tom Buhrow einer der bekanntesten und erfolgreichsten Journalisten Deutschlands ist, nimmt er sich selbst nicht zu ernst. Seine Tagesthemen-Kollegen berichten, dass der auf dem Fernsehschirm stets seriöse Moderator in den Redaktionskonferenzen immer für einen Scherz gut ist. Seine Imitationen von Politikern sind in der Redaktion legendär. Die besonders in der TV-Branche weitverbreitete Eitelkeit ist ihm fremd. Egal wo man sich umhört – es gibt niemanden, der Tom Buhrow Starallüren nachsagen würde. Während manche Journalisten sich selbst mindestens genauso wichtig nehmen wie die Politiker, über die sie berichten, hat Tom Buhrow an der Wand seines Büros ein zwei Meter breites Schild angebracht. Darauf steht in großen Lettern eine Zeile aus einem Songtext von Mark Knopfler: »I don't watch much TV – so you don't mean shit to me« (»Ich gucke nicht viel Fernsehen, Du bist mir also *scheißegal«). Diese Haltung, sich selbst nicht allzu wichtig zu nehmen, merkt man auch seinen Moderationen an. Nicht sich selbst will Buhrow in den Vordergrund stellen, sondern die Themen des Tages. Seine Interviews führt er freundlich in der Art, aber hart in der Sache.*

Zu Ihren Interviewpartnern als Washington-Korrespondent gehörte George W. Bush. In Deutschland wurde er wegen der Angriffe auf Afghanistan und den Irak vor allem als »Kriegspräsident« wahrgenommen. War er im persönlichen Gespräch so »dämonisch« wie viele Deutsche sich ihn vorstellen?

Nein. Er hat, wie eigentlich jeder amerikanische Präsident, Eigenschaften, um überhaupt gewählt zu werden. Er kann nämlich mit Menschen eine Verbindung herstellen. Er kann nicht nur höflich-distanziert, sondern wirklich freundlich mit seinem Gegenüber in Verbindung treten. Niemand wird US-Präsident, wenn er das nicht kann. In Deutschland kriegen wir von ausländischen Wahlkämpfen immer nur Schnipsel mit. Auch von George W. Bush bekam man immer nur die dümmsten Versprecher mit, die ihn wie einen Trottel aussehen ließen. Man kriegt also gar nicht mit, was die Wähler in seinem Land anspricht. Das war bei Ronald Reagan genauso. Auf viele Deutsche wirkte er wie ein trotteliger, alter Mann. Die Ausstrahlung, die er auf die Wähler hatte, der Optimismus, kam hierzulande nie rüber. So war es bei Bush auch. Er hatte diese Fähigkeit, eine Verbindung zu seinem Gegenüber herzustellen, ohne ihn direkt zu umgarnen. Auf der anderen Seite war er auch konzentrierter, als ich gedacht hatte. Ich stellte ihm zum Beispiel eine zweiteilige Frage. Er beantwortete zunächst den zweiten Teil, sodass man hätte denken können, er habe den ersten Teil vergessen oder bewusst ignoriert. Aber er hat beide Teile beantwortet. Das heißt, er war nicht so simpel, wie man ihn dargestellt hatte. Trotzdem hat er mich mit seinen politischen Vorstellungen nicht überzeugen können. Aber das ist ja auch nicht der Punkt.

Wie lockt man in einem Interview den mächtigsten Mann der Welt aus der Reserve?

Dafür gibt es kein Patentrezept, aber ich denke, man muss sich sehr gut auf sein Wesen einstellen. Ich gebe ein Beispiel: Bush war als Typ ganz witzig und hatte auch einen Schalk im Nacken. Bei einer Frage ging es dann um den Iran und schon damals waren 60 Prozent der Deutschen davon überzeugt, er plane einen Angriff auf den Iran. Da fragte ich ihn, wie er sich das erkläre und ob er tatsächlich diesen Angriff plane. Er antwortete sinngemäß: »Nein, auf keinen Fall, ich weiß gar nicht,

---

SPITZNAME: Tommy.
ABI-NOTE: 1,8.
WAS WOLLTEN SIE ALS KIND WERDEN? Missionar.
WAS MACHT IHNEN SPASS? Marathon laufen, Musik hören.
WOMIT HABEN SIE IHR ERSTES GELD VERDIENT? Rasen mähen.

wie die Deutschen darauf kommen!« Da entgegnete ich: »Na hören Sie mal, letztes Mal, als Sie sagten, Sie hätten keine Kriegspläne auf dem Tisch, da hatten wir ein halbes Jahr später die Invasion im Irak. Was ist denn jetzt anders?« Das sagte ich mit so einem gewissen Grinsen und er musste daraufhin ein bisschen lachen, das war fast schon ein entlarvender Moment. Ich meine, er hatte gerade diesen Krieg gegen den Irak geführt, der Deutschland und die Welt empört hatte! Und bei der Frage zum Iran lacht er und sagt: »Ja, stimmt, aber jetzt ist alles anders, jetzt ist alles anders!« Dadurch kriegte das Interview zusätzlich zur inhaltlichen Komponente noch eine emotionale Komponente, die jeder so interpretieren konnte, wie er wollte. Wer ihn sowieso nicht ausstehen konnte, der sagte natürlich: Was für ein Zyniker, der lacht darüber, was ihm für ein Coup im Irak gelungen ist. Und wer es anders auf sich wirken lassen wollte, der hat das getan. Auf jeden Fall kam noch eine emotionale Dimension zu dem Interview hinzu. Und um diese Emotionalität herstellen zu können, muss man sich auf sein Gegenüber einstellen können. Hier hat es funktioniert.

Um ein anderes Interview beneiden wir Sie fast noch ein bisschen mehr, nämlich um das mit den »Rolling Stones« ...
... ja! Das ist auch mein liebstes Interview.

Vor welchem waren Sie denn aufgeregter? Vor dem mit dem mächtigsten Mann der Welt oder vor dem mit der mächtigsten Rockband der Welt?
Vor Bush war ich aufgeregter, weil ich natürlich wusste, dass das für meine berufliche Laufbahn viel wichtiger war. Ganz klar. Aber bei den »Stones« hatte ich auch eine gewisse Aufregung. Ich sprach zuerst mit Mick Jagger und dann mit Keith Richards. Bei Mick Jagger war ich noch ein bisschen verhalten. Man nennt ihn ja auch den »Eisprinz«, weil er bei aller Freundlichkeit und Professionalität eben doch immer sehr kontrolliert bleibt. Keith Richards macht es einem leicht, locker zu sein ...

Hat Keith Richards Ihnen etwa einen Whiskey angeboten?
(lacht) Nein, es gab nur Wasser, aber trotzdem war die Stimmung sehr heiter. Keith Richards erzählte, dass sie demnächst ein Konzert im US-Bundesstaat Wisconsin geben würden und ich sagte, dass ich da als Austauschschüler war. Daraufhin lächelte er und sagte: »Ah, bestimmt kein Zufall, dass du als Deutscher in Wisconsin gelandet bist. Wie geht's dem Biergeschäft?« Es gibt nämlich viele deutsche Einwanderer in Wisconsin und viele Brauereien. Daraufhin entgegnete ich: »Das Biergeschäft kenne ich nur von der Konsumentenseite.« Da haben wir beide laut losgeprustet.

Trifft man als Journalist also ständig große Stars und Weltpolitiker?
Nein. Dass Journalisten nur in Washington, Rio oder Tokio vor der Kamera stehen oder Politiker und große Stars interviewen, ist der größte Irrglaube, den junge Menschen vom Journalismus haben. Solche Höhepunkte sind selten. Was viele

nicht sehen, sind die zahlreichen Fehlversuche. Es kommt zum Beispiel häufig vor, dass man jemandem vergeblich hinterher telefoniert, sich eine Geschichte in Luft auflöst oder ein Interviewtermin platzt. Außerdem wird der Konkurrenzkampf häufig unterschätzt: Journalismus ist der einzige Beruf, in dem man sich fast mit anderen prügeln muss, um überhaupt Arbeit zu haben.

Und wie haben Sie Ihre Konkurrenten bezwungen?
Ich wurde manchmal unterschätzt, doch insgeheim wusste ich stets genau, was ich wollte.

Sie haben vorhin von den unterschiedlichen Etappenzielen gesprochen. Ist es wirklich planbar, Auslandskorrespondent oder Tagesthemen-Moderator zu werden oder muss da auch noch ein Faktor X hinzukommen?
Meine Lebenserfahrung hat mir Folgendes gezeigt: Wenn dein Ziel deinen Neigungen entspricht und du nicht nur Korrespondent werden willst, weil das exotisch aussieht und alle Deine Freunde sagen: »Boah cool, der ist in New York!« – dann ist ein konkretes Ziel zu haben von einer extremen, fast schon metaphysischen Kraft. Ich habe gerade ein Zitat von meinem großen Idol Bob Dylan gelesen. Er sagt: »Wenn du eine genaue Vorstellung hast von dem, wer du bist, und was du auf der Welt sollst, wirst du viele Leute extrem überraschen.« Wenn man also wirklich ein Ziel hat, eine Vorstellung davon, wohin man sein Lebensschiff steuern möchte, dann entwickelt das eine Kraft. Ich habe vor Kurzem auch ein Buch von einem Zellbiologen gelesen. Seine These: Wenn ich selber eine Vorstellung habe von dem, was ich will, persönlich, beruflich – das ist ja auch eine Einheit – dann äußert sich das in jeder Zelle. Man kann die äußere Wirklichkeit nicht erzwingen, aber man programmiert seinen gesamten Organismus, für Frequenzen offen zu sein, die man sonst übersehen, überhören und gar nicht merken würde. Nehmen wir Arnold Schwarzenegger. Zum Teil können wir über ihn lachen. Aber Arnold Schwarzenegger ist ein Denkmal der Kraft des positiven Denkens. Da kommt dieser Typ aus einem ganz armen Alpental in Österreich. Nicht Wien oder Salzburg, nein, nein. Er stammt aus einem richtig armen Alpental, aus einer ganz einfachen Familie. Und er hatte einen Traum. Er wollte der erfolgreichste Bodybuilder der Welt werden. Und er wurde tatsächlich »Mister Universum«, später sogar Gouverneur von Kalifornien. Und was Arnold Schwarzenegger heute ist, ist eigentlich nur der materialisierte Traum. Der Traum hat ihn da hingeführt. Ich bin kein Spiritualist oder so. Aber ich glaube, dass man um sich herum so ein Kraftfeld entwickeln kann. Und das trifft für jeden Beruf zu. du kannst ein Einwandererkind sein und kaum Deutsch sprechen, aber wenn du sagst »Ich will Mediziner werden!« oder »Ich will Anwalt werden!«, dann schaffst du das. Wer wirklich ein Ziel hat und dieses Ziel den Neigungen entspricht, wird es erreichen. Aber wenn es nicht Deinen eigenen Neigungen entspricht, dann wird es nicht so sein.

> *Ich mag es, unter Zeitdruck zu arbeiten.*

Das Erfolgsgeheimnis von Arnold Schwarzenegger war hammerhartes Training, verraten Sie uns auch Ihres?

Ich habe nicht verbissen auf »Mr. Tagesthemen« hingearbeitet, aber ich habe mich immer in diese Richtung bewegt. Und ich habe unterwegs, an mehreren Weichenstellungen, auch schon erreichte Erfolge wieder aufgegeben, um wieder eine Kurskorrektur vorzunehmen und wieder in die Richtung meines Berufstraumes zu gehen. Ein Beispiel: Ich war Moderator der »Aktuellen Stunde«, konnte auch als Reporter rausgehen und hatte eine schöne Mischfunktion. Die »Aktuelle Stunde« ist die Regionalsendung im WDR, bis heute sehr erfolgreich.

Wenn man dann Moderator ist, hat man natürlich eine sehr attraktive Funktion mit einer hohen Außenwahrnehmung. Aber ich wusste, wenn ich an meinem Ziel Auslandskorrespondent, meinem ersten Etappenziel, festhalten will, dann muss ich diesen Spatz in der Hand aufgeben, die Hand aufmachen und ihn fliegen lassen. Und es war eigentlich schon mehr als ein Spatz, es war eine Amsel oder eine Drossel, also ein schöner Singvogel. Diesen Vogel musste ich aber fliegen lassen und bin als Reporter zur »Tagesschau«-Zulieferung gegangen. Das hieß, ich blieb im WDR, aber ich ging wieder hinter die Kamera, um aus der Region Berichte für die »Tagesschau« und »Tagesthemen« zu produzieren. Aber ich war jetzt mit meinen Berichten eben nicht mehr nur im Regionalfernsehen präsent, sondern bundesweit bei unserer Flaggschiffsendung der ARD. Ob der Plan dann aufgeht, eines fernen, fernen Tages, unsere bundesweite Nachrichtensendung zu moderieren, das kann man dann noch nicht sagen. Da liegen dann wieder 15 Jahre dazwischen. Aber ich wusste, ich muss die eine Sache aufgeben. Ich kann nicht sagen, ich will weiter die »Aktuelle Stunde« moderieren und versuchen, direkt auf den »Tagesthemen«-Stuhl zu kommen oder direkt als Auslandskorrespondent ins Ausland zu gehen. Sondern ich musste erst mal beweisen, dass ich auch für das bundesweite Programm gute Storys umsetzen kann und als Reporter etwas tauge. Um dann die Chance zu kriegen, ins Ausland zu kommen. Sich konkrete Ziele zu setzen schützt also davor, in diese Falle des frühen Erfolges zu geraten und zwingt einen dazu, sich Rechenschaft abzugeben: Ist mir mein Berufstraum so wichtig, dass ich jetzt wirklich das, was ich schon habe, wieder aufgebe, um in die Richtung meines Berufstraumes zu gehen?

> *Mein Vater war richtig entsetzt, er dachte, ich sei ausgeflippt.*

Mussten Sie manchmal private Opfer bringen, um Ihr Ziel zu erreichen?

Da kommen wir wieder zum Marathon. Man setzt sich ein Ziel und sagt sich, dass dieses Ziel wichtiger ist als alles andere. Ich weiß zum Beispiel, dass ich nicht mit einer Frau eine Familie gegründet hätte, die kein Verständnis für diesen Traum gehabt hätte. Und das hat gar nichts mit »Karrieregeilheit« oder so zu tun. Mein Ziel war einfach meine Bestimmung. Das stand in meinen Sternen. Und wenn ich nicht zumindest versuche, dem nachzugehen, dann vergehe ich mich eigentlich an meinem Schicksal und handle meinem Schicksal zuwider. Ob das alles den äußeren Umständen entsprechend so klappen kann, ist eine andere Frage. Aber ich muss es zumindest versuchen.

Lässt sich so ein anstrengender Job überhaupt mit einer Familie vereinbaren?
Fakt ist, dass die Arbeitszeiten sehr unregelmäßig sind und man oft weit mehr als 40 Stunden pro Woche arbeiten muss. Da ist es natürlich nicht einfach, einen Partner zu finden, der dafür Verständnis hat. Aber meine Frau hat mich dabei immer unterstützt und meinen Traum mit mir geteilt.

Zu diesem unbedingten Willen, dem »Metaphysischen«, wie Sie es nannten, muss ja auch noch journalistisches Handwerkszeug kommen. Was muss man drauf haben, um Auslandskorrespondent zu werden?
Ein Auslandskorrespondent ist immer ein Generalist. Er ist in der Regel nicht Fachjournalist, du musst in der Regel ein Händchen für Aktualität haben. Der Fachjournalist wird wahrscheinlich eher im Lande bleiben. Das heißt, du musst im Ausland dann auch unter Druck arbeiten können und flexibel genug sein, um dich sprachlich und kulturell in die neue Umgebung einzufühlen und einzuarbeiten. Ganz wichtig ist dabei ein offener Blick.

Was meinen Sie damit?
Nehmen wir mal an, ich habe studiert, war in der Friedensbewegung aktiv, und jetzt komme ich zum Beispiel in die USA und habe es dort auch mit Sicherheitspolitik zu tun. Und es geht um die Frage des iranischen Atomprogramms und ob die USA Israel unterstützen sollten, falls es zu einem Schlag gegen den Iran kommt. Jetzt kann ich das immer durch die Brille meiner Wohngemeinschaft an der deutschen Uni sehen. Oder ich bin offen genug, die verschiedenen Kriterien, nach denen die amerikanische Regierung das durchspielen muss, nachzuvollziehen. Das heißt ja überhaupt nicht, dass man zu dem Schluss kommen muss, auf einmal eine Kriegshandlung zu rechtfertigen. Es geht einfach nur darum, mit möglichst offenem Blick den Zuschauern die amerikanische Perspektive schildern zu können.

Sie haben mehr als zehn Jahre in den USA gelebt und gemeinsam mit Ihrer Frau Sabine Stamer auch ein Buch über Ihre Alltagserlebnisse geschrieben. »Mein Amerika – Dein Amerika«. Man sagt den Amerikanern ja großen Optimismus nach. Auch Sie scheinen ein großer Optimist zu sein. Am Ende von Sendungen mit vielen besonders traurigen Nachrichten sagen Sie manchmal »Das waren die Tagesthemen von heute. Morgen ist ein neuer Tag«. Was ist amerikanisch an Ihnen?
Dieser Optimismus an mir ist wirklich amerikanisch. Die gute Laune ist zum Teil rheinländisch (lacht), zum Teil auch amerikanisch. Und noch zwei Dinge: Das eine ist der Familiensinn. Ein amerikanischer Musikjournalist hat mal in einem Interview zu Bob Dylan gesagt: »Wenn ein Mann auf sein Leben zurückblickt, ist die glücklichste Zeit doch sicher die, in der er eine Familie großgezogen hat.«

Und dieses Gefühl hatte ich immer. Wenn ich amerikanische Filme sah, fand ich immer dieses Ideal toll, Kinder großzuziehen und als Familie in einer Einheit füreinander da zu sein. Wir empfinden das manchmal als kitschig, weil wir schon von postmodernen Lebensformen träumen. Ich hatte immer das Gefühl, dass das die Basis von allem ist und etwas ganz Natürliches. Das Zweite ist: Die Aufklärung hat ja in Europa bei vielen anspruchsvollen Menschen so eine Art atheistische Grundstimmung hinterlassen. Weil bei uns die Freiheit gegen die Religion erkämpft wurde und auch die Demokratie zu einem guten Teil gegen die Religion erkämpft. Ich habe, das ist auch amerikanisch, nicht das Gefühl, dass Freiheit und Glaube einen Gegensatz bilden. Ich habe immer viel Trost im Glauben gefunden. Wenn meine amerikanische Gastfamilie mir zum Abschied sagte, »So Tom, jetzt gehst du auf eine lange Reise. Wir beten für dich«, dann hört sich das jetzt total kitschig an. Aber das hat mir Trost gegeben, dass Leute auch auf die Weise an mich denken.

> *Journalismus ist der einzige Beruf in dem man sich fast mit anderen prügeln muss, um überhaupt Arbeit zu haben.*

Amerika ist auch in Buhrows Hamburger Büro präsent: Neben der Tür steht eine riesige US-Fahne, allerdings eine ganz besondere. Denn genau diese »Stars and Stripes« haben bereits hoch oben über Washington geweht – auf dem Kapitol, dem Sitz des US-Kongresses. Das Echtheitszertifikat hängt neben der Fahne an der Wand, sie ist das Geschenk seiner Kollegen aus Washington. Vor dem Bücherregal stehen Barack Obama und seine Vorgänger George W. Bush, Bill Clinton und die deutsche Kanzlerin Angela Merkel – als Pappaufsteller. Ihnen hat Tom Buhrow kleine Erinnerungen an Höhepunkte seines bisherigen Journalistenlebens um den Hals gehängt, zum Beispiel die Akkreditierungs-Anstecker von einer Reise mit dem US-Präsidenten, dem Super-Bowl oder dem Abschuss eines Space-Shuttles in Florida. Auf der Fensterbank steht ein Foto von ihm mit der kompletten Mannschaft des ARD-Studios in Washington – vom Korrespondentenkollegen über den Kameramann bis hin zum Hausmeister. Neben den Familienfotos (seine beiden Töchter wurden in den USA geboren) auf dem Schreibtisch steht noch das Bild des Amerikaners, den Buhrow vielleicht am meisten bewundert: Bob Dylan.

Sie waren so lange für die ARD in Amerika, dass viele Zuschauer vergessen haben, dass Sie auch mehr als zwei Jahre aus Frankreich berichtet haben. Gibt es auch eine französische Seite an Ihnen?
Den Wein in meinem Keller (lacht). Ich habe in Frankreich natürlich fast noch mehr gelernt, weil ich dort schon als Schüler war und deshalb sehr viel über die Kultur gelernt habe. Was ich dort außerdem schätzen gelernt habe, ist die französische Höflichkeit und eine Art von Eleganz sich auszudrücken. In Frankreich sind, im Prinzip seit der Revolution, elegante, höfliche Umgangsformen allgemein

verbreitet. Das Konfrontative, was wir in Deutschland manchmal ganz selbstverständlich bei unseren Diskussionen sehen, was wir als »klare Kante« bezeichnen – das empfinden die Franzosen nur als rüde, vulgär, ungebildet und ungehalten.

Sie sprachen gerade von der »klaren Kante«. Als Sie 2006 die Tagesthemen zum ersten Mal moderierten, warfen Ihnen manche Medienjournalisten vor, Sie ließen diese vermissen. Aktuell zeigen Sie aber, wenn auch elegant, »klare Kante« bei einem wichtigen Thema, der europäischen Schuldenkrise. Im Vergleich zu vielen anderen Journalisten haben Sie von Anfang an darauf aufmerksam gemacht, dass für die sogenannten »Rettungsschirme« für Griechenland und Co. deutsche Steuergelder in ein Fass gesteckt werden, das unter Umständen keinen Boden hat. Muss man also als Journalist manchmal auch gegen den Strom schwimmen?
Ich halte das für absolut unerlässlich. Um bei Ihrem Beispiel »Eurokrise« zu bleiben: Was in der Schuldenkrise die richtige Politik wäre, da gibt es verschiedenste Meinungen. Da will ich mir nicht anmaßen zu sagen, was jetzt der richtige Weg wäre. Doch der Begriff »Euro-Rettungsschirm« kommt nicht über meine Lippen. Es kann sein, dass die Maßnahmen der europäischen Regierungen am Ende den Euro retten. Es kann aber genauso gut sein, dass sie ihn ruinieren. »Eurorettung« klingt wie »Ich mach euer Geld sicherer, stabiler«, es kann aber genauso gut sein, dass wir am Ende nach zehn Jahren sagen, dass wir den Wert des Geldes ausgehöhlt haben und das Geld eigentlich unsicherer geworden ist. Diese Begriffsprägung der Regierung jetzt einfach nachzuplappern, wie das sehr viele tun, das wird mir jedenfalls nicht passieren.

Man sollte sich als junger Journalist also nicht an der Mehrheitsmeinung von anderen Journalisten orientieren, sondern seinen eigenen Blick bewahren?
Man sollte das nicht aus Prinzip tun, aber man sollte auch nicht nur die einzelnen Bäume sehen, sondern den ganzen Wald. Der Publizist Johannes Gross hat das mal so formuliert: »Es gibt Milieus, in denen ist der Protest eine Form der Anpassung.« Das heißt, ich bin natürlich immer stark von der Gruppe beeinflusst, in der ich bin. Von der Branche, von dem Mainstream, von der Mehrheitsmeinung in dem Milieu, in dem ich mich bewege. Wenn ich an der Universität studiere und lebe in einer Wohngemeinschaft, wird mich das, was ich da mitkriege an Meinungen, also wogegen oder wofür protestiert wird, in meiner Meinung stark beeinflussen. Daher ist es einfach wichtig, dass ich viele Dinge infrage stelle, zumindest für mich

> *Von George W. Bush bekam man immer nur die dümmsten Versprecher mit, die ihn wie einen Trottel aussehen ließen.*

selbst, und frage: warum eigentlich? Du musst einfach mit einem neuen Blick an die Sache herangehen können. Wenn ich in einer festen Gruppe bin, gucken alle aus derselben Perspektive auf ein Problem oder ein gesellschaftliches Ereignis. Wenn ich mich jetzt von der Gruppe entferne und zehn Schritte zur Seite gehe, dann sehe ich schon einmal aus einem ganz anderen Winkel. Ich sehe Dinge, die man von der anderen Seite gar nicht sehen kann. Deswegen: Ich halte es für absolut notwendig, sich noch einen Eigenblick zu bewahren und sich auf den inneren Kompass zu verlassen.

Um seinen inneren Kompass zu eichen, muss Tom Buhrow stets informiert sein über alle aktuellen Entwicklungen in den Bereichen Politik, Wirtschaft und Kultur. Wenn er morgens das Haus verlässt und sich auf den Weg zum Sendegelände des NDR in Hamburg-Lokstedt macht, hat er meistens schon fünf bis sechs Zeitungen gelesen: von der BILD über die FAZ, WELT, Süddeutsche Zeitung, Handelsblatt bis zur International Herald Tribune. Hinzu kommen Wochenmagazine wie SPIEGEL, stern, Wirtschaftswoche und FOCUS.

Im Büro angekommen fährt Tom Buhrow zuerst seinen Computer hoch und verschafft sich mithilfe der Meldungen der Nachrichtenagenturen einen noch aktuelleren Überblick. Um 11.30 Uhr schnappt er sich eine Tasse Kaffee und geht in den Konferenzraum. Dort haben bereits der Chefredakteur der Tagesthemen, Thomas Hinrichs, vier Redakteure und ein Grafiker Platz genommen. Nach einer kurzen Kritik der Sendung vom Vorabend und einem Blick auf die Einschaltquote werden die möglichen Themen für die heutige Sendung diskutiert. In Berlin wird Joachim Gauck im Bundestag als neuer Bundespräsident vereidigt und hält seine erste Rede im neuen Amt. Damit ist der Aufmacher-Beitrag schon mal klar. Welche Themen es sonst noch in die Sendung schaffen, wird erst am Nachmittag endgültig entschieden, wenn die aktuellen Entwicklungen klarer sind. Nach der einstündigen Konferenz zieht sich Mr. Tagesthemen in sein Büro zurück, um einige Telefonate zu führen, Anfragen zu beantworten und eine Reihe von Terminen, bei denen er die Tagesthemen nach außen repräsentiert, mit seiner Sekretärin Petra Nowak abzustimmen.

Um 16.15 Uhr wartet eine zweite Konferenz. Inzwischen haben die Redakteure mit den Korrespondenten im In- und Ausland telefoniert und können nun einschätzen, was an diesem Tag neben dem neuen Bundespräsidenten am wichtigsten ist, wie die Beiträge genau aussehen sollen und welche Korrespondenten für Liveschalten eingeplant werden. Gegen 17 Uhr kann Tom Buhrow also damit beginnen, seine Moderationen zu schreiben. Um seine Zeit möglichst effizient zu nutzen, geht er um 20 Uhr in die Maske und schaut sich von dort aus die Tagesschau an. Danach beginnt die heiße Phase. Inzwischen sind die ersten Einspielerfilme für die Tagesthemen eingetroffen, sodass Tom Buhrow sich konkrete Formulierungen für die Überleitung zum Beginn der Nachrichtenfilme überlegen kann. Nicht umsonst nennt man die Nachrichtenmoderatoren in den USA »Anchorman«. Dann greift er zum Telefonhörer, um die Fragen an den ARD-Korrespondenten in Israel abzustimmen. Zwischendurch immer wieder der Blick auf die Uhr: 21.45. Noch fünfzehn Minuten, dann muss er eine kleine Holztreppe hinunter gehen und ein Stockwerk tiefer eine schwere Eisentür öffnen. Dahinter verbirgt sich das Heiligtum der Tagesthemen und der Arbeitsplatz, von dem Tom Buhrow schon als 18-Jähriger geträumt hat – das Studio.

Im Studio gibt es ja keine Kameramänner, die Kameras werden für Sie unsichtbar von der Regie aus gesteuert. Sie haben also während der Live-Sendung niemanden, den Sie direkt ansprechen können. Trotzdem müssen Sie es schaffen, durch die Kameras in die Wohnzimmer von Millionen Zuschauern vorzudringen und das Gefühl erzeugen, die Menschen möglichst persönlich anzusprechen. Haben Sie dafür eine spezielle Technik?

Ich habe zwar schon in meiner Zeit beim WDR-Regionalfernsehen Moderationsseminare absolviert und die haben mir auch viel gebracht. Aber grundsätzlich geht es hier weniger um eine spezielle Technik, sondern ich habe eigentlich immer eine natürliche Neigung zum Kommunizieren gehabt. Egal ob eine Gruppe vor mir steht oder eine Kamera vor mir ist.

Ich habe immer das Gefühl gehabt, dass ich gerne meine ganze Person einbringe, um mit der Information, die ich zu transportieren habe, Menschen zu erreichen. Deshalb mache ich mir da im Studio keine Gedanken drüber, ob mir drei oder zehn Millionen zusehen. Die Tatsache, dass da keine anderen Leute im Studio sind, beunruhigt mich auch überhaupt nicht, im Gegenteil. Das ist eher meine Komfortzone. (lacht)

Haben Sie vor der Sendung noch Lampenfieber?

Nein, nur konzentrierte Spannung.

Wer sucht eigentlich Ihre Krawatten und Anzüge für die Sendung aus?

In Modefragen ist meine Frau meine schärfste Kritikerin. Wir haben hier bei der ARD aber auch eine Kostümberaterin, die gelegentlich einen Tipp gibt. Manchmal rufen sogar Zuschauer an und sagen: »Der Buhrow sah heute gut aus!« oder auch »Die Krawatte passte ja gar nicht zum Anzug!«.

Kollegen von Ihnen sagen, dass neben Ihnen das Studio abbrennen könnte und Sie würden trotzdem souverän weitermoderieren. Kann man das lernen, oder muss man diese Gabe schon mitbringen?

Ich glaube, dass es eine Grundlage gibt, die man mitbringen muss, die man nicht lernen kann. Aber vieles ist auch Routine. Und diese Routine kriegt man am besten bei Livereportagen. Wenn man draußen ist, dann ist die Ablenkung noch viel größer als im Fernsehstudio. Da sind Wind und Wetter, da sind Tonprobleme bis zur letzten Sekunde, vielleicht noch während der Liveschalte. Ich habe zig Liveschalten erlebt, wo ich mein eigenes Echo hörte oder die Tonleitung fast zusammenbrach. Oder ich hatte ein Fiepen im Ohr. Dann sind da noch andere Reporter um dich herum, man hört neben sich einen Japaner seine Livereportage machen. Gleichzeitig laufen dauernd Leute durch die Gegend. In meiner ersten wichtigen Liveschalte für die ARD, nach einem Flugzeugabsturz in Amsterdam, ging mitten in der Reportage auf einmal das Kameralicht an. Jetzt wusste ich nicht: Bedeutet das, dass das, was ich bisher gesagt hatte, gar nicht gesendet wurde? Ich musste mich, während ich redete, entscheiden, was es bedeutet, dass auf einmal das Kameralicht angeht. Man denkt also nach und wird einen kleinen Moment rausgeworfen. Ich habe mich dann dazu entschieden zu sagen »Falls Sie das gerade erst hören können« und habe noch zwei Sätze dazu gesagt.

Wie geht man am besten mit solchen Pannen um?
Man muss lernen, nicht ins Stottern zu geraten und komplett aus dem Gedanken geworfen zu werden. Und man muss immer mit solch einer Panne rechnen. Man denkt, man hat alles erlebt, aber man wird, wenn man draußen ist, immer neue Pannen erleben. Es wird immer etwas zu lernen geben.
Manchmal muss man dem Zuschauer auch erklären, dass gerade etwas schief läuft und sagen: »Jetzt haben wir gerade ein Tonproblem, aber wir sind gleich wieder bei der Sache.« Mit solchen Situationen gleichzeitig entspannt und mit Souveränität umgehen zu können – diese Erfahrungen helfen, wenn man später im Fernsehstudio arbeitet.

Im Fernsehstudio geht es ja auch um Optik. Muss man ein bestimmtes Gesicht haben, um Moderator werden zu können?
Also, ich bin ja auch nicht der Schönste. (lacht)

Aber offenbar schön genug ... (lacht)
(lacht). Ich glaube bei Korrespondentenjobs, wo man auch viel drinnen im Auslandsstudio ist und Beiträge produziert und nicht jeden Tag bei Liveschalten zu sehen ist, spielt es weniger eine Rolle.
Bei einem Job im Studio spielt das Äußere, da brauchen wir nicht drumherum zu reden, wahrscheinlich schon eine Rolle. Wenn man ein Aussehen hat, das ablenkt, das die Zuschauer ablenkt, dann ist es natürlich wahrscheinlich schwieriger dahin zu kommen mit dem, was man vielleicht an Talent mitbringt. Aber wie gesagt: Ich sehe ja jetzt auch nicht aus wie ein männliches Model und habe es geschafft. Das Äußere ist nicht das Entscheidende, aber es ist schon ein Kriterium. Und bei den öffentlich-rechtlichen Sendern hat man wohl mehr Spielraum für Individualität als bei den Privaten.

Demnächst bekommen die Tagesthemen ein neues Studio. Was kann man als Zuschauer davon erwarten und was ändert sich für Sie als Moderator?
Wir werden viel mehr visuelle Gestaltungsmöglichkeiten haben. Das heißt, dass im Hintergrund nicht nur eine symbolische oder grafische Umsetzung des Themas zu sehen sein wird. Wir können dann während der Moderation noch mehr in die Tiefe gehen mit unseren Erklärungen und häufiger Zahlen oder Landkarten einspielen oder verschiedene Fotos und auch bewegte Filme zeigen.

Lassen Sie uns noch mal das Bild des Marathonläufers aufgreifen. Auf dem Papier sieht Ihr Karriereweg extrem glatt aus. Gab es unterwegs überhaupt keine Durststrecken oder Rückschläge?
Doch, aber von außen übersieht man die Rückschläge immer wieder, obwohl ich offen darüber spreche. Aber gerade am Anfang hatte ich extrem schwierige Jahre.

Die ersten vier Berufsjahre waren für mich oft belastend. Ich hatte mir vorgestellt, dass ich nach dem WDR-Volontariat schnell mindestens als Reporter im Regionalen arbeite und dann Geschichten für unsere Regionalsendung »Aktuelle Stunde« mache. Aber es gab damals einen Fünf-Minuten-Block mit Weltnachrichten in der »Aktuellen Stunde«, für den ich eingeteilt wurde. Diese Arbeit bedeutete aber, dass ich nur am Schreibtisch saß, Agenturmeldungen umformulierte und diese fünf Minuten zusammenbastelte. Dadurch hatte ich überhaupt keine Chance rauszugehen und zu beweisen, dass ich auch als Reporter was zu bieten hatte. Und wenn man das nicht zeigen kann, kann man sich auch nicht weiterentwickeln. Es gab noch eine andere Stelle in Bielefeld, da hätte ich hingehen können.

> *Du musst einfach mit einem neuen Blick an die Sache herangehen können.*

Aber ich wollte lieber in Köln bleiben und habe gedacht: Das machst du eineinhalb, zwei Jahre, und dann kommt etwas Neues. Aber ich kam da einfach nicht weg. Aus zwei Jahren wurden drei und aus drei Jahren vier. Ich sah keine Perspektive, da wegzukommen. Da habe ich mir schon so alternative Szenarien ausgedacht. Was mache ich, wenn das mit meinen Plänen nicht klappt? Irgendwann ist es nämlich zu spät. Wenn man fünf, sechs Jahre da ist, ist man plötzlich Mitte 30 und nicht mehr der junge, dynamische Nachwuchs, sondern derjenige, der schon seit Jahren da hinten in der Ecke den Nachrichtenblock macht. Ich achte diese Tätigkeit und es hat mir auch den Respekt gebracht vor den Leuten, die Sendungen am Schreibtisch zusammenstellen. Das habe ich nie vergessen. Ich habe auch nie vergessen, wie schäbig die Kollegen und ich von einigen Leuten behandelt wurden. Und ich habe mir immer geschworen, das nicht zu tun. Ich respektiere die Leute, die diese Redaktionsdienste machen. Denn ohne die kann man auch als Moderator im Studio oder Reporter draußen nicht erfolgreich arbeiten. Aber ich wollte eben noch etwas anderes mit meinem Leben anstellen.

Wie haben Sie den Absprung dann doch noch geschafft?
Ich las in meinem Job aufmerksam die Meldungen der Nachrichtenagenturen, dadurch hatte ich natürlich auch regionale Ereignisse schneller auf dem Radarschirm. Und da habe ich mir ein, zwei Mal einfach ein Kamerateam geschnappt und bin losgedüst – mein direkter Vorgesetzter bei den Nachrichten hat das auch unterstützt. Manchmal waren andere Kollegen in der Zentrale der »Aktuellen Stunde« dann sauer, wenn sie einen Reporter losschicken wollten und ich schon längst da war. Aber als das mehrmals passierte, sagten sie irgendwann: Mensch, komm, den setzen wir doch auch mal ein.

Dann ging es Schlag auf Schlag, Sie wurden plötzlich sogar Moderator der »Aktuellen Stunde«. Wie haben Sie den Sprung vor die Kamera geschafft?
Da kam mir König Zufall zur Hilfe. Durch einen Umbau des Programms hatte man als Redakteur plötzlich die Möglichkeit, als Moderator die Kurznachrichten,

seine eigenen Texte vor der Kamera vorzutragen. Ganz kurz. Drei, vier Minuten, fünf Minuten. Damals entdeckte mich Ernst Huberti, der legendäre »Sportschau«-Moderator, ein bisschen und ich machte bei ihm einige Seminare. Dann kam irgendwann der Durchbruch: Ich wurde Reporter und Moderator der »Aktuellen Stunde«. Das war ein richtiger Durchbruch und vorher war wirklich vier Jahre lang ein Knoten entstanden, der platzen musste.

Für Sie führte der Weg nach dem Studium über ein Volontariat beim WDR in den Traumberuf. Welchen Weg würden Sie heute einem Abiturienten empfehlen?
Viele Wege führen nach Rom. Da gibt es zum Beispiel die verschiedenen Journalismus-Studiengänge oder Journalistenschulen. Aber man kann auch, so wie ich, Politikwissenschaft und Geschichte oder etwas anderes studieren. An solch ein »journalismusfremdes« Studium schließt dann meist eine zweijährige journalistische Ausbildung an, das sogenannte Volontariat.

Ist ein Studium auch heute noch unbedingt erforderlich?
Früher gab es viele, die nicht studiert hatten, sogenannte »Quereinsteiger«. Heute ist die Konkurrenz aber noch viel härter als für uns. Die guten Posten sind besetzt, die Medienszene verändert sich, es gibt kaum noch solide Festanstellungen sondern immer mehr befristete oder freie Stellen, wo man als selbstausbeutende Ich-AG operieren muss. Weil da der Zugang einfach sehr schwierig ist, empfiehlt sich da schon aus Selbstschutz ein Studium, mit dem man sich auf mehrere Berufsfelder vorbereiten kann.
Und heute ist es unglaublich schwer, ohne Studium ein Volontariat zu bekommen. Um in die engere Wahl zu kommen, braucht man in der Regel schon ein abgeschlossenes Studium – und darüber hinaus natürlich erste praktische Erfahrungen.

Wie kann ich solche Erfahrungen schon als Schüler sammeln?
Zum Beispiel bei der Schülerzeitung oder während eines Ferienpraktikums bei der Lokalzeitung. Insgesamt gilt: Je früher, desto besser. Wer wartet, bis er 30 ist und dann sagt »Ich will jetzt irgendwas mit Medien machen«, hat schlechte Karten.

Angenommen man hat jetzt ein Praktikum bei einer Tageszeitung ergattert. Was muss man tun, um einen »Fuß in die Tür« zu bekommen und dort später vielleicht mal als Berufsanfänger starten zu können?
In guter Erinnerung bleiben Leute, die sich nützlich machen und sich interessiert zeigen. Dabei ist die richtige Balance wichtig. Auf der einen Seite sollte man nicht nerven und schon am ersten Tag fragen, ob man mit zu einem VIP-Interview darf. Auf der anderen Seite sollte man aber auch nicht zu schüchtern sein, sondern auch mal seine Hilfe anbieten. Auch wenn es nur darum geht, ein paar Aktenordner von einem Gebäude ins andere zu schleppen oder jemandem ein Telefonat abzunehmen. Wer mit solchen kleinen Gefälligkeiten auf sich aufmerksam macht, darf sich später oft mit größeren Aufgaben bewähren.

Was macht für Sie persönlich einen guten Praktikanten aus?
Ich persönlich achte sehr stark darauf, welche Fragen jemand stellt. Denn das zeigt, ob er eine gesunde Neugier und damit eine wichtige journalistische Grundvoraussetzung mitbringt.

Wenn Sie sich jetzt festlegen müssten – was ist Ihr allerwichtigster Tipp für den Einstieg in den Journalismus?
Sammelt Erfahrungen, wo ihr nur könnt – am besten schon in der Schülerzeitung oder während eines Schülerpraktikums. Dann solltet ihr bei der Lokalzeitung, dem Anzeigenblatt oder Onlinemedium Artikel schreiben, die ihr bei weiteren Bewerbungen vorzeigen könnt. Machen ist nach wie vor das Allerwichtigste.

Angenommen, Sie hätten einen Wunsch frei – welche Nachricht würden Sie gerne einmal in den Tagesthemen anmoderieren?
Alle Atomwaffen werden abgeschafft.

Wie sieht es im Studio der Tagesthemen hinter den Kulissen aus?
Tom Buhrow führt kurz vor der Live-Sendung
durch sein Studio in dieser Videobotschaft:
(Jetzt mit dem Smartphone öffnen, z. B. mit der kostenlosen App »Scanlife«.)

Der Sportmoderator

»Aufgeben kenne ich nicht«

GERHARD DELLING

Moderator, ARD

*Bei der Fernsehübertragung eines Spiels der deutschen Fußballnatio-
nalmannschaft ist Gerhard Delling mit seinem Mikrofon neben dem
Platz für die Zuschauer fast so wichtig wie Schweini, Poldi und Co. auf
dem Platz. Delling ist das Gesicht des deutschen Sportjournalismus.
Er kommentiert nicht nur die Fußball-Länderspiele in der ARD, sondern auch die Bundesliga in der Sportschau oder die Olympischen
Spiele. Wir treffen Gerhard Delling in Hamburg in seinem Büro, wo
er sich gerade auf seinen Auftritt am Abend im NDR-Sportclub vorbereitet. Vor sich hat er zehn Zeitungsartikel und zahlreiche Kartei-
karten ausgebreitet. An der Wand hängt ein Fernseher, auf dem live
ein Bundesligaspiel zwischen Schalke und Borussia Mönchenglad-
bach läuft. Immer wieder jagt sein Blick dem Ball hinterher.*

Herr Delling, Sie moderieren nicht nur Fußballsendungen, sondern spielen auch leidenschaftlich gerne selbst. Was ist Ihre Position auf dem Platz?
Früher war ich Linksaußen, als es den noch richtig gab. Das war dann auch meist Linksdraußen – so ungefähr zwischen Genie und Reservebank. Dann im Laufe der Zeit bin ich mehr ins offensive Mittelfeld gegangen. Mittlerweile bin ich auf der linken Seite.

Welche Ihrer Spieleigenschaften lassen sich auf Ihre Qualitäten als Journalist übertragen?
Aufgeben kenne ich nicht. Wenn ich auf dem Feld bin, will ich natürlich auch immer gewinnen. Früher habe ich begeistert Schach mit meinem Vater gespielt und immer verloren. Aber ich habe nie aufgegeben, bis zum letzten Zug. Irgendwann habe ich dann tatsächlich gewonnen. Das waren für mich nach all den Jahren Triumph und Bestätigung zugleich, dass es sich lohnt, es immer weiter zu versuchen.

Was können Journalisten grundsätzlich von Fußballern lernen?
Ich weiß nicht, ob es so rum sein muss oder ob auch Fußballer etwas von Journalisten lernen können. Das hat nichts mit Journalisten an sich zu tun, es gilt für jeden so intensiven Beruf. Es ist ja eigentlich eine Gnade, dass wir nicht jeden Tag um acht Uhr am selben Ort sein und immer dieselbe Tätigkeit verrichten müssen. Wir haben schon das Glück, dass wir kreativ sein dürfen und sogar sein sollen. Das würde ich mir auch von jedem Fußballer wünschen. Oder ich würde mir wünschen, dass ein Fußballer öfter mal ein bisschen mutiger ist – in seinen Äußerungen. Denn ich glaube, wenn sie durchdacht sind, kann er sich das leisten. Das gilt genauso für den Journalisten. Man sollte seinen Spielraum ausreizen und immer versuchen, die Grenzen ein bisschen auszuloten. Selbst wenn man aus Versehen ein bisschen zu weit geht, hat man dabei auch wieder etwas gelernt.

> *Man muss eigentlich alles lesen, was man in die Finger bekommt.*

Wie mutig und kreativ sind Sie denn beim Torjubel. Schaffen Sie mit Ihrer Größe einen Salto?
Ein Salto wäre so schön! (lacht) Den würde ich gerne können, ganz ehrlich. Aber so etwas Spezielles habe ich nicht. Keine Sperenzchen wie diese isländische Mannschaft, die mal so gejubelt hat, als hätte sie einen dicken Fisch geangelt. Das sieht zwar schön aus, wirkt aber irgendwie als schieße man nicht so oft ein Tor. Ich hatte übrigens noch nie diesen Killerinstinkt fürs Toreschießen. Mich hat immer mehr interessiert, wie das Ganze entsteht.

Wie entsteht denn Ihre Moderation bei einem Spiel der deutschen Nationalmannschaft, wie bereiten Sie sich darauf vor?

Das ist ein latenter Vorgang, eigentlich ist man immer im Thema drin. Man liest alles. Und man spricht natürlich auch mit vielen Insidern. Ich treffe ja viele Leute in den Stadien und bin immer auf dem Laufenden, was in der Bundesliga vorher passiert. In größeren Abständen gibt es auch immer wieder direkte Gespräche, mit dem Bundestrainer zum Beispiel. Es gibt viele Anlässe, wo ich auch den DFB-Generalsekretär Wolfgang Niersbach treffe, den Manager Oliver Bierhoff oder den einen oder anderen aus der Bundesliga! Das ist ein Prozess, der immer in Bewegung ist.

Klingt so, als seien Sie ziemlich nah dran an der Nationalmannschaft. Gehen Sie nach dem Spiel auch mal ein Bier mit denen trinken?
Natürlich kommt es mal vor, dass wir im Ausland sind, gemeinsam auf den Rückflug warten und dann auch mal ein Bier trinken. Das macht auch Spaß, vor allem, wenn man sich mit den Spielern so auch mal über andere Dinge unterhalten kann. Aber es gibt keine regelmäßigen privaten Treffen. Das ist auch gut so. Schließlich sollte man als Journalist noch eine gewisse Distanz wahren, um objektiv berichten zu können.

Das Verhältnis zwischen Sportjournalisten und Fußballern ist offensichtlich lockerer als das zwischen Nachrichtenjournalisten und Politikern ...
Das würde ich so nicht sagen. Es stimmt vielleicht ein bisschen, weil von vielen Medien und wahrscheinlich auch vom Publikum Sport stärker als Unterhaltung empfunden wird, als es früher der Fall gewesen ist. Aber ich bin da noch ein echter alter Sack. Für mich ist das schon eine sehr journalistische Aufgabe. Ich freue mich zwar, wenn ein Fußballspiel einen hohen Unterhaltungswert hat und damit auch ein Gespräch darüber. Aber das ist in der Politik genauso: Mal kann sie sehr unterhaltend sein, aber sobald es berechtigte Fragen zu stellen gilt, müssen die genauso klar formuliert sein. Das gilt für die Politik und auch für den Sport.

> *Ich gehe jede Sendung im Vorfeld einmal gedanklich von vorne bis hinten durch. Ich kenne sie dann sozusagen schon.*

In letzter Zeit haben immer wieder Bundesligatrainer die Medien kritisiert. Sie meinen, Journalisten würden selbst kleinere Querelen in den Vereinen groß »aufbauschen« und damit die Spieler auf dem Platz nervös machen. Können Sie diese Kritik nachvollziehen?
Dass die Medien eine inhaltliche Diskussion in den Fokus heben, ist wichtig. Manchmal ist es übertrieben und manchmal ist es genauso, wie es ist. Korrekt und konkret. Unterm Strich kann ich nicht ganz verstehen, dass sich die Trainer darüber beschweren.
In diesem ganzen Fußballgeschäft haben alle Beteiligten, sowohl die Trainer als auch die Funktionäre, die Spieler selbst und auch das Fernsehen – ich will uns da selber nicht ausnehmen – schon viel dazu beigetragen, dass es so eine Wichtigkeit

für viele Menschen erhält. Und dann kann man jetzt nicht auf einmal so tun, als wäre es nicht wichtig. Wenn etwa Mario Götze auf einmal zum »Messias« ernannt wird, ist das zwar nicht meine Diktion. Aber dass er schon in jungen Jahren ein außergewöhnlicher, superguter Fußballer ist, das kann man nicht negieren. Und über das große Interesse an ihm sollte sich auch niemand beschweren, denn damit verdient er im Übrigen eine Menge Geld. Wenn das Interesse nicht so groß wäre, dann würde er nämlich fast nichts verdienen. So wie es einem Basketballer oder einem Handballer ergeht.

Sie sagten vorhin, dass Sie als Vorbereitung für Ihre Moderationen alles lesen – was denn genau?
Es fängt an mit dem berühmten Hamburger Abendblatt, denn ich wohne ja in Hamburg. Logischerweise muss man auch die BILD-Zeitung jeden Morgen überfliegen, die Süddeutsche Zeitung... Man muss eigentlich alles lesen, was man in die Finger bekommt. Wenn ich in den Flieger steige, dann meistens mit einem ganzen Packen voller Zeitungen – bis hin zum Handelsblatt. Denn vielleicht kann man auch da eine neue Information bekommen, selbst wenn es manchmal auch nur ein Nebensatz ist. Dann lese ich natürlich den Kicker und die Sport-BILD, keine Frage. Es geht ja auch nicht einfach nur darum, sich zu informieren, der Beruf ist Berufung. Das muss man leben. Da muss man drinstecken, da darf man sich keine Blöße erlauben.

Haben Sie vor einer Sendung noch Lampenfieber?
Eine gewisse Angespanntheit ist schon immer da. Die braucht man auch. Ohne dieses Adrenalin wäre man auch gar nicht so wach. Und das ist ganz wichtig. Aber ich habe keine nassen Hände oder so.

Haben Sie vor der Sendung irgendein Ritual?
Ich habe festgestellt, dass ich natürlich ganz klar Tagesformschwankungen habe – manchmal bin ich ein bisschen hektischer, manchmal spreche ich vielleicht zu schnell oder manchmal wieder zu langsam, weil ich mit den Gedanken gerade noch zusätzlich woanders bin oder vorher noch irgendetwas passiert ist. Deshalb nehme ich mir vor der Sendung 30 Sekunden Zeit für konzentrierte Ruhe. Dann sage ich mir: Pass' auf, gleich geht's los, es ist zwar Arbeit, aber du willst auch Spaß haben. Diese Sendung habe ich ja im Vorhinein quasi schon einmal gedanklich durchgemacht.

Wie meinen Sie das, »schon einmal durchgemacht«?
Ich gehe jede Sendung im Vorfeld einmal gedanklich von vorne bis hinten durch. Ich kenne sie dann sozusagen schon. Hitchcock zum Beispiel hat einmal gesagt, das fand ich sehr imponierend, dass er immer völlig gelangweilt ist, wenn er am Schneidetisch sitzt. Eigentlich war alles gedreht, er hatte alles durchdacht, er wusste, wie die Story aussieht und wie er sie erzählen will. Jetzt musste er es nur noch irgendwie einigermaßen schön zusammenschneiden. Das war für ihn

immer die langweiligste Arbeit. So ist es bei mir im Grundsatz eigentlich auch.
Denn die Sendung ist schon vorher geschehen – im Kopf. Deshalb kommt es für
mich dann live eher darauf an, dass man sie trotzdem so erlebt, als wäre sie ganz
neu. Das ist ein Punkt, an den ich mich vorher immer erinnere. Ich sage mir vorher: Gleich geht's los, super, du bist konzentriert, hab Spaß. Aber: Sei so offen, dass
alles neu passieren kann.

***Diese Dramaturgie, die Sie sich vorher überlegt haben – galt die auch für die Dia-
loge mit Günter Netzer?***
Dieses, wie manch einer gemutmaßt hat, »Spiel« mit Günter Netzer, das war nie
durchdacht in dem Sinne. Aber was natürlich schon durchdacht ist, das sind die
konkreten fußballerischen Fragen. Das ist ja auch noch das Schöne bei uns, wir
leisten uns im Ersten ja zum Glück immer
noch journalistische Beiträge, was in der
Event-Berichterstattung heutzutage leider
immer seltener wird. Aber das bedeutet natürlich auch automatisch, dass es so etwas
wie einen gedanklichen Fahrplan geben
muss. Für die Redaktion und natürlich auch
für den Moderator. Da kann man nicht auf
einmal über das Wetter reden, denn dann
bekommt man in diesem Zeitkorsett das,
was man an Informationen dringend trans-
portieren will, gar nicht mehr hin. Was das spezielle Zusammenspiel mit Günter
Netzer oder auch anderen Studiogästen anbelangt, das sollte schon immer auch
sehr spontan sein. Zumal ich ja nie weiß, was derjenige gleich antworten wird. Da
gibt es keine Absprachen.

> *Ich finde es großartig,
> wenn man seinen Part
> wirklich extrem spielen kann
> und seine Freiheiten ver-
> sucht auszureizen.*

*Mit der Fußballlegende Günter Netzer (Weltmeister 1974) moderierte Delling
13 Jahre lang die Länderspiele im Duett. Selbst Frauen fanden an ihren Analysen
Gefallen, weil sie sich auch mal herzlich anzickten. »Einen Durchbruch als belieb-
ter Sportmoderator vollzog Delling mit seiner einzigartigen Begleitung und Kom-
mentierung der Fußball Europa- und Weltmeisterschaften, die er im ironisch bis
sarkastisch gestalteten Zusammenspiel mit Günter Netzer zu einem Höhepunkt
bundesdeutscher Fernsehunterhaltung führte«, das schreibt die Personenenzyk-
lopädie »Who's who«. Neben weiteren Auszeichnungen erhielt Delling zusammen
mit Günter Netzer den »Goldenen Löwen« für die beste Sportmoderation und den
Adolf-Grimme-Preis.*

***Sie haben mit Netzer als Duo Fernsehgeschichte geschrieben und Sie beide verbin-
det ja auch eine private Freundschaft. Netzer war sogar Ihr Trauzeuge. Trotzdem
haben Sie sich nie geduzt. Hat sich das geändert, seitdem Sie nicht mehr zusammen vor der Kamera stehen?***
Nee.

Immer noch nicht?
Nö. Das haben wir irgendwie verpasst und dann müssten wir uns jetzt ganz schön umstellen.

Man liest häufig, die Doppelmoderation mit Günter Netzer bei der Fußball-WM 1998 sei Ihr großer Durchbruch gewesen. Haben Sie das auch so wahrgenommen?
(Lacht) Da war ich so selbstbewusst zu glauben, dass ich den Durchbruch schon geschafft hatte. Irgendwie hatte jede Entwicklung für mich immer das Gefühl, dass ich wieder an einem entscheidenden Punkt angekommen bin. Als ich beispielsweise beim Radio anfing vor über 30 Jahren und nach eineinhalb Jahren einen festen Job in der Redaktion hatte und sicher sein konnte, dass es weitergeht. Das war für mich so ein Sprung. Da wusste ich: Jetzt bist du definitiv angekommen. »Auf diesem Niveau wirst du immer arbeiten können«, sagte mein damaliger Chef und Ziehvater Armin Hauffe, »aber da willst du doch sicher nicht stehen bleiben!« Und das wollte ich natürlich nicht. Eine der höchsten Weihen, finde ich, ist die Radioreportage. Das war das nächste Etappenziel. Wir haben ja damals noch ganze Spiele übertragen, durchgehend, was heute sehr selten ist. Als ich irgendwann ganz sicher war, machte ich so eine Reportage beim Handball. Als ich damit fertig war, hatte ich wirklich ein tolles Gefühl, so wie die Handballer, die gerade ihr Spiel absolviert hatten – schweißgebadet nach getaner Arbeit. Da habe ich gedacht: Jetzt hast du das geschafft, jetzt hast du wirklich mal die Reportage verstanden. Handball ist so schnell – das im Wort so rüberzubringen, war ein weiterer Meilenstein für mich. Dann kam die »Sportschau«. Das war auch wieder ein Meilenstein, logischerweise. Auch an meine erste Fernsehreportage erinnere ich mich noch bestens. Später kam Rudi Michel, sozusagen der »Erfinder« der Sportberichterstattung im deutschen Fernsehen, und sagte: »Mensch, da und da und da musst du dich noch verbessern, aber sonst, herzlichen Glückwunsch, Sie sind angekommen.« Das ist für mich natürlich ein Höhepunkt gewesen.

> *Der Journalismus hat mich am Ende doch immer am meisten interessiert.*

War Rudi Michel eine Art Mentor für Sie?
Ja. Er hat mir auch geraten, den Weg Richtung Fernsehen zu verstärken. Und er hat dafür gesorgt, dass ich beim Südwestfunk in Baden-Baden eine wirklich sehr gute Ausbildung bekomme. Außerdem hat er mich nicht nur an die Hand genommen, sondern hat mich auch sehr positiv kritisch wieder zurückgeholt und mir gesagt, wo ich mich noch verbessern muss. In der Sache war er unnachgiebig, als Person fast so etwas wie ein väterlicher Freund.

Gehen wir noch mal ein paar Schritte zurück. Sie haben schon als Schüler für die Schleswig-Holsteinische Landeszeitung geschrieben. Wie haben Sie das geschafft?

Ich habe schon immer sehr gerne geschrieben, als Kind und als Jugendlicher. Mein damaliger Fußballtrainer wusste das, und mit dem habe ich darüber ein bisschen gesprochen. Der schrieb damals für die Schleswig-Holsteinische Landeszeitung regionale Fußballberichte. Irgendwann bauten sie die Berichterstattung aus und er erinnerte sich an mich, weil ihm das zu viel wurde. Er sagte zu mir: »Komm, teilen wir uns das. Du machst die eine Staffel, ich die andere.« Da war ich 16 und fand das natürlich toll. Ich hatte die Möglichkeit zu schreiben, Sport lag mir ohnehin und es hatte noch den schönen Nebeneffekt, dass ich damals ein wenig Geld verdient habe. So fing das an und das war natürlich ein einschneidendes Erlebnis.

Erinnern Sie sich noch, über was Sie Ihren allerersten Artikel geschrieben haben?
Das weiß ich noch genau. Das war eine Vorschau am Donnerstag, die am Freitag erschien, über die Bezirksliga im Kreis Rendsburg-Eckernförde.

Sie haben also schon während der Schulzeit als Sportreporter gearbeitet. Blieb da die Schule manchmal auf der Strecke? Welche Abinote hatten Sie?
Ich glaube 2,5, wenn ich es richtig im Kopf habe.

Sie lagen im guten Mittelfeld ...
Ich war immer ein sehr guter Schüler gewesen. Als aber nach der Mittelstufe der Klassenverbund aufgelöst und die Studienstufe eingeführt wurde, war ich nicht mehr sehr viel in der Schule. Da habe ich dann lieber das Leben kennengelernt.

Sie haben also viele Partys gefeiert?
Auch, aber gar nicht mal so viele Partys, aber ich habe unglaublich viel Sport gemacht. Mein Leben bestand auch zu dem Zeitpunkt schon aus dem Spagat zwischen Arbeit, weil ich ja für die Zeitung geschrieben habe, Schule, sehr viel Fußball, Leichtathletik und Leute kennenlernen. Ich habe auch immer gerne gelesen, aber meist nur wenige Seiten pro Tag. Denn wenn ich abends gelesen habe – tagsüber kam ich selten dazu – bin ich sofort eingeschlafen, weil meine Tage fast durchweg sehr lang und intensiv waren.

Wie ging es nach dem Abi weiter?
Als Nächstes ging ich nach Kiel und studierte dort Volkswirtschaft. Bewusst etwas anderes, weil ich doch über Sport schon sehr gut Bescheid wusste und etwas anderes kennenlernen wollte.

Hatte diese Entscheidung auch mit Ihrem Elternhaus zu tun?
Ein bisschen schon. Meine Großmutter hatte nach dem Krieg ein Unternehmen gegründet, das mein Vater dann später als Geschäftsführer übernahm. Da habe ich natürlich auch während der Schul- und Studienzeit immer in den Ferien ein bisschen ausgeholfen. Es ging um die Themen Schrott, Abbruch, Güternahverkehr, Containerdienst. Das wuchs immer mehr. Es fing klein an und über die Jahr-

zehnte wurde es ein funktionierender mittelständischer Betrieb. Es hat mir schon Spaß gemacht da und die Idee war, dass ich eventuell einmal einsteigen würde. Da wäre es logisch gewesen, Betriebswirtschaft zu studieren. Das war mir zu eng. Deswegen wollte ich die Tür noch offen halten und ein bisschen breiteres Spektrum studieren.

Ein Journalismusstudium war keine Option?

Ich halte nicht so viel davon, speziell und ausschließlich Journalismus zu studieren. Wenn man journalistisch tätig sein will, muss es immer eine Sache geben, von der man wirklich was versteht. Mindestens eine. Vielleicht auch zwei oder drei, aber mindestens eine wirklich gut. Ich glaube behaupten zu können, dass es bei mir zwei sind. Ich bin auch heute noch volkswirtschaftlich sehr interessiert und wirklich drin im Thema. Und sportlich ohnehin, nachdem ich auch während des Studiums die ganze Zeit immer damit zu tun hatte. Sowohl von der praktischen als auch von der theoretischen Seite. Das ist ein Faible von mir. Ich würde immer empfehlen: Man kann Journalismus vielleicht zusätzlich studieren, zu etwas dazu. Aber ich glaube, es kann nicht schaden, wenn man ein Steckenpferd hat.

Offenbar waren Sie ja schon als junger Mann sehr zielstrebig und haben strategisch gedacht. Was hat Sie angetrieben?

Eigentlich dasselbe, wie im Sport. Wenn ich auf dem Fußballfeld stehe, will ich gut spielen und Erfolg haben. Falls es nicht so geklappt hat, ärgere ich mich kurz. Und nach fünf Minuten ist alles wieder in Ordnung und ich habe kein Problem mehr damit. Aber ich finde, wenn man irgendwo drinsteckt, dann muss man sich schon das höchste Ziel stecken. Als Journalist kapiert man schnell, dass man erst gut wird, wenn man wirklich weiß, worüber man spricht. Das gelingt ja auch oft genug nicht. Ich will nicht sagen, dass ich tatsächlich immer über alles informiert bin. Aber das Ziel, das habe ich schon.

Heute haben Sie den Job, um den Sie vermutlich Tausende Sportjournalisten in Deutschland beneiden. Was haben Sie denn besser gemacht als die große Konkurrenz?

Das kann ich so nicht sagen. Ich kann nur sagen, dass ich a) schon sehr zielstrebig daran gearbeitet habe aber b) wirklich echt immer Glück gehabt habe. Ich habe, zum Teil rein zufällig, die besten Ausbilder gehabt, die man sich vorstellen kann.

Was gefällt Ihnen denn am besten an dem Erfolg? Dass Sie super Einschaltquoten haben und auf der Straße erkannt werden, oder dass Sie viel Geld verdienen?

Ich verdiene natürlich viel zu wenig Geld für das, was ich leiste. Wenn ich mir dagegen so einen Fußballspieler ansehe ... (lacht). Nein, Quatsch. Für mich ist es eine tiefe Befriedigung, wenn wir eine Sendung hinter uns gebracht haben, danach eine Besprechung machen und zu dem Ergebnis kommen, dass es im Großen und Ganzen eine gute Sendung war, die Hand und Fuß hatte und Sinn gemacht hat. Ich bin einerseits ein Einzelkämpfer, aber gleichzeitig schon immer auch Mannschaftssportler gewesen. Ich finde es großartig, wenn man seinen Part wirklich extrem spielen kann und seine Freiheiten versucht auszureizen. Aber auf der anderen Seite, wenn die ganze Mannschaft froh ist, dass zum Beispiel eine »Sport-schau« super war, dann lohnt es sich, dafür zu arbeiten. Das ist ein gutes Gefühl und ...

»Tor für Schalke! Raúl!« ruft Gerhard Delling plötzlich. Obwohl er uns während seiner Antworten direkt ansieht, verfolgt er das Spiel aus dem Augenwinkel ganz genau. »Haben Sie das gesehen?«, fragt Delling. Der spanische Weltstar Raúl hat eine Art Billard-Tor geschossen. Nach einer Flanke von Huntelaar köpft Papadopoulos in den Fünf-Meter-Raum, wo Raúl zunächst am Gladbacher Torwart scheitert, den Keeper ein zweites Mal anschießt und im dritten Anlauf das Leder aus drei Metern im Tor versenkt.

Wir wissen ja, dass Sie objektiv sein müssen, aber welcher Bundesligamannschaft drücken Sie heimlich ein bisschen die Daumen?
Heimlich muss es ja gar nicht sein. Mein erstes Bundesliga-Spiel habe ich als kleiner Junge beim HSV gesehen. Ich wohne in Hamburg. Klar, dass ich da eine Affinität zu den Nord-Klubs habe. Aber im Laufe der Jahre habe ich natürlich viele Vereine gut kennengelernt. Ich war ja auch ein paar Jahre mal im Südwesten beim Südwestfunk. Da waren wir sehr viel in Freiburg, in Kaiserslautern. Ich bin immer begeistert, wenn bei einem Verein etwas entsteht und wenn man auch einen positiven persönlichen Eindruck mitnehmen kann. Insgesamt kann ich also nicht sagen, dass ich eine Toplieblingsmannschaft hätte. Früher als kleiner Junge war ich auch eine Zeit lang ganz verschärfter Gladbach-Fan. Und jetzt begeistern die wieder, finde ich. Da gucke ich gerne hin.

SPITZNAME: Delle.
ABI-NOTE: 2,5.
WOMIT HABEN SIE IHR ERSTES GELD VERDIENT? Als freier Mitarbeiter bei der Lokalzeitung.
WAS IST IHRE GRÖSSTE STÄRKE UND GRÖSSTE SCHWÄCHE? Schwer zu sagen. Ich habe einen gewissen Kampfgeist, bin begeisterungsfähig und verstelle mich nicht. Schwächen habe ich sehr viele. Ich bin manchmal ein bisschen unvernünftig. Ich kann zum Beispiel nicht akzeptieren, dass mein Knie gerade verletzt ist, und mache dann trotzdem Sport.
ÜBER WAS HABEN SIE IHREN ERSTEN ARTIKEL GESCHRIEBEN? Das war ein Vorbericht über die Fußball-Bezirksliga im Kreis Rendsburg-Eckernförde.
WAS IST IHR WICHTIGSTER TIPP FÜR DEN EINSTIEG IN DEN JOURNALISMUS? Fragt euch: Was interessiert mich wirklich richtig? Wo geht mein Herz auf, wo bin ich dabei? Wenn ihr darauf eine Antwort gefunden habt, geht konsequent in diese Richtung.

Würden Sie manchmal selber gerne für einen Bundesligaverein auflaufen?
Nein, ich konnte mich immer richtig einschätzen und wusste, dass es dafür wohl nie reichen würde.

Mit Ihrer Expertise wäre doch vielleicht auch eine Trainerlaufbahn denkbar gewesen ...
Ich habe tatsächlich schon einmal daran gedacht. Mein Verein war mal ein bisschen in Schwierigkeiten und ich habe überlegt, ob ich mich da mal mit auf die Bank setze und eine Zeit lang als Trainer aktiv werde. Aber das wäre auch eine halbe Sache. Wenn man das macht, muss man besessen genug sein, um sich mehrere Trainerscheine anzueignen. Nur dann kann man es richtig machen. Aber das hätte ja automatisch nach sich gezogen, dass ich die andere Seite, die journalistische, nicht so hätte verfolgen können. Und der Journalismus hat mich am Ende doch immer am meisten interessiert.

Wie viele Spiele haben Sie ungefähr live im Stadion verfolgt?
Ich habe das nie genau hochgerechnet, aber das müssen schon ein paar Tausend sein.

Wird Ihnen Fußball da nicht irgendwann langweilig?
Ich bin manchmal selber überrascht, dass der Sport mich immer noch fasziniert. Aber es ist jedes Mal irgendwie wieder neu und anders. Außerdem hat man sehr viel mit Menschen zu tun. Es gibt sehr viele schöne Momente und kritische Momente für einen Journalisten. Es gibt viele Situationen, wo man nachhaken kann und nachhaken muss. Wo man sich auch immer wieder hinterfragen muss. Ich liebe die Abwechslung, und die habe ich im Sport ganz besonders. Trotzdem pflege ich ja noch ein anderes Standbein. Ich moderiere ja zum Beispiel auch in der ARD den »Wochenspiegel«.

> *Ich weiß nie,*
> *was derjenige gleich*
> *antworten wird.*

Der »Wochenspiegel« wird von der Tagesschau produziert und blickt auf die wichtigsten Ereignisse der vergangenen Woche zurück, ergänzt durch aktuelle Meldungen des Tages. Wollen Sie Ihr Engagement im Nachrichtenbereich weiter ausbauen?
Man wird ja nicht jünger. Das merke ich zum Beispiel bei einer Leichtathletik-WM. Da muss man sich bis tief in die Nacht vorbereiten. Und morgens um sieben Uhr steht man schon wieder frisch gepudert und geschminkt in der Mixed Zone, also dort, wo Journalisten auf Sportler treffen, und abends gibt es dann normalerweise noch eine Zusammenfassungssendung, kurz vor Mitternacht. Ich halte das zwar immer noch aus. Aber im Grunde hat das alles seine Zeit. Da gehören jüngere Leute rein. Da kommt dann irgendwann so eine andere Verwendung, der man sich dann mehr widmet. Mittlerweile habe ich natürlich einige Erfahrung und

ich glaube, dass ich ein Politikerinterview schon standfester führen kann, als ich es vielleicht zu Anfang der Karriere geführt hätte. Und es ist ein journalistischer Bereich, der mich immer interessiert.

Sie arbeiten anscheinend sehr viel, speziell auch am Wochenende. Lässt sich das mit dem Familienleben vereinbaren?
Schwer. Aber ich kenne es ja nicht anders. Schon mit 16 habe ich samstags meistens Vereinsfußball gespielt und sonntags geschrieben. Das Wochenende ist also schon seit fast 40 Jahren immer hin. Ich habe das alles ja auch so extrem betrieben, weil es mich interessierte – ich habe dann sieben Tage die Woche gearbeitet, was ich heute noch öfter mache. Aber heute schaffe ich mir auch ganz bewusst Freiräume wegen der Familie. Ich möchte natürlich mit meinen Kindern zusammen sein und sehen, wie sie aufwachsen und was sie bewegt.

Haben Sie manchmal auch etwas Privates geopfert für Ihre Karriere? Ist zum Beispiel mal eine Beziehung in die Brüche gegangen, weil Sie so viel gearbeitet haben?
Nee, die Frage hat sich nie gestellt. Wenn jemand damit nicht klargekommen ist, dann hat diejenige sicherlich schon so den Abflug gemacht. Ich glaube, ich bin schon sehr intensiv mit meiner Arbeit, aber auch im Privatleben. Wenn ich zu Hause bin, bin ich nicht derjenige, der die Füße hochlegt und sich Pantoffeln bringen lässt und ein bisschen fernsieht. Ich will dann auch etwas mit meinen Liebsten erleben. Nein, ich musste für die Karriere noch nie etwas aufgeben, weil für mich immer ungefähr klar war, wie die Balance aussieht.

Welche Sportarten, außer Fußball, treiben Sie privat?
Eine Zeit lang habe ich früher noch intensiv Leichtathletik gemacht. Dann habe ich mal ein bisschen im Verein Handball gespielt, um den Sport näher zu verstehen und besser darüber berichten zu können. Heute spiele ich ganz gerne mal Golf, wenn es die Zeit erlaubt. Ich habe eine Zeit lang auch Tennis gespielt, das aber sehr schlecht. Ich habe auch gerne und schlecht gesurft. Das ist ein richtiges Lebensgefühl. Heute jogge ich noch regelmäßig, obwohl ich mir früher nie vorstellen konnte, ohne Ball zu laufen.

Der Schiedsrichter pfeift das Spiel auf Schalke ab. Die Hausherren gewinnen durch das Billard-Tor von Raúl mit 1:0. Gerhard Delling zieht sich eine Karteikarte herüber und macht sich darauf eine Notiz. Er blickt auf die Uhr. Auch unsere Interviewzeit ist eigentlich abgelaufen, Delling muss sich weiter auf die Sendung vorbereiten. Doch er gibt uns noch ein paar Minuten Nachspielzeit.

Stellen Sie sich vor, Sie seien der Trainer einer Mannschaft von Nachwuchsjournalisten. Wie sollte man die Zeit neben dem Studium optimal nutzen?
Ich würde auf jeden Fall ins Ausland gehen. Für mich war das damals aus finanziellen Gründen undenkbar. Das würde ich auf jeden Fall machen. Außerdem gibt es

viele Weiterbildungsmöglichkeiten außerhalb der Uni, gerade im journalistischen Bereich. Und es gibt überall Menschen, die auch bereit sind, ihr Know-how weiterzugeben. Und man sollte Praktika absolvieren, auch um herauszufinden, was man nicht machen möchte. Das ist ganz wichtig. Und man sollte versuchen, parallel zum Studium praktisch zu arbeiten. Das kann der Bericht in der Lokalzeitung über den letzten Leuchtturmwärter sein – völlig egal. Hauptsache: machen!

Würden Sie auch empfehlen, zum Beispiel einen eigenen Blog zu schreiben?
Klar, das Internet ist eine Riesenchance. Wer zum Beispiel einen Blog über unterklassige Fußballligen schreibt, kann sich da ganz schnell einen Namen machen, wenn er gut gemacht ist. Entweder außergewöhnlich provokativ, außergewöhnlich klug oder außergewöhnlich formuliert. Man kann dort eine eigene Marke entwickeln.

Ist es heute leichter oder schwerer als früher, als Sportjournalist den Sprung vor die Kamera zu schaffen?
Früher gab es nur einen Weg: Lernen, lernen, lernen! Und dann musste zum Fleiß auch irgendwann ein bisschen Glück kommen. Heute gibt es eigentlich noch einen zweiten Weg, den ich persönlich nicht so gut finde: Man tut einfach so, als wenn man was kann. Gerade das Medium Fernsehen bedient schon mehr denn je narzisstische Züge. Mit einer gewissen Chuzpe, ein bisschen frechem Auftreten, einer Extrovertiertheit, kann man heute schon ein paar Mängel auf der Wissensseite kaschieren. Aber das hat mittelfristig sehr kurze Beine.

Um noch mal die Motivation zu steigern für den ehrlichen, aber steinigen Weg: Was waren Ihre unvergesslichsten Momente als Sportreporter und Moderator?
Es gab wirklich viele. Super beeindruckend war die Fußball-Europameisterschaft 1992, weil das eine der letzten war, wo wir tatsächlich noch unten auf dem Feld stehen konnten. Während des Spiels hatten wir von da aus kurze Einblendungen. Als das Spiel zu Ende war, sind wir direkt aufs Feld gegangen. Das war alles möglich damals. Da war man so nah dran, das war elektrisierend. Eines der größten Erlebnisse waren auch die Olympischen Spiele in Sydney. Großartiger Sport, tolle Geschichten und gleichzeitig ein wunderbares Land. Da passte irgendwie alles. Und die Fußball-WM 2006 in Deutschland war natürlich auch sehr aufregend, weil im ganzen Land eine wahnsinnige Begeisterung spürbar war.

> *Es kann nicht schaden, wenn man ein Steckenpferd hat.*

Was war denn Ihr größter Reporter-Albtraum?
Ich war dabei, als in Bremen beim Auftaktspiel zur Bundesliga der Strom ausfiel. Das war schon ziemlich katastrophal. Ich habe dann versucht, mit dem Handy zu kommentieren. Das ging eine kurze Zeit gut und dann war die Leitung auch weg.

Als Fußballer ist es ja das Größte, Weltmeister zu werden. Was ist denn für Sie das Größte, was man als Journalist erreichen kann?
Ich glaube als Journalist ist es ganz wichtig, dass man ernst genommen wird. Das zu erreichen ist schon schwer genug. Das über Jahre auf Dauer weiter zu erhalten, das ist ein Prozess. Das geht immer weiter. Das ist eigentlich die größte Herausforderung.

Der Kriegsreporter

»Ich trage lieber Schussweste und Helm als Anzug und Krawatte«

FREDERIK PLEITGEN

Reporter, CNN

Lebensgefahr ist Teil seines Jobs: Frederik Pleitgen berichtete für den Nachrichtensender CNN International nicht nur live von den Kriegsschauplätzen in Afghanistan und Irak, sondern war auch mittendrin, als die Menschen in Ägypten und Libyen sich im »arabischen Frühling« gegen ihre Herrscher erhoben. Während des libyschen Bürgerkrieges war Frederik Pleitgen einer der ersten internationalen Journalisten, dem es gelang, aus der belagerten Stadt Misrata zu berichten. Er wurde 1976 in Köln geboren und studierte Nordamerikanistik in Bonn und Berlin sowie Journalismus in New York. Seine Karriere begann er in den Hauptstadtstudios von ZDF und RTL und als Reporter bei n-tv. Danach wechselte er zum legendären Nachrichtensender CNN, für den er seit 2006 als Berlin-Korrespondent tätig ist. Hier treffen wir ihn für das Interview.

*Sie sind Deutschland-Korrespondent für CNN, sind aber auch häufig als Kriegs-
und Krisenreporter unterwegs. Welche Arbeitskleidung tragen Sie lieber – Anzug
und Krawatte oder schusssichere Weste?*

Ich trage lieber die schusssichere Weste und den Helm, denn ich bin unheimlich
gerne an Orten, wo viel passiert. Am liebsten bin ich draußen unterwegs, an unzu-
gänglichen Orten.

*Aber die Weste und der Helm bedeuten auch, dass Sie sich in Lebensgefahr be-
geben. Was genau reizt Sie daran?*

Man ist an Orten, wo Weltgeschichte geschrieben wird. Außerdem bedeuten diese
Orte eine besondere journalistische Herausforderung. Es ist dort relativ gefährlich
und teilweise stehen viele Mittel der Kommunikation nicht zur Verfügung. Zum
Beispiel kann man in der libyschen Wüste nicht mal eben das iPhone anschalten
und sich Informationen aus dem Internet besorgen. Außerdem lernt man sehr
interessante Leute kennen, insbesondere in Situationen, in denen es für Menschen um alles oder nichts geht.

*Reizt Sie manchmal auch der Kick zu wissen, Ihr Leben könnte jeden Moment zu
Ende sein?*

Es ist natürlich schon relativ viel Adrenalin im Spiel, aber es ist nicht der Kick, den
ich suche. Es ist gut, eine große Portion Respekt vor dem Ganzen zu haben, sonst
wird man leichtsinnig.

In welcher Situation waren Sie zuletzt in Lebensgefahr?

Bei Kämpfen in Libyen an der Front von Bani Walid, wo geschossen wurde. Auch
in Misrata ist auf uns geschossen worden, mit Panzerfäusten, mit Gewehren, Artil-
leriebeschuss, Mörserbeschuss. Dann war ich in Tripolis während der Luftschläge,
die relativ gezielt waren – aber man weiß ja nie, ob nicht doch mal eine Bombe
daneben geht. Im Laufe der Jahre habe ich im Irak und in Afghanistan viele
Anschläge und Schießereien miterlebt.

Und in Georgien bin ich einmal fast von einem Flugzeug beschossen worden, von
einem russischen Kampfjet. Da wollte man uns in der Hauptstadt Tiflis in ein
Gebäude partout nicht reinlassen, weil gerade in der Nachbarschaft bombardiert
wurde. Während ich mit den Leuten diskutierte, kam ein Jet vorbeigeflogen und
bombardierte genau das Haus, vor dem wir standen. Dann mussten wir ziemlich
schnell rennen.

*Haben Sie in solchen Situationen existenzielle Angst oder muss man als Kriegs-
reporter emotionslos sein?*

Man wird nie emotionslos. Natürlich habe ich existenzielle Angst, klar. Du spürst,
dass es schnell vorbeigehen kann. Aber man gewöhnt sich ein bisschen daran.
Und in der Gefahrensituation ist es oft so, dass ich zu beschäftigt bin, um Angst
zu haben. Man hat diesen Adrenalinstoß und freut sich, dass man selber nicht
getroffen wurde. Aber man fühlt sich teilweise relativ klein, gerade bei den Jet-

Angriffen. Man fühlt sich klein und verwundbar, denn vor so einem Flugzeug kann man nicht wegrennen. Solche Gefühle gehen nicht weg, daran gewöhnt man sich nicht.

Wie verarbeiten Sie erschütternde Erlebnisse, zum Beispiel die Bilder von Kindern, die durch Minen verstümmelt wurden?

Wenn Kinder sterben oder verstümmelt werden, ist das hart. Und daran hat man nachher auch zu knabbern. Meistens spüre ich das erst sechs bis sieben Wochen danach. Vor allem wenn man im Alltag schwierige Situationen hat oder Ärger zu Hause. Dann kommen die schlimmen Bilder manchmal wieder hoch.

Können Sie ein Beispiel nennen?

Ich war direkt nach dem Tsunami in Thailand, in Khao Lak, diesem Dorf, das komplett ausgelöscht wurde. Da waren extrem viele Wasserleichen, über Wochen hinweg. Auch dieser beißende Geruch war immer präsent. Ein halbes Jahr danach war der 60. Jahrestag der Befreiung des Konzentrationslagers in Auschwitz und ich war dort, um zu berichten. Plötzlich sahen die Massengräber von Auschwitz ganz anders aus, viel wirklicher. Da bin ich fast umgekippt, weil ich nicht damit klargekommen bin. Mit dieser Sache hatte ich

> *Mit der Zeit bekommt man ein Gefühl für die Zeichen, die andeuten, dass irgendwo Gefahr lauert.*

wirklich psychologisch zu kämpfen. Nach langem Hin und Her habe ich mir überlegt, dass es wahrscheinlich gar nicht so schlecht ist, wenn man davon umgehauen wird. Ich glaube nicht, dass Menschen dafür ausgelegt sind, solche Situationen normal zu finden.

Mussten Sie schon mal psychologische Unterstützung annehmen, um mit solchen Erlebnissen klarzukommen?

Nein, noch nie. In der gerade beschriebenen Situation hatte ich es mir überlegt. Aber nachdem ich länger in mich gegangen bin, ging es dann.

Bietet Ihr Sender CNN denn solche Hilfe an?

Ja, wir arbeiten mit einem Psychologen eines Instituts in Kanada zusammen, der sich auf solche sogenannten posttraumatischen Belastungsstörungen von Reportern spezialisiert hat. Er kennt sich mit der Schwierigkeit von Krisen- und Kriegsberichterstattung aus und ist immer zugänglich, an ihn kann man sich wenden. Auch anonym.

Nicht nur psychisch, sondern auch physisch müssen Sie auf der Höhe sein. Weil CNN sein Programm weltweit sendet, arbeiten Sie in manchen Situationen wegen des Zeitunterschiedes rund um die Uhr. Wie halten Sie sich fit für solche Extrembelastungen?

Man muss wirklich fit sein, denn man schleppt zum Beispiel manchmal eine Kameraausrüstung bei extremer Hitze durch die Wüste oder durch riesige Menschenansammlungen oder man muss über irgendwelche Barrikaden springen. Und oft kommt man irgendwo an und arbeitet ohne Pause durch. Aber auch dafür entwickelt man eine gewisse Routine. Und sobald man anfängt, sich etwas auszuruhen, schläft man ein. Insofern ist das Beste, einfach weiterzumachen. Ich trinke dann viel Cola und Kaffee. Auch zu Hause muss ich mich fit halten, um nicht zu unsportlich zu werden.

Welchen Sport machen Sie denn, wenn Sie zu Hause sind?

Joggen. Das ist gut für die Grundfitness. Es ist nicht nur so, dass man lange wach sein muss. Man muss auch vor Millionen Zuschauern Dinge erzählen, die Sinn machen. Wenn man komplett fertig ist, erzählt man vielleicht Sachen, die keinen Sinn machen oder falsch sind. Insofern muss man selbst bei großer Müdigkeit klar im Kopf bleiben.

Machen Sie für diese mentale Fitness auch irgendein geistiges Training?

Nee. Ich motiviere mich einfach selbst, atme einmal tief durch und sage: »Jetzt musst du die zweieinhalb Minuten auf der Höhe sein.« Und an Orten, wo gerade etwas Historisches passiert, wird man auch nicht so schnell müde. Es ist mir oft passiert, dass ich unterwegs war und mich überhaupt nicht müde fühlte. Aber als ich dann nach Hause gekommen bin, habe ich deshalb erst einmal zwei Tage nur geschlafen.

Es braucht wohl einiges, um Frederik Pleitgen müde zu machen. Mit seinen 1,96 Metern und dem Kreuz eines Footballspielers sieht er so aus, als könne ihn nichts auf der Welt umhauen. Was kaum jemand weiß: Der Mann, der für CNN berichtet und in seinem dunklen Anzug so seriös aussieht wie ein Rechtsanwalt, hat sein erstes Geld als Türsteher verdient. Vor der Kölner Disco »Rhein-Rock-Hallen« sorgte er für Recht und Ordnung. Wie man sich auch mal körperlich durchsetzt, lernte er im Boxring.

> **Wenn um dich herum eine Schießerei losgeht, musst du weiter berichten können, ohne auszurasten.**

Noch mal kurz zum Thema Fitness. Sie haben viele Jahre geboxt. Hilft Ihnen das heute als Kriegsreporter?

Klar kann ich mich durch gewisse Situationen durchkämpfen. Gerade in Ägypten sind wir oft von Mobs angegriffen worden und ich musste mich durchsetzen, aber man haut da niemandem auf die Nase. Während solcher Demos und Aufstände wie in Ägypten geht es anders zu als auf dem Schlachtfeld eines konventionellen Krieges, wo man darauf achten muss, dass man nicht erschossen wird oder dass man nicht am falschen Ort steht, wenn gerade eine Bombe herunterfällt.

Haben Sie ein spezielles Training absolviert, bevor Sie zum ersten Mal für die Berichterstattung in ein Kriegsgebiet geflogen sind?
Ja, wir haben ein Sicherheitstraining von einer Firma, mit der wir schon seit zehn Jahren zusammenarbeiten. Dieses Training ist speziell auf uns maßgeschneidert. Teilweise nehmen wir auch Spezialisten mit in Kriegs- und Krisengebiete, die uns beraten und bei Sicherheitsfragen zur Stelle sind. Was macht man, wenn man entführt wird? Wie verhält man sich, wenn ein Anschlag passiert oder von irgendwo auf einmal Bomben herunterfallen? Aber die Kernaussage dieser Trainings ist eigentlich: Man sollte versuchen, gar nicht erst in solche Situationen hineinzugeraten. Man muss abwägen, wohin man gehen kann und wohin nicht.

Können Sie dafür ein Beispiel nennen, wo diese Abwägung stattfand?
Ich war Anfang des Jahres in Misrata, als noch zwei Drittel der Stadt in der Hand des inzwischen gestürzten und getöteten Diktators Gaddafi waren. Wir sind in die Innenstadt gegangen und mussten gucken, in welche Straßenzüge man gehen kann und in welche nicht. Da muss man schon abschätzen: Wie weit kann ich jetzt gehen? Wenn Leute, die da wohnen, sagen, dass man da besser nicht hingehen sollte, dann sollte man besser auf sie hören. In Afghanistan zum Beispiel sollte man immer auf den Pfaden bleiben, die es schon gibt. Denn die Hirten wissen, wo die Landminen liegen. Da sollte man nicht vom Weg abkommen. Man muss auch darauf achten, wie man sich bewegt. Wir gehen zum Beispiel nie eng in

> SPITZNAME: Fred.
> ABI-NOTE: 2,1.
> WOMIT HABEN SIE IHR ERSTES GELD VERDIENT? Als Türsteher.
> WAS IST IHRE GRÖSSTE STÄRKE, GRÖSSTE SCHWÄCHE UND GRÖSSTE ANGST? Größte Stärke: Ich bin allzeit bereit, überall hinzufahren. Die größte Schwäche: Ich bin relativ faul und muss mich immer wieder motivieren. Und ich bin insgesamt recht ängstlich. Ich bin im Schwimmbad zum Beispiel nie vom Fünfer und vom Zehner gesprungen. Aber gerade weil ich ein Angsthase bin, habe ich beschlossen, genau das zu tun, wovor ich am meisten Angst habe. Das hilft sehr.
> ÜBER WAS HABEN SIE IHREN ERSTEN ARTIKEL GESCHRIEBEN? Das war irgendeine Lokalmeldung für den Kölner Stadt-Anzeiger, Bergisch Gladbacher Teil.
> WAS IST IHR WICHTIGSTER TIPP FÜR DEN EINSTIEG IN DEN JOURNALISMUS? Dass man versucht, so viel wie möglich von anderen Leuten zu lernen und nie aufhört, von anderen Leuten zu lernen. Und dann versuchen, für sich selbst die richtige Art der Erzählung und Recherche herauszufinden. Nie aufhören zu lernen und dann natürlich auch flexibel sein und sich an den Fakten entlang zu hangeln und sich nicht zu wichtig zu nehmen.

einer Gruppe. Denn aufgrund der dezentralen Bewegungsweise können im Falle einer Explosion die anderen demjenigen helfen, der verwundet ist. Mit der Zeit bekommt man ein Gefühl für die Zeichen, die andeuten, dass irgendwo Gefahr lauert.

Was für Zeichen sind das?
Nehmen wir zum Beispiel den Irak. Wenn man dort durch ein Dorf fährt oder durch eine Stadt, und plötzlich ist niemand mehr auf der Straße. Das ist ein Zeichen dafür, dass etwas im Busch ist. Oder auf einmal siehst du in einer Stadt, die relativ sauber ist, einen riesigen Müllhaufen. Das ist auch ein schlechtes Zeichen, weil da eine Bombe drin versteckt sein kann. Auch in Tierkadavern wurden die Bomben oft versteckt.

Noch einmal zurück zu diesem Training. Was soll man tun, wenn man entführt wird?
Da gibt es unterschiedliche Schulen. Früher haben sie den Leuten erzählt, man soll sich erst einmal entführen lassen und dann schauen, gucken, dass die einen freilassen und alles machen, was Entführer sagen. Heute sagen viele Leute, dass man versuchen soll zu fliehen. Denn in der Zwischenzeit wurden Leute geköpft, auch Journalisten wurden gezielt attackiert und umgebracht. Man sollte in der Situation einen klaren Kopf behalten und gucken, wer einen gekidnappt hat. Will der Entführer Lösegeld erpressen oder hat er politische Motive? Ganz schlecht ist immer, wenn es keine Lösegeldforderungen gibt. Generell sollte man versuchen, gar nicht erst entführt zu werden und brenzlige Situationen zu vermeiden. Dafür muss ich wissen, mit wem ich in Krisengebieten zusammenarbeite, genau checken, wer das ist, mit wem ich rausgehe. Ist die Armee dort zuverlässig, ist die Polizei zuverlässig? Sind Leute vielleicht auch von Polizisten entführt worden, die dann mit den diversen kriminellen Gruppen zusammengearbeitet haben? Ich muss da schon auf der Hut sein.

> *Wenn man sich immer wieder für etwas anbietet, wird man irgendwann genommen.*

Was lernt man neben diesen theoretischen Dingen bei dem Training für die Praxis?
Man lernt ganz praxisnah, wie man reagiert, wenn man überfallen wird oder auf einmal unter Beschuss gerät. Der medizinische Teil ist sehr groß, wir werden zum Beispiel in der Verwundetenversorgung ausgebildet. Das hat sich auch schon als sehr wichtig herausgestellt. Du bekommst auch viel beigebracht über Munition, welche Munitionsarten was anrichten können. Man sollte auch nie in die Nähe von liegen gebliebener Munition kommen. Blindgänger sind sehr schlecht. Du lernst also auch, welche Waffen was können und wo man sich da am besten nicht hinstellen sollte.

Können Sie mit einem Gewehr schießen?
Ja, aber das habe ich nicht bei dem Training, sondern bei der Bundeswehr gelernt.

Mussten Sie in einem Einsatz schon mal selbst zur Waffe greifen?
Nee. Wir werden sowieso von Gewehren ferngehalten. Ein Journalist sollte kein Gewehr in die Hand nehmen. Es müsste schon ziemlich schlimm werden, bis ich ein Gewehr in die Hand nehmen würde.

Wie kurzfristig bekommen Sie Ihre Einsatzorte mitgeteilt – sitzen Sie manchmal schon eine Stunde, nachdem eine Meldung über die Nachrichtenagenturen läuft, im Flugzeug?
Es kommt drauf an. Manche Einsätze plant man relativ weit im Voraus, vor allem bei länger andauernden Konflikten wie Irak und Afghanistan. Da haben wir ein Büro und dort werden oft Reporter aus anderen Regionen gebraucht, die für sechs oder acht Wochen stationiert werden, wenn der feste Korrespondent mal im Urlaub ist. Das sind Sachen, die man planen kann. Aber wenn irgendwo plötzlich ein Krieg ausbricht oder eine Naturkatastrophe passiert, sitzt man manchmal auch schon eine Stunde später im Flugzeug.

Steht die gepackte Reisetasche also immer bereit?
Ja, zu Hause steht immer eine gepackte Tasche, in die ich dann noch ein paar Sachen werfe und losfliege. Das Problem ist: Meistens meine ich, ich fliege irgendwo für drei Tage hin und dann werden es drei Wochen. Oder sechs. Das ist alles schon passiert.

Sind in der Tasche irgendwelche Überlebenswerkzeuge wie Kompass oder Messer?
So was haben unsere Kameramänner dabei. Aber in meiner Tasche sind neben meinen Klamotten immer auch eine Splitterschutzbrille gegen Schrapnellfragmente, mein Helm und die schusssichere Weste.

Frederik Pleitgen zieht die Weste aus einer Ecke unter seinem Schreibtisch hervor. Sie wiegt gefühlte zehn Kilogramm. Er ist wohl der einzige Berlin-Korrespondent, der militärisches Equipment in seinem Büro lagert. Sein Büro selbst hat nichts gemeinsam mit dem Stereotyp des sorgfältig aufgeräumten Arbeitsplatzes eines Hauptstadtberichterstatters. In den Regalen türmen sich Hunderte von Videobändern, überall steht Technik herum, an den Wänden hängen die Souvenirs von Pleitgens Auslandseinsätzen: Fußballtrikots aus Libyen, Irak, Pakistan, Myanmar, Israel und anderen fernen Ländern.

Wie viele Wochen im Jahr sind Sie insgesamt ungefähr unterwegs?
Im Jahr 2010 war ich ungefähr neun Monate weg. 2011 werden es mindestens sieben Monate. Ich war allein drei Monate in Ägypten, knapp drei Monate in Libyen und zwischendurch noch in Bosnien und anderen europäischen Ländern unterwegs. Ansonsten bin ich aber auch viel in Berlin.

Wie genau bereiten Sie sich inhaltlich auf Ihre Einsätze vor?
So gut es geht. Wenn der Einsatz kurzfristig kommt, weil gerade etwas passiert ist, muss man erst einmal hinfahren und versuchen, sich auf dem Weg vorzubereiten. Aber mit Irak und Afghanistan habe ich schon viel Erfahrung und ich versuche, mich da auf dem Laufenden zu halten. Ich gehe ab und zu auf Konferenzen, rede mit Experten und lese viel.
Wir haben bei CNN natürlich auch ein großes Basiswissen, weil wir überall auf der Welt Büros haben und unsere Korrespondenten weltweit berichten. Ich versuche immer, mit vielen zu reden, und das funktioniert ganz gut. Aber wenn von jetzt auf gleich ein neues Thema auf mich zukommt, dann drucke ich ein paar Sachen aus und hüpfe damit ins Flugzeug. Aber meistens ist das Ganze, das man sich dann anliest, sowieso Makulatur. (lacht)

Was erzählen Sie Ihren Kindern über Ihren Beruf, wenn Sie nach Hause kommen?
Obwohl sie erst drei und fünf Jahre alt sind, wissen meine Kinder schon so ein bisschen, was ich mache. Sie wissen, dass es da relativ gefährlich sein kann, wenn sie sehen, dass ich die kugelsichere Weste mit nach Hause bringe. Meistens erzähle ich ihnen, dass ich weit weg muss, um armen Leuten zu helfen, indem ich über sie berichte und der Welt deren Geschichten erzähle.

Auf welche von diesen Geschichten sind Sie besonders stolz?
In Myanmar gab es den Zyklon, durch den mehr als 100.000 Menschen ums Leben kamen. Kurz nach diesem Wirbelsturm sind meine Kamerafrau und ich als deutsche Touristen eingereist. Die Regierung dort, die Militärjunta, hatte erzählt, sie hätte alles im Griff. Wir haben uns dann mit Booten zwölf Stunden über einen Fluss in dieses Gebiet geschlichen. Das gesamte Ufer dieses Flusses war mit Leichen übersät. Ganze Dörfer waren ausradiert – und niemand hat geholfen. Das Versagen der Regierung haben wir dann gezeigt.

Verstehen Ihre Kinder diese Zusammenhänge schon?
Sie sind für ihr Alter sehr gut informiert, sie wissen zum Beispiel, wo Afghanistan liegt und wer Gaddafi war. Letztens hat mir meine Tochter gesagt, dass ich so böse sei wie Gaddafi. Da hatte ich ihr verboten, fernzusehen. Das ist für sie immer das Schlimmste.

Wir haben vorhin über die körperlichen Anstrengungen ihres Jobs gesprochen. Sind Männer dafür besser geeignet als Frauen?
Insgesamt glaube ich, dass Frauen genauso gut geeignet sind wie Männer. Wenn ich mir im US-Fernsehen Christiane Amanpour angucke oder im deutschen Fernsehen Antonia Rados – die stehen uns in nichts nach. Da kann ich nicht erkennen, wer da besser sein soll. Aber Frauen haben es schwerer, wenn sie eine Familie gründen. Sie sind dann einfach mehr eingebunden. Für Frauen ist es in diesem Job auch schwieriger, weil sie oft anders behandelt werden. Gerade im Nahen Osten findet man sehr männlich dominierte Gesellschaftsstrukturen.

Bei der Berichterstattung über den arabischen Frühling hatten Sie mit CNN oft die Nase vorn. Während ein Kollege des deutschen Fernsehens zum Beispiel von einem entfernten Hotelbalkon aus über die Geschehnisse in Ägypten auf dem Tahrir-Platz berichtete, waren Sie mitten im Geschehen. Worin bestand Ihr Wettbewerbsvorteil?

Es kommt immer darauf an, was der Sender zulässt. Wenn der deutsche Sender in dem Moment die Entscheidung getroffen hat, dass ihr Korrespondent lieber auf dem Balkon steht, würde ich das nicht infrage stellen, auch wenn ich es anders mache. Ich würde niemals infrage stellen, wenn sich ein Sender entschließt, irgendetwas aus Sicherheitsgründen nicht zu tun. Wir haben in diesen Fragen eine gewisse Routine. Weil wir schon extrem lange mit derselben Sicherheitsfirma und ihren Konzepten arbeiten, können wir bestimmte Sachen irgendwie möglich machen, die andere vielleicht nicht möglich machen können. Das hat viel auch mit Erfahrung zu tun, mit Erfahrung, die aus anderen Gebieten kommt, etwa aus Afghanistan und Irak. Und es kommt darauf an, wie wohl man sich in dieser Situation fühlt.

Wann entscheidet denn der Sender, ob etwas zu gefährlich ist, und wann der Korrespondent?

Das ist meistens ein Geben und Nehmen, meistens entscheiden beide zusammen. In vielerlei Situationen fragt uns der Sender: »Wie sicher seid ihr euch, dass ihr das machen könnt?« Und dann muss man sich auch irgendwann zurücknehmen. Ich weiß noch, als wir nach Misrata gefahren sind, da kamen wir auch in eine sehr gefährliche Situation. Da dachte ich: Ich will die Geschichte unbedingt machen, aber ich stellte mir auch immer wieder die Frage, ob ich es nicht zu sehr will. In solchen Fällen ist es gut, mit unseren Sicherheitsleuten zu reden. Dann kommt man da zu einem gemeinsamen Schluss. Man wird schon stark in den Entscheidungsprozess eingebunden.

Sie haben den »arabischen Frühling«, die Revolutionen in Ägypten, Libyen hautnah miterlebt. Glauben Sie, dass sich dort langfristig die Demokratie wird etablieren können?

Das liegt jetzt an den Menschen vor Ort. Die Situation birgt eine enorme Chance. Aber jedes Land ist anders. In Tunesien wird die Demokratisierung vielleicht einfach über die Bühne gehen. In Ägypten kann es sein, dass kurzfristig religiöse Parteien oder Kräfte eine relativ große Rolle spielen werden. Und gleichzeitig gibt es noch diesen gesamten Militärapparat, der das ein bisschen unter Kontrolle hält. Ob das da so einfach wird, das weiß ich nicht. Libyen ist schwer einzuschätzen, aber das Land hat auch eine Chance, weil es wohlhabend ist und in den letzten Jahren einen großen Wirtschaftsaufschwung erlebte. Man darf keine Angst haben vor einer Demokratie in einem islamischen Land, die auch ein bisschen islamisch angehaucht ist. Man sollte diese Länder ihren eigenen Weg gehen lassen. Sie werden sicherlich nicht zu Demokratien nach unserem Abbild, aber sie werden es möglicherweise auf ihre Art schaffen.

Für die Revolutionen spielte das Internet eine große Rolle, viele Demonstranten organisierten ihre Proteste online. Wie wichtig sind soziale Medien wie Facebook oder Twitter für Ihre Arbeit, zum Beispiel um Kontakt zu Widerstandskämpfern aufzunehmen?

Sehr wichtig. Als wir in Tripolis waren, wurden wir quasi von den Gaddafi-Leuten kontrolliert und waren eine Zeit lang in einem Hotel eingesperrt. Aber wir hatten auf Facebook Kontakt zu Leuten in Tripolis, die uns Fotos zugemailt und beschrieben haben, was genau gerade draußen passiert. Über das Internet haben wir auch Kontakt mit Leuten in Tripolis aufgenommen, die wir auf geheime Art und Weise getroffen haben. Das Internet spielt für unsere Recherchen eine immer größere Rolle.

CNN sendet weltweit. Wenn Sie live auf Sendung gehen, müssen Sie immer daran denken, ob Sie zu Ihrem europäischen, asiatischen oder amerikanischen Publikum sprechen und den Fokus des Berichtes entsprechend ändern. Worin genau bestehen die Unterschiede?

Oft mache ich Beiträge, die auf allen Plattformen zu sehen sind. Dabei muss ich versuchen, die Geschichten so zu erzählen, dass sie für alle Zuschauergruppen interessant sind. Und da die Welt ohnehin sehr zusammengewachsen ist, funktioniert das auch gut. Darüber hinaus produzieren wir teilweise auch Sendungen, die einen speziellen Fokus haben, zum Beispiel auf Asien. Hier versuchen wir, auf Themen einzugehen, die vor allem für Asien interessant sind. Aber im Grunde genommen erzähle ich einfach, was los ist, und dann passt das eigentlich.

Wollten Sie schon immer Kriegsberichterstattung machen oder sind Sie da eher durch Zufall rein geraten?

Ich glaube schon, dass ich ein bisschen da hingedrängt habe. Nicht speziell in die Kriegsberichterstattung, aber ich wollte schon an Orten sein, wo sich gerade das Weltgeschehen abspielt. Ich hatte immer schon den Drang, weniger in der Redaktion zu sitzen und mehr draußen zu sein – auch an Orten, an denen es schwieriger ist zu agieren. Und das hat sich dann alles so ergeben. Mein erster Job bei n-tv war Ende 2000, und Anfang 2002 habe ich mich schon bei der Elbeflut gemeldet, dort drei Wochen lang draußen zu sein. Ich habe schon immer den Weg in die freie Wildbahn gesucht.

Was zeichnet Sie aus? Wenn Sender entscheiden, wer wohin geschickt wird, spielen ja bestimmte Fähigkeiten eine Rolle.

Bei vielen Sendern ist es so, dass sich der Kreis der Leute, die da gerne hinfahren, in Grenzen hält.

Wirklich?

Ja. CNN ist da eine Ausnahme. Bei CNN darf man in dieser Hinsicht keine Scheu haben. Es gibt natürlich auch Wirtschaftsjournalisten, die meistens Wirtschaft machen. Aber ich würde sagen, zwei Drittel unserer Reporter haben keine Probleme damit, in Krisengebiete zu fahren. Man muss sich im Klaren sein, dass man viel unterwegs ist und dass es keine Luxusreisen sind. Das möchte auch nicht jeder machen. Aber wenn man sich dafür oft meldet und zeigt, dass man das gerne macht, kristallisiert sich das irgendwann heraus. Mein Tipp: Wenn man sich immer wieder für etwas anbietet, wird man irgendwann genommen.

Einsatzbereitschaft ist also eine wichtige Voraussetzung auf dem Weg zum Kriegsreporter. Was gehört noch dazu?
Man muss auf jeden Fall bereit sein, Abstriche zu machen, was die Unterbringung und das Essen angeht. Man muss bereit sein, sehr lange unter schwierigen Bedingungen zu arbeiten. Du musst Spaß daran haben, den ganzen Tag in der Hitze der Wüste unterwegs zu sein und Live-Schalten zu bringen. Und wenn du mitten in der Wüste stehst, ist das Ganze auch nicht so glorreich, wie man vielleicht denkt. Du musst hart im Nehmen sein und mit menschlichem Leid klarkommen. Außerdem sollte man großen Druck aushalten können: Zeitdruck einerseits, aber du musst auch inhaltlich der Situation gerecht werden. Und die Coolness bewahren. Wenn um dich herum eine Schießerei losgeht, musst du weiter berichten können, ohne auszurasten. Wenn im Hintergrund dauernd irgendwelche Artilleriegeschütze losgehen oder Artillerie einschlägt, dann ist das echt gar nicht so einfach.

> *Man ist an Orten, wo Weltgeschichte geschrieben wird.*

Wenn hinter Ihnen etwas passiert, sehen Sie das ja nicht direkt. Sagt Ihnen dann der Kameramann, wann es zu heiß wird?
Wenn eine Schießerei ganz in der Nähe ist, kriegen das die Teammitglieder oder die Leute, mit denen man unterwegs ist, mit und geben dir ein Zeichen. Dann muss man sich schnell zurückziehen.

Sie haben vorhin erzählt, dass man in Ihrem Job auch bei solch alltäglichen Dingen wie Essen hart im Nehmen sein muss. Was ist denn das Fieseste, was Sie je essen mussten?
Ich habe in Myanmar Sachen gegessen, von denen ich gar nicht sagen kann, was das eigentlich war. In Libyen gab es lange Zeit nichts zu kaufen und wir haben uns eineinhalb Wochen von Thunfisch-Konserven ernährt. Und wenn im Irak eine Ausgangssperre verhängt wurde, gab es eine Woche lang nur Aufbackfritten. Das sind die Abstriche, die man machen muss.

Gab es auch einmal Situationen, in denen Sie merkten, dass Sie physisch schwächer geworden sind?
Man kriegt manchmal Probleme mit dem Magen. Gerade, wenn man in Afghanistan in einem Dorf Tee trinkt oder Essen zu sich nimmt, kann es schon mal sein, dass man ein paar Tage darunter zu leiden hat. Dort wird der Tee nicht aufgekocht und das kann hygienisch gesehen unangenehm werden. Das passiert schon relativ

oft, nur man kann natürlich zu Tee in Afghanistan und generell in der islamischen Welt nicht Nein sagen. So etwas schwächt schon. Gerade wenn man auch mal 18 Stunden arbeitet und es heiß und schwül ist, kann das schon echt ätzend sein.

Haben Sie dafür denn Tabletten dabei?
Nein, meistens nicht. Da muss man einfach durch. Tabletten sind auch nicht gut, man soll die Bakterien ja nicht in sich drin lassen.

Wie schafft man es als Deutscher, Starkorrespondent eines weltbekannten internationalen Nachrichtensenders zu werden?
Ach, Star, weiß ich nicht ... aber ... Zunächst muss man die englische Sprache sehr gut beherrschen und zweitens sich auf die Arbeitsweise bei CNN einlassen. Und die ist schon ein bisschen anders als bei deutschen Fernsehsendern. Man hat wenig Bürokratie und teilweise wenig Struktur. Man wird irgendwo hingeschickt und die sagen: »Bau da mal was auf, mach da was draus.« Als ich angefangen habe, bin ich im zweiten Monat in den Irak gereist. Der Sender setzt viel Vertrauen in junge Leute. Damals, als ich angefangen habe, bin ich in den Irak gekommen, da war unser Studioleiter 27 Jahre alt. Man wird schon ins kalte Wasser geschmissen, aber wenn man die Feuerprobe besteht, dann kriegt man auch einen großen Vertrauensvorschuss, das ist gut. Wir haben übrigens nicht die schönsten Büros. Aber es ist alles zweckdienlich und darauf ausgelegt, Fernsehen zu machen. Man hat nicht diesen riesigen Tross, der mit einem mitreist, sondern alles bleibt relativ zweckdienlich. Wenn man sich darauf einlässt, dann kann man damit gut klarkommen. Ich finde es außerdem gut, dass das zählt, was man macht und nicht, woher man kommt. Es war nie ein Thema »Sollen wir jemanden einstellen, der aus Deutschland kommt?«

Trotzdem haben sich um Ihren Job ja sicherlich Hunderte gerissen. Was haben Sie besser oder anders gemacht als die anderen?
Ich würde sagen, dass ich durch das, was ich mitbringe, ganz gut geeignet bin. Ich habe lange im Ausland gelebt und habe deshalb eine andere Perspektive als die meisten anderen. Das glaube ich zumindest. Ansonsten habe ich den Vorteil, dass ich extrem flexibel bin und von jetzt auf gleich irgendwohin fahren kann. Ich bin eigentlich immer bereit zu arbeiten. Ich brauche keine geregelten Arbeitszeiten oder Wochenende, man kann mich gerne jederzeit anrufen. Diese Flexibilität ist sehr wichtig – und gleichzeitig die Bereitschaft, überall hinzugehen, wo man gefragt ist.

Wie kommt denn Ihre Frau damit klar? Wusste die von vornherein, was auf Sie zukommt?
Meine Frau habe ich bei n-tv kennengelernt. Wir haben beide in der Fernsehbranche gearbeitet, sie versteht das Fernsehgewerbe also ganz gut. Deshalb weiß sie, dass viele Sachen einfach von jetzt auf gleich sein müssen und dass man sich nicht sicher sein kann, wann derjenige wieder kommt. Aber natürlich ist das

Ganze schon eine Belastungsprobe für eine Ehe. Meine Frau macht schon viel mit. Für mich persönlich war es ganz gut, jemanden aus der gleichen Branche zu heiraten.

Bei Ihrem Job muss die Belastung für die Familie ja wesentlich härter sein als bei einem »normalen« Journalisten, der öfter mal Knatsch hat, weil er später als geplant nach Hause kommt ...
Ja, so ist es auch. Ich komme nicht nur zu spät, sondern bin komplett weg. Das ist in vielen Situationen sehr schwierig. Zum Beispiel, wenn ich gerade sechs Wochen im Irak bin und zu Hause sind die Kinder krank und müssen irgendwohin gebracht werden.

Haben Sie die Schattenseiten ihres Traumberufs denn vorher mit Ihrer Frau abgesprochen?
Als ich zu CNN gegangen bin, habe ich das mit meiner Frau durchgesprochen. Ich habe gesagt: »Das Ganze wird relativ schwierig.« Aber dass ich dann so viel reisen würde, das wussten wir, glaube ich, beide nicht. Wir haben uns zwar lange darüber unterhalten. Aber wenn dann so eine Situation kommt, die auch für die Frau richtig schwierig ist, dann ist es egal, ob man vorher darüber geredet hat. Dann ist die Situation einfach ätzend, dann muss man versuchen, irgendwie durchzukommen.

Stimmt es, dass Sie durch ein Praktikum bei CNN zu Ihrem Job gekommen sind?
So halb. Ich habe 2005 an einem Austauschprogramm teilgenommen, dem Arthur-Burns-Fellowship. Damals war ich zwei Monate bei CNN in Atlanta. Zu diesem Zeitpunkt war der Hurrikan Katrina. Da habe ich mir ein Auto gemietet, bin von Atlanta nach Louisiana gefahren und habe zwei Wochen in New Orleans für n-tv berichtet. CNN fand es gut, dass ich das gemacht habe, und daraufhin haben sie sich ganz interessiert mit mir unterhalten. Ich war schon längst wieder in Deutschland, als ich den Anruf erhielt: »Wir suchen jemanden«.

Da war die Freude bestimmt groß. Haben Sie nach dem Anruf einen Luftsprung gemacht?
Klar war ich happy. Aber wenn solche Sachen kommen, glaube ich erst daran, wenn ich da sitze und tatsächlich in dieser Position bin. Jetzt bin ich sehr glücklich. Ich finde den Job echt cool. Ich brauche keine tollen Büros, ich brauche keine Empfänge und das alles. Ich arbeite gerne genau so, wie ich jetzt arbeite.

Wie haben Sie gelernt, völlig akzentfrei englisch zu sprechen?
Ich war als Kind sechs Jahre in Amerika und war, als ich zurückkam, der englischen Sprache näher als der deutschen. Das ist dann ein bisschen verloren gegangen, weil ich 14 Jahre lang nur hier gewohnt habe. Aber als ich dann noch mal für ein Jahr in Amerika an der Uni war, ist die Sprache perfekt zurückgekommen. Die Tätigkeit für CNN unterscheidet sich aber nicht nur in der Sprache von deutschen Sendern: Die ganze Art zu arbeiten und zu vertonen ist im amerikanischen

Journalismus anders. Als ich zu CNN gegangen bin, habe ich mehr als ein Jahr gebraucht, um den Duktus zu finden.

Hat man Sie darauf hingewiesen?
Klar, wenn ich mal ein bisschen komisch klang, dann schon. Es ging schon, aber es hat einfach länger gedauert. Auch an das Schreiben für die Beiträge musste ich mich gewöhnen. Anfangs war es schwierig, die richtige Wortwahl zu finden, die richtige Aussprache, es ist schon ein anderer Stil und ein anderes Tempo. Die Amerikaner intonieren ganz anders.

Haben Sie dafür auch speziellen Unterricht genommen?
Nein. Ich habe früher mal in Deutschland Sprechunterricht genommen, habe gelernt, wie man deutlich artikuliert und die richtigen Betonungen setzt, wenn man fürs Fernsehen spricht. Aber was man immer machen sollte und was ich immer mache: Man darf sich nie zu groß sein, um von anderen zu lernen.

Wie lernen Sie denn von anderen und von wem?
Ich sehe sehr viele Beiträge von anderen Fernsehjournalisten, will aber nicht sagen, dass ich abgucke. Aber ich schaue schon, was machen die gut, und was kann man daraus für sich mitnehmen. Das gilt sowohl für das deutsche als auch für das amerikanische Fernsehen. Ich schaue mir Beiträge von CNN und CBS an, aber auch vom ZDF heute-journal, dem RTL Nachtjournal und den ARD Tagesthemen. Man sollte sich da nie zu groß fühlen, um von anderen Leuten zu lernen.

In Deutschland dauert es oft sehr lange, bis jemand Auslandskorrespondent wird. In den USA geht das scheinbar deutlich schneller. Herrscht bei uns das Senioritätsprinzip, während die Amerikaner nach dem Leistungsprinzip verfahren?
Ich glaube, dass bei CNN zumindest der Apparat viel kleiner ist. Die ARD hat wesentlich mehr Mitarbeiter, selbst der WDR hat mehr Leute als CNN. Ich kann mir vorstellen, dass in einem großen Apparat das Senioritätsprinzip eine größere Rolle spielt. Insgesamt denke ich schon, dass man als junger Reporter eher die Chance hat, bei einem US-Sender eine Position mit größerer Verantwortung zu bekommen als beim öffentlich-rechtlichen Fernsehen in Deutschland. Ich finde, dass man auch bei den Öffentlich-Rechtlichen jüngeren Leuten mehr Verantwortung übertragen könnte. Jemand, der 30 Jahre alt ist, der kann schon für sich selbst denken und der kann auch in ein Krisengebiet geschickt werden. Man ist ja auch nicht mehr so ganz jung.

Sie haben früher auch für deutsche Sender gearbeitet. Was können die von CNN lernen?
Ich glaube, wir bei CNN reagieren sehr schnell. Wir sind vor allem in Breaking-News-Situationen sehr schnell auf dem Schirm und können mit der Situation gut arbeiten. Das gilt für alles, was mit Kriegs- und Krisenberichterstattung zu tun hat.

Ihre Master-Arbeit an der FU Berlin haben Sie über Traditionen im amerikanischen Journalismus geschrieben. Was sind die großen Unterschiede zwischen dem amerikanischen und dem deutschen Journalismus?
Wenn man sich Sendungen wie das heute-journal anguckt, das Nachtjournal oder die Tagesthemen, dann bringt der Reporter ein bisschen seine Meinung mit hinein. Vielleicht nicht seine ganze Meinung, aber seine informierte Meinung. Die Amerikaner berichten viel mehr Fakten und weniger Meinung.

Frederik Pleitgen hat den Journalismus im Blut. Sein Vater Fritz Pleitgen war zwölf Jahre lang Intendant des WDR, zuvor war er während des Kalten Krieges Korrespondent in Moskau, Ost-Berlin, Washington und New York. Und manchmal wiederholt sich die Familiengeschichte: Als ARD-Reporter in Kairo entkam Fritz Pleitgen nur knapp dem Volkszorn, als 1967 eine aufgebrachte Menschenmenge in ihrer Wut über die Niederlage im 6-Tage-Krieg Jagd auf Ausländer machte. Mehr als 40 Jahre später wurde es auch für Frederik eng in Kairo. Zu Beginn der ägyptischen Revolution hetzte der damalige Machthaber Mubarak seine Schergen mit Knüppeln auf ausländische Berichterstatter.

Haben Sie den Journalismus mit der Muttermilch aufgesogen?
Ja, auf jeden Fall. Meine Geschwister und ich sind quasi im ARD-Studio Washington aufgewachsen. Insofern haben wir immer Schnittplätze um uns herum gehabt oder waren mit auf Drehs dabei. Heute ist mein Bruder bei der Nachrichtenagentur Reuters, meine Schwester ist Cutter. Insofern liegt das schon ein bisschen in der Familie.

Gab es bei Ihnen ein spezielles Erlebnis, bei dem Sie sagten »Wow, was mein Vater macht ist so toll, das möchte ich später auch einmal machen«?
Ein spezielles Erlebnis nicht. Das war mehr ein Dauerzustand. Aber ich glaube schon, dass die Tatsache, dass ich viel um die Welt reise und von jetzt auf gleich irgendwohin reisen kann, viel damit zu tun hat, dass ich das als Kind auch erlebt habe.

> *In meiner Tasche ist neben meinen Klamotten immer auch die schusssichere Weste.*

Was war der wichtigste Ratschlag, den Sie je von Ihrem Vater bekommen haben?
Es gibt sehr viele. Meistens gibt er mir Ratschläge zu übergeordneten Sachen. Er würde nie sagen »Die Textzeile fand ich nicht gut« oder so. Er sagt eher: »Du musst dich für Schwächere einsetzen, das in der Berichterstattung durchkommen lassen« – also immer die betroffenen Menschen an vorderster Stelle in die Berichterstattung setzen. Das ist, glaube ich, das Entscheidende.

Welche Charaktereigenschaften sollte man aus Ihrer Sicht mitbringen, um ein guter Reporter zu werden?

Ich glaube, man sollte sich selbst nicht zu wichtig nehmen. Man sollte immer die Perspektive behalten, dass man nur jemand ist, der über Sachen berichtet, die andere Leute erlebt haben. Man erlebt die zwar teilweise ein bisschen mit, aber man kann danach wieder nach Hause fahren. Die Menschen, über die ich berichte, können nicht nach Hause fahren. Insofern sollte man sich selbst nicht zu wichtig nehmen und immer darauf achten, die Wahrheit zu sagen und die Fakten zu nennen. Man sollte sich auch nicht zum Mittelpunkt seiner eigenen Berichterstattung machen.

Gleichzeitig sollte man immer flexibel sein und bereit, an Orte zu gehen, an denen es nicht so nett ist. Genau das, was mein Vater immer gesagt hat: Die normalen Leute in den Mittelpunkt stellen, weil sie das alles erleben und nicht aus ihrer Haut herauskönnen. Wenn ich in ein Kriegsgebiet komme, fliege ich danach hoffentlich wieder nach Hause. Und die Menschen dort müssen ihr Leben lang irgendwie damit leben. Zum Beispiel Leute, die auf eine Mine getreten sind. Man sollte immer in der Perspektive behalten, dass man es relativ gut hat.

Welchen Studien- bzw. Ausbildungsweg empfehlen Sie jungen Menschen, die Journalist werden wollen?

Das ist eine schwierige Sache. Ich persönlich halte von Volontariaten nicht besonders viel. Denn ich glaube, dass man die Grundlagen der Berichterstattung durch praktische Arbeit genauso gut erlernen kann, ebenso ethische Aspekte wie Objektivität. Das kriegt man alles in der Zusammenarbeit mit guten Journalisten mit, wenn man mit denen zusammenarbeitet. Insofern würde ich sagen: Studium, viele Praktika und dann einsteigen. Und ich würde versuchen, so früh wie möglich Berufserfahrung zu sammeln. Das ist natürlich leichter gesagt als getan, weil man in Deutschland heute um ein Volontariat kaum herumkommt. Ich habe keins gemacht und fühle mich trotzdem gut und glaube nicht, dass ich schlechter bin. Das ist in Deutschland so institutionalisiert. Ob das wirklich der beste Weg ist, weiß ich nicht. Man hat hier ganz viele Leute, die studieren bis sie 25 sind und dann machen sie noch zwei Jahre ein Volontariat. Dann sind sie 27 und können als Juniorreporter anfangen. Und CNN hat eben Leute, die in diesem Alter schon Studioleiter in Bagdad sind. Man verliert beim Volontariat einfach enorm viel Zeit. Ich weiß, dass diese Grundlagenausbildung wichtig ist. Aber einen Bericht zu schreiben ist nicht so komplex, wie sagen wir, eine Rakete zu bauen. Insofern glaube ich schon, dass man das auch kann, wenn man lange genug geübt hat.

> *Man sollte sich nie zu groß fühlen, um von anderen Leuten zu lernen.*

Sie haben empfohlen, zu studieren. Gibt es ein spezielles Fach, zu dem Sie raten würden?

Es kommt darauf an, was man für eine Fachrichtung machen will. Wenn man über Wirtschaft berichten will, sollte man schon Wirtschaftswissenschaften studieren. Jura ist eigentlich auch ein sehr gutes Fach dafür, weil man dabei Argumentationsmuster erlernt. Aber im Grunde genommen sollte man studieren, was einen interessiert und weiterbringt. Ich habe Nordamerikastudien gewählt und das hat mir in vielen Sachen weitergeholfen.

Wann können Sie denn Ihr Studienwissen anwenden?

Es ist wichtig, über die amerikanische Politik Bescheid zu wissen, wenn es hier einen Staatsbesuch gibt. Und wenn ich mit der amerikanischen Armee unterwegs bin, ist es wichtig zu wissen, wie ihr Staatsverständnis ist. Das hat mir persönlich sehr viel geholfen. Aber das muss jeder für sich selbst ausmachen. Es gibt natürlich Studiengänge, die nicht so helfen. Insgesamt würde ich immer versuchen, nebenher praktisch zu arbeiten: Praktika zu machen, die freie Mitarbeit anzustreben. Um ein Volontariat kommt man wahrscheinlich in Deutschland nicht herum, aber für mich wäre es nichts.

> *Ich habe schon immer den Weg in die freie Wildbahn gesucht.*

Waren Sie eigentlich ein guter Schüler?

Ich war zunächst ein sehr schlechter Schüler und bin dann ein guter Schüler geworden. Ich war bis zur zehnten Klasse nebenbei auch relativ oft in Schwierigkeiten.

Was für Schwierigkeiten?

In der zehnten Klasse bin ich sitzen geblieben und musste die Nachprüfung machen. Das war eine der ersten schwierigen Situationen, aus der ich mich selbst herausarbeiten musste. Ich bin dann in den Sommerferien jeden Tag zur Ferienschule gegangen und habe die Prüfung auch geschafft. Dann bin ich auf eine andere Schule gegangen und relativ gut geworden.

Heute sind Ihre Eltern wahrscheinlich umso glücklicher, dass aus Ihnen ein Reporter von Weltrang geworden ist?

Heute sind sie zufrieden. Ich glaube, dass mein Vater lange Zeit geglaubt hat, dass ich auf der Straße landen werde. Er hatte auch guten Grund dazu. Er ist jetzt, glaube ich, ganz glücklich, dass es nicht so gekommen ist. Ich glaube, meine Eltern fühlen sich jetzt auch besser, weil sie sehen, dass sie doch nicht alles falsch gemacht haben! (lacht)

Die Polit-Talkshowqueen

»Die Bundeskanzlerin bearbeite ich mit dem Schraubstock«

ANNE WILL

Moderatorin, ARD

Millionen Fernsehzuschauer sind jede Woche dabei, wenn Anne Will in ihrer gleichnamigen ARD-Sendung Deutschlands wichtigste Politiker ins Kreuzverhör nimmt und die Themen diskutiert, die die Bundesrepublik bewegen. Als erste Frau moderierte sie 1999 die ARD-Sportschau, von 2001 bis 2007 die Tagesthemen. Sie ist im wahrsten Sinne des Wortes eine ausgezeichnete Moderatorin: 2002 bekam Anne Will die Goldene Kamera verliehen, 2006 den Deutschen Fernsehpreis für die »Beste Moderation Information«, im Jahr 2007 den Hanns-Joachim-Friedrichs-Preis »für ihre unabhängige Haltung und ihre unaufgeregte, aber stets kompetente Präsentation der Ereignisse des Tages«. Außerdem erhielt sie den Goldenen Prometheus als »Fernsehjournalistin des Jahres«.

War es für Sie ein Kindheitstraum, Journalistin zu werden?
Nein, als Kind wollte ich eigentlich Schreinerin werden.

Schreinerin? Nicht gerade ein typischer Traumberuf für ein Mädchen ...
Mit diesem Berufswunsch wollte ich wohl vor allem meinen Vater beeindrucken, der eine Schreinerlehre gemacht hatte, bevor er Architekt wurde. Daraufhin hat er mir einen Werkzeugkasten geschenkt, mit dem ich auch nach Kräften herumgespielt habe. Er hat unwahrscheinlich schöne Modelle für seine Bauten gebastelt – und es roch immer gut nach dem Leim und dem Holz. Aber irgendwann hatte der Werkzeugkasten als Spielzeug ausgedient.

Wann kristallisierte sich denn heraus, dass Sie Journalistin werden möchten?
Ungefähr mit 16. Ich habe gern Artikel über Journalisten und ihre Arbeit gelesen. Für mich klang das wie ein Traumberuf. Allerdings hatte ich damals überhaupt keine Vorstellung davon, wie er funktioniert. Ich wollte als Journalistin die große weite Welt entdecken, im Team arbeiten und viele spannende Menschen treffen.

> *Ich halte nichts davon, Noten an berufliche Chancen zu koppeln.*

Das hat ja alles geklappt. Heute empfangen Sie in Ihrem Fernsehstudio sogar die Bundeskanzlerin zum Interview. Was muss man draufhaben, um Toppolitiker ins Kreuzverhör zu nehmen?
Man muss inhaltlich sehr gut vorbereitet sein und eine genaue Idee haben, was das Interviewziel ist. Im Gespräch selbst sollte man klare, einfache Fragen stellen und die Frageform immer mal wieder wechseln. Manchmal hilft auch die »Schraubstocktechnik«.

Diese Technik müssen Sie uns erklären ...
Wenn ein Politiker ausweicht, wiederhole ich dieselbe Frage notfalls drei- oder viermal, bis alle merken, dass sich mein Gesprächspartner um die Antwort drückt. Das sollte man aber nicht inflationär betreiben, und auf keinen Fall als lustige Spielerei, sondern dann, wenn es wirklich um etwas geht.

Wie reagiert der Befragte in der Regel, wenn Sie den Schraubstock immer weiter drehen?
Irgendwann wird dann auch dem Befragten klar, dass er jetzt etwas anderes sagen muss als das, was er gemeinhin auf diese Frage antwortet. Besonders, wenn ich abschließe, indem ich sage: »Ich habe Sie jetzt viermal gefragt, aber Sie haben viermal nicht geantwortet.« Das ist bitter für denjenigen, der da sitzt, wenn man das mit Fug und Recht konstatieren kann.

Können Sie damit eine gewisse Ehrlichkeit erzwingen?
Absolut. Wenn man dem Interviewpartner sagt »Sie antworten ja gar nicht!«, dann kann er schnell mal unglaubwürdig wirken. Und das kann einem Politiker oder

einer Politikerin überhaupt nicht recht sein. Diese Fragetechnik ist also demaskierend und wird einem dann in den nachfolgenden Fragen durchaus helfen. Denn der Politiker will ja schließlich möglichst sympathisch und glaubwürdig wirken.

War die Bundeskanzlerin Ihre bisher größte Interviewherausforderung?
Das war sicher eine große Herausforderung. Das Gespräch mit Angela Merkel war das erste Einzelinterview, das wir über 60 Minuten gemacht haben. Das ist eine extrem lange Zeit. In dieser Stunde kann man ganz viel falsch machen! (lacht) Man kann aber auch ganz viel richtig machen. Ich habe vor dem Interview schon eine hohe Anspannung gespürt, eine hohe Intensität, die mich wirklich herausgefordert hat. Aber ich würde nicht sagen, dass es die größte Herausforderung meines Berufslebens war. Die größte Herausforderung war, glaube ich, das Talk-Format für mich zu erobern.

Im Grunde gehen Sie ja wie ein Boxer in den Ring und treten gegen den Politiker an. Am Ende müssen Sie sich an der Frage messen lassen, wer intellektuell und rhetorisch fitter war. Haben Sie deshalb vor einer Sendung Lampenfieber?
Nein, ich habe nie zu Nervosität und Lampenfieber geneigt. Meine Anspannung vor einer Live-Sendung ist so groß wie vor einem beliebigen Telefonat. Aber kurz bevor die Kameras angehen bin ich hoch konzentriert und gehe im Kopf das Konzept der Debatte noch einmal sehr genau durch. Wie sind die einzelnen Sinnabschnitte, wann kommen welche Fragen? Trotzdem muss ich mich so weit offen halten, dass, falls die Debatte sich ganz anders entwickelt, ich alles Vorbereitete wieder wegwerfe und dem Gespräch und dem Debattenverlauf folge. Wenn da etwas Spannendes kommt, wäre ich natürlich bekloppt, wenn ich sage, dass das gar nicht zu meinen toll ausgedachten Fragen passt und deshalb dazwischendresche. Ich muss also sehr konzentriert sein und gleichzeitig so locker, dass ich jedwede Wendung zulassen kann. Das kann man auch durch bestimmte Konzentrationstechniken herstellen.

Was war Ihr schönster Fernsehmoment?
Während meiner Tagesthemen-Zeit haben wir mal eine Geschichte über das Schicksal einer Flüchtlingsfamilie gemacht, die ins Kirchenasyl gegangen ist. Durch unsere Berichterstattung wurde der Familie endlich geholfen. Darauf waren wir auch ein bisschen stolz.
In der jetzigen Sendung gab es schon mehrere Momente, in denen ich gemerkt habe, dass es wirklich »flutscht«: Wenn eine Sendung 60, nun 75 Minuten lang eine hohe Intensität hat und ich wie ein Fisch im Wasser mit dieser Spannung schwimmen kann. Wir freuen uns, wenn alles, was wir uns die Woche über überlegt haben, in gewisser Weise aufgegangen ist.

Verraten Sie uns auch Ihre größte Panne?
In einer meiner ersten Sportsendungen erschien der eingeladene Studiogast einfach nicht. Damals war ich Ende 20, noch ziemlich unerfahren und insofern über-

haupt nicht gut vorbereitet auf längere Live-Sendungen. Plötzlich musste ich fünf Minuten überbrücken. Im Fernsehen sind fünf Minuten Improvisation eine Ewigkeit. Ich stammelte herum und landete in jeder dieser Pannensendungen, die am Jahresende im Fernsehen laufen. Ich habe mich da ordentlich zum Gespött gemacht, aber so habe ich gelernt, auf Ausnahmesituationen gut vorbereitet zu sein. Und ich habe für mein weiteres Arbeiten gelernt, dass man Pannen wirklich gerne mögen kann. Im Grunde genommen sind sie das, worauf Zuschauer insgeheim warten. Es macht ihnen richtig viel Spaß, wenn mal was schief läuft. Wenn man das einmal verinnerlicht hat, dann kann man Pannen auch positiv sehen, dann wird man darüber lachen und entspannt damit umgehen.

Sie stehen nicht nur unter dem Druck, auch mit Pannen umgehen zu müssen, sondern arbeiten auch quantitativ wahnsinnig viel. Als wir mit Ihrer Assistentin nach einem Termin für dieses Gespräch suchten, konnte man den Eindruck gewinnen, dass jede Minute in Ihrem Leben verplant ist. Ist der Journalismus trotzdem noch ein Traumberuf für Sie?
Ja! Journalismus ist und bleibt mein Traumberuf. Allerdings gebe ich gerne zu, dass das was ich jetzt mache, nämlich Fernsehmoderation, natürlich nur ein Ausschnitt dieses Berufes ist. Mir hat es auch irrsinnig viel Spaß gemacht, als Reporterin zu arbeiten. Rauszufahren, Geschichten aufzutun, mit Menschen zu sprechen, die ich dann erst kennenlernte.

Was macht Ihnen denn an der Fernsehmoderation besonders viel Spaß? Bedeutende Persönlichkeiten wie Angela Merkel kennenzulernen und sich mit denen zu messen?
Absolut. Das macht mir nach wie vor wirklich sehr viel Spaß, mich auf Gespräche, auf Interviews, auf Moderationen einer ganzen Diskussion vorzubereiten, mir dabei gewisse Interviewziele zu setzen und dann möglichst nahe an dieses Ziel heranzukommen. Ich arbeite gern im Team, ich mag es, gemeinsam zu überlegen: Was haben wir eigentlich vor in der Sendung? Was würden wir uns im Idealfall vorstellen? Wie kommen wir da hin? Welche Fragen müssen dazu gestellt werden? Welche Filme bereiten wir vor? Welche Gäste setzen wir in welcher Kombination zusammen?

Wir treffen Anne Will im Büro ihrer Produktionsfirma in Berlin-Mitte. Sie produziert ihre Sendung im Auftrag der ARD. Damit ist Anne Will nicht nur eine Talkshow-Queen, sondern auch Unternehmerin mit rund 20 Angestellten und vielen freien Mitarbeitern. Sie ist etwa die Chefin von zwölf Redakteuren, einer Aufnahmeleiterin, einer Produktionsleiterin, drei Regisseuren und einer Kommunikationschefin.

Sie moderierten als erste Frau die Sportschau, waren auch »Miss Tagesthemen«. Ihre Arbeit wurde mit zahlreichen Preisen geehrt. Was haben Sie besser gemacht als Ihre Konkurrenten?

Journalismus ist ein Handwerk, und an diesem Handwerk habe ich gearbeitet. Ich habe verstanden, an welchen meiner Schwächen ich arbeiten muss, ohne dabei meine Stärken aus dem Blick zu verlieren. Außerdem habe ich früh angefangen. Die Erfahrungen, die ich damals gemacht habe, helfen mir noch heute.

Aber eine gute journalistische Handwerkerin zu sein reicht doch nicht aus, um sich gegen Tausende Kolleginnen durchzusetzen, die auch alle eine eigene Show moderieren wollen, oder?

Irgendwann ist es natürlich nicht mehr so, dass man gegen viele Tausend antritt. Das will ich gleich mal klar machen. Als ich mich nach dem Studium um mein Volontariat beworben habe, gab es sicher viele Mitbewerber. Und da muss man auch sehr nüchtern sagen: Wer genommen wird, ist zum Teil auch Glückssache. Da geht es nicht darum, dass sich eine wie auch immer geartete Beste durchsetzt. Man musste an mehreren Stellen praktisch gearbeitet haben und ein abgeschlossenes Studium haben.

Das waren die Bedingungen, die für jeden gleichermaßen galten. Und dann entscheiden Kleinigkeiten. Natürlich muss man sich in der Bewerbung klug verkauft und gesagt haben »Ich bin schon irgendwie toll, nämlich deshalb und deshalb«. Ich war offenbar begabt in den Augen derer, die etwas für das Fernsehen zu ent-

> *Wenn ein Politiker ausweicht, wiederhole ich dieselbe Frage notfalls drei- oder viermal, bis alle merken, dass sich mein Gesprächspartner um die Antwort drückt.*

scheiden hatten. Deshalb konnte ich sehr früh damit anfangen, unterschiedliche Formate in unterschiedlichen Redaktionen zu moderieren. So hatte ich schnell einen großen Erfahrungsschatz für mein junges Alter. Damit habe ich mich durchgesetzt.

»Wie viele ehrgeizige Menschen sagt auch Anne Will über sich, dass sie gar nicht ehrgeizig sei«, schrieb ein Journalist der ZEIT einmal in einem Porträt über Anne Will. Er zitierte den Fernsehmoderator Andreas Schneider, der Anne Will seit gemeinsamen Tagen beim Sender Freies Berlin kennt. Acht Jahre lang hatten sie eine Sendung, sie hieß »Mal ehrlich«. Als die ZEIT Schneider nach Anne Wills Erfolgsrezept fragte, fiel ihm als Erstes ein: »Natürlich war Anne hoch ehrgeizig.« Ihre Ambitionen seien auch anderen aufgefallen. Zwei Schulfreundinnen sagten auf Anne Wills 40. Geburtstag zu ihr: »Wir amüsieren uns übrigens immer prächtig, wenn du in Interviews sagst, dass du nicht ehrgeizig warst!«

Was muss man können, um die Anne Will von morgen zu werden – muss man zum Beispiel immer eine 1 in Deutsch haben?

Nein, aber natürlich ist ein gutes Ausdrucksvermögen wichtig. Schließlich ist es die Kerntätigkeit eines Journalisten, über sehr komplizierte Zusammenhänge sehr verständlich zu reden oder zu schreiben. Wer das nicht kann, der wird sich schwertun. Ansonsten halte ich aber nichts davon, Noten an berufliche Chancen zu koppeln. In diesem Beruf geht es auch um Talent. Dieser Beruf lebt eben nicht nur davon, dass man rasend schnell durchs Studium gedonnert ist, dann noch 25 Sprachen gelernt hat und 200 Praktika absolviert hat. Eine weitere Grundvoraussetzung ist der Spaß an der Sache. Denn nur wer Spaß hat, kann einen guten Job machen. Ein weiterer Tipp: Man sollte sich schon früh ausprobieren. Wer erst nach dem abgeschlossenen Studium auf die Idee kommt »irgendwas mit Medien« zu machen, und nichts Entsprechendes nachzuweisen hat, der hat schlechte Karten.

> *Meine Anspannung vor einer Live-Sendung ist so groß wie vor einem beliebigen Telefonat.*

Was kann man schon als Schüler tun, um sich auf eine Laufbahn in den Medien vorzubereiten?

Die Mitarbeit bei einer Schülerzeitung ist eine gute Möglichkeit, um zu lernen. Auch ein Praktikum bei einer Lokalzeitung kann sehr lehrreich sein. Ich bin als freie Mitarbeiterin für die Kölnische Rundschau mit großem Spaß über die Dörfer gedüst, um Schützenkönige zu interviewen.

Und welche Eigenschaften muss man als junger Mensch mitbringen, um die Anne Will von morgen zu werden?

Zuerst einmal Neugierde und vielseitiges Interesse, das ist sicher die Haupteigenschaft. Außerdem sollte man eine klare Haltung für sich herausbilden, zu der man steht. Das sind die Eigenschaften, die einen durch das ganze Berufsleben tragen werden, wenn man sie sich beibehält.

Sie werden von vielen geliebt, müssen aber auch Kritik einstecken. Muss man als Journalist ein »harter Hund« sein, um damit umgehen zu können?

Nein, finde ich überhaupt nicht. Einen guten Journalisten machen auch seine Empfindsamkeit aus und ein gewisses Maß an Empathie. Dem würde es absolut zuwiderlaufen, wenn man sich verhärten würde. Immer den »harten Hund« zu geben, wäre der Sache nicht dienlich. Ich glaube auch nicht, dass man sich solch eine Haltung einfach angewöhnen oder ausdenken kann. Das ist eine Charakterfrage. Aber ich halte sie für unseren Beruf für grundfalsch. Wer nicht mehr zuhören kann, sich nicht mehr einfühlen kann und sich auch nicht darum bemüht, der wird keine spannenden Geschichten erfahren.

Für junge Leute ist es besonders schwer, mit Kritik an den ersten eigenen Texten umzugehen. Aber selbst Sie als Starjournalistin haben Kritiker, die nur darauf warten, dass Sie einen Fehler machen. Wie gehen Sie damit um?

Entspannt. Aber das habe ich auch erst lernen müssen. Das ist ein Ergebnis der zurückliegenden Jahre, in der die Aufmerksamkeit der Medienjournalisten für mich und mein Format besonders groß war. Da gibt es Wellen. Mal wird man sehr stark kritisiert und dann wird man irgendwann wieder gelobt. Jetzt bin ich gerade an einem Punkt, an dem ich finde, dass absolut fair mit unserer Arbeit umgegangen wird. Das ist mir natürlich das Allerliebste. Und wenn wir mit einer Sendung oder einem Zitat daraus Einzug in die Politikberichterstattung der Woche finden, dann ist uns viel gelungen, dann nehmen wir das auch als Anerkennung.

Sie sind ja nicht nur Journalistin, sondern auch ein Star, der überall auf der Straße erkannt wird. Ist dieses Leben im Rampenlicht anstrengend?
Es hilft überhaupt nichts, wenn man beim Fernsehen arbeitet, sich darüber zu beklagen, dass man im Scheinwerferlicht steht.

Aber nervt es Sie nicht manchmal, ständig auf der Straße angesprochen zu werden?
Nein, das gehört eben auch zu meinem Beruf dazu. Wenn man sich wünscht, dass Millionen Menschen die eigene Sendung einschalten, muss man auch in Kauf nehmen, dass einen viele Menschen erkennen. Das ist einfach so. Ich habe aber gemerkt, dass ich ganz gut wegtauchen kann. Ich kann mich relativ unsichtbar machen, wenn ich draußen rumlaufe und nicht so angezogen bin, wie ich im Fernsehen angezogen bin. Dann gelingt auch nicht die Zuordnung. Die Menschen denken sich: »Die kommt mir doch irgendwie bekannt vor, wer war das gleich noch mal?«, und wenn ich dann keinen Augenkontakt suche, das ist der Trick, werde ich auch in Ruhe gelassen. Ich sehne mich nicht danach, dass mich jeder anspricht. Aber wenn das jemand tut, ist das fast immer nett.

> *Einen guten Journalisten machen auch seine Empfindsamkeit aus und ein gewisses Maß an Empathie.*

Wie entspannen Sie sich denn vom stressigen Journalistenalltag?
Beim Sport am allermeisten. Ich laufe gerne und mache Pilates und viel Gymnastik, um körperlich fit zu bleiben und weiter aufrecht durchs Leben zu gehen. Ich treffe mich gerne mit Freunden, kann aber auch gut alleine auf dem Sofa herumsitzen und mal gar nichts tun. Und was mir irrsinnig hilft, sind schöne, lange Urlaube. Damit schöpfe ich am meisten Kraft.

ABI-NOTE: 1,5.
WAS WOLLTEN SIE ALS KIND WERDEN? Schreinerin.
WOMIT HABEN SIE IHR ERSTES GELD VERDIENT? Zeitung austragen.
WAS IST IHR WICHTIGSTER TIPP FÜR DEN EINSTIEG IN DEN JOURNALISMUS? Versucht, möglichst früh Erfahrungen zu sammeln und euch in Bewerbungen klug zu verkaufen.
Ihr solltet zwar nicht zu ›dick auftragen‹, aber trotzdem schlüssig Eure eigenen Stärken herausstellen und begründen.

Wohin geht es dann zum Beispiel?
Da bin ich gar nicht so exotisch. Ich reise zum Beispiel gerne nach Mallorca oder nach Österreich. Es ist mir fast egal, wo ich bin. Hauptsache, es ist da ganz schön und ich kann dort laufen und es mir gut gehen lassen.

Kein schöner Ort ist ausgerechnet Wills zweiter und wichtigster Arbeitsplatz, Berlin-Adlershof. In diesem Stadtteil 20 Autominuten von Anne Wills Büro in Mitte entfernt liegt das Studio, in dem »Anne Will« produziert wird. »Willkommen in der Pampa«, sagt ein Regieassistent und führt das Publikum in das Fernsehstudio, das schon oft als »Ersatzparlament« bezeichnet wurde, weil mancher Politiker hier offener und engagierter spricht als im Bundestag. Etwa 30 Produktionsstandorte haben Anne Will und ihr Team besichtigt, bis die Entscheidung für das Studio in Adlershof fiel, weil es auf dem neusten Stand der Fernsehtechnik ist und bestens mit Equipment und Personal ausgestattet ist. Außerdem liegt Adlershof in der Nähe des Flughafens Berlin-Schönefeld, was praktisch für die aus ganz Deutschland anreisenden Studiogäste ist. Das Design des Studios stammt von Fernsehpreisträger Florian Wieder, der auch Stefan Raab, den Pro7-Newsroom und die MTV Europe Music Awards ausgestattet hat. »Design schafft Atmosphäre – Farbgebung und Formsprache färben direkt auf die Qualität der Gespräche ab. Der Moderator ist Dreh- und Angelpunkt eines Sets, auf ihn oder sie wird das Set hinentwickelt«, heißt es auf der Homepage des Studios. Als »sachlich argumentativ« bezeichnet Florian Wieder den Stil von Wills Studio.

Stellen Sie sich vor, Sie wären noch einmal 18. Was würden Sie nach dem Abi tun?
Ich würde sehr vieles wieder genauso machen, wie ich es gemacht habe. Ich würde wieder ein Studienfach wählen, das mich interessiert: zum Beispiel Geschichte. Es hätte aber auch jedes andere Studium sein können, wenn es mir denn Spaß gemacht hätte. Danach würde ich mich um eine satte journalistische Ausbildung bemühen. Bei mir war das ein Volontariat, also eine anderthalbjährige Redakteursausbildung beim Radio und Fernsehen. Das könnte heute aber auch der Besuch einer Journalistenschule oder einer Akademie sein. Auf jeden Fall ist es wichtig, sich handwerklich etwas draufzuschaffen. Parallel zum Studium würde ich wieder als freie Mitarbeiterin für eine Zeitung schreiben und mich ausprobieren. Ich habe mich darauf konzentriert, möglichst schnell zu studieren. Da glaube ich heute: Das war für meine weitere Karriere nicht so wichtig. Das hätte ich auch anders machen können.

Gibt es auch etwas, das Sie heute anders machen würden?
Ich würde mich schon während der Schulzeit bemühen, ein Jahr ins Ausland zu gehen und eine Sprache zu lernen. Das vermisse ich heute sehr, dass ich das für mich nicht gemacht habe, auch während des Studiums nicht.

Warum haben Sie nach Ihrem Abitur gerade diese Studienfach-Kombination gewählt?

Geschichte, Politik und Englisch waren schlicht und ergreifend die Fächer, die mich am meisten interessiert haben. Aber ich habe mir davon auch versprochen, sehr viel von dem zu lernen, was man als Journalistin gut gebrauchen kam. Und so war es auch.

Welche Vorteile, welche Nachteile brachte Ihr geisteswissenschaftliches Studium mit sich?
Im Studium habe ich gelernt, strukturiert zu arbeiten, Zusammenhänge und Bezüge herzustellen und schnell das Wesentliche auch aus furchtbar langen Texten herauszufiltern. Das ist für meinen Beruf enorm hilfreich. Der Nachteil war vielleicht, dass ich irgendwann keine Lust mehr hatte, stundenlang in Bibliotheken zu sitzen. Deshalb war klar: Ich muss mein Studium möglichst schnell abschließen und etwas Handfestes machen.

> *Und ich habe für mein Arbeiten gelernt, dass man Pannen wirklich gerne mögen kann.*

Welches Fach raten Sie Abiturienten zu studieren?
Studieren Sie das, was Sie am meisten interessiert, unbedingt auch im Ausland – und nutzen Sie die Gelegenheit, nebenbei in die verschiedensten Jobs hinein zu schnuppern. Und das nicht nur, um tolle Referenzen und Zeugnisse vorweisen zu können, sondern vor allem, um herauszufinden: Was liegt mir, was habe ich mir ganz anders vorgestellt, usw. Kurzum: Studieren und probieren – dann kann eigentlich nichts schiefgehen.

Mr. RTL

»*Fernsehjournalismus ist viel mehr, als gut auszusehen*«

PETER KLOEPPEL

Chefredakteur, RTL

Wenn man nur aus dem Studiengang auf den späteren Karriereweg schließen könnte, dann müsste man sich Peter Kloeppel heute auf einem Bauernhof vorstellen und nicht in einem Fernsehstudio. Er hat nämlich Landwirtschaft studiert. Aber die Wege in den Traumberuf Journalismus verlaufen eben oft anders, als man denkt. Heute erklärt Peter Kloeppel rund fünf Millionen Fernsehzuschauern jeden Abend auf RTL die News des Tages. Und was nicht jeder weiß: Kloeppel ist nicht nur Moderator, sondern auch Chefredakteur von RTL und gleichzeitig Direktor der RTL-Journalistenschule. In seinem Kölner Büro mit Blick auf Rhein und Dom sprechen wir mit ihm über seinen untypischen Karriereweg, seine größte Panne im TV und über Geheimtipps, um das harte Aufnahmeverfahren der RTL-Journalistenschule zu bestehen.

Was haben Journalisten und Schweine gemeinsam?

Menschen und Tiere haben ja nicht besonders viele Gemeinsamkeiten, Journalisten und Schweine so gesehen genauso wenig. Allerdings haben manchmal beide einen guten Riecher ...

Was ist die größte Schweinerei, die Sie im deutschen Journalismus je gesehen haben?

Ich habe immer ein Problem damit, wenn Journalisten Kampagnenjournalismus betreiben, also einen Feldzug für oder gegen ein Thema oder eine Person führen. Oder wenn Journalisten voreilig urteilen, wen sie sich vornehmen, Dinge in irgendeiner Weise zu beschreiben, ohne die Recherche vorneweg zu stellen. Das sind die kleinen Schweinereien und manchmal wird aus vielen kleinen Schweinereien eine große.

Gibt es irgendeine Schweinerei, die Ihre Zuschauer nicht von Ihnen erwarten würden?

Ehrlich gesagt habe ich heute bisher anderes zu tun gehabt, als über Schweine nachzudenken. (lacht)

Sie können sich vielleicht vorstellen, warum wir danach fragen. Sie haben schließlich Agrarwissenschaften studiert und ihre Diplomarbeit über das Verhalten von Zuchtschweinen geschrieben. Was hat Sie genau an diesem Thema so interessiert?

Als ich Ende der Siebziger-, Anfang der Achtzigerjahre Landwirtschaft studiert habe, begann zum ersten Mal eine intensive Diskussion über Tierschutz und einen veränderten Tierschutzgedanken in der Gesellschaft. Damals wuchs auch das Bewusstsein für die Situation von Nutztieren in der Landwirtschaft. Man hat sich zum ersten Mal intensiver mit der Frage der Verhaltensweise von Nutztieren beschäftigt, der Ethologie. Ich fand das ein hochspannendes Thema, weil man einfach zu wenig wusste über die Auswirkung von Haltungssystemen auf das Verhalten, auf die Tiergesundheit und schlussendlich auch auf das landwirtschaftliche Produkt.

> *Das einzige Indiz, dass in Peter Kloeppels Büro heute noch auf sein Interesse für Landwirtschaft hindeutet, ist ein Trecker aus Eisen auf seinem sehr vorbildlich aufgeräumten Schreibtisch. Im Anhänger des Treckers bewahrt der Chefredakteur seine Stifte auf.*

Hätte es auch passieren können, dass Sie im Schweinestall landen statt im Nachrichtenstudio?

Nein, ich wollte nie praktizierender Landwirt werden, sondern eher in die Forschung oder Lehre gehen. Weil ich aber auch immer gerne geschrieben habe, überlegte ich während des Studiums, dass es vielleicht Sinn machen würde, sich um eine Autorentätigkeit bei einer der vielen Agrarfachzeitschriften zu bemühen. Als ich mit dem Studium fertig war, hatte ich das Glück, einen Platz an der Henri-

Nannen-Journalistenschule in Hamburg zu bekommen. Während dieser Ausbildung wollte ich weiterhin Agrarjournalist werden, bis ich dann bei RTL in Luxemburg mein letztes Praktikum absolvierte – da eröffnete sich mir mit dem Fernsehen eine völlig neue Welt.

Was genau hat Sie an dieser neuen Welt fasziniert?
Ich fand Journalismus grundsätzlich schon immer interessant. Ich hatte das Gefühl, dass Journalisten tiefe Einblicke in Themen bekommen und Menschen treffen, die für Nichtjournalisten schwer zugänglich sind. Und ich fand es auch interessant, dass man über Dinge schreiben kann, für die sich viele Menschen interessieren. Nicht wie bei einem wissenschaftlichen Aufsatz, den nur Wissenschaftler lesen. Allerdings hatte ich nie einen wirklichen Zugang zum Journalismus. Als ich dann aber Landwirtschaft studierte und merkte, dass viele Menschen einfach sehr wenig über Landwirtschaft wussten, dachte ich mir: »Warum kombiniere ich nicht die Möglichkeiten, die ich habe – mich mit dem gesprochenen Wort oder geschriebener Sprache in irgendeiner Weise zu artikulieren – mit meinem landwirtschaftlichen Wissen?« So wurde die Idee geboren, Agrarjournalist zu werden.

> *Man muss auch mal schwierige Wege gehen und sich trauen, Sachen anzugehen, die andere nicht machen.*

Sie hatten also gar keinen Masterplan, Deutschlands beliebtester Nachrichtenmann zu werden?
Eine Karriere als Fernsehjournalist hätte ich mir zum damaligen Zeitpunkt überhaupt nicht vorstellen können. Das war wirklich nicht geplant. Als ich mich bei der Henri-Nannen-Schule bewarb, war der Fokus ganz klar auf Landwirtschaftsjournalist gerichtet.

Gab es denn in Ihrer Jugend irgendein Erlebnis oder irgendeinen Film, der Sie für den Journalistenberuf begeistert hat?
Ich habe natürlich den Film »Die Unbestechlichen« mit Robert Redford und Dustin Hoffman über die Enthüllung der Watergate-Affäre gesehen. Die beiden jungen Reporter Bob Woodward und Carl Bernstein decken auf, dass die Männer, die 1972 in die Wahlkampfzentrale der Demokratischen Partei einbrachen, in Verbindung zum damaligen US-Präsidenten Richard Nixon standen. Damit haben sie den Präsidenten zu Fall gebracht. Die Geschichte und die Arbeit dieser Reporter fand ich wahnsinnig spannend.

Überhaupt scheint Peter Kloeppel sich sehr für Geschichte (und Gegenwart) der USA zu interessieren. In seinem Bücherregal reihen sich Biografien von amerikanischen Präsidenten an Werke über den Vietnamkrieg oder den Aufstieg von

Barack Obama. An der Wand entdecken wir eine Fotocollage. Darunter ist auch ein Bild, auf dem Kloeppel mit einer Harley Davidson über einen Highway braust. Nur wenige Meter über ihm fliegt ein Hubschrauber, aus dem eine Kamera auf Kloeppel gerichtet ist. Das Foto entstand im Rahmen seiner Dokumentation »Amerika zwischen Angst und Aufbruch«. Weitere Hinweise auf seine Liebe zu den USA: Eine Urkunde, die ihm bescheinigt, den New York Marathon geschafft zu haben und natürlich sein Ehering: Kloeppel ist seit 1993 mit der Buchautorin Carol verheiratet.

Was waren Sie als Schüler für ein Typ? Eher der Klassenclown oder der Klassensprecher?

Weder noch. Ich war keiner, der sich versteckte, aber auch nicht der, der besonders hervorstach durch Eigenschaften wie höchste Intelligenz, größte Spontaneität, besonderes darstellerisches Vermögen oder auffallende Sportlichkeit. Ich war alles in allem ein ziemlicher Durchschnittsschüler, in jeder Hinsicht, auch von den Noten her.

> *Man darf sich nie mit dem Erstbesten zufrieden geben.*

Was war denn der größte Streich, den Sie jemals während der Schulzeit gespielt haben?

Mit sieben oder acht Jahren haben meine Freunde und ich mal durch offene Fenster kleine Kieselsteine in eine Turnhalle geworfen, weil wir das lustig fanden. Drinnen fand gerade eine Gymnastikstunde von älteren Damen statt. Eine kam herausgeschossen und zog uns die Löffel lang. Wir sind mit ziemlich eingezogenem Schwanz nach Hause gegangen und haben unseren Eltern gebeichtet, dass möglicherweise noch was auf uns zukommt. Das war aber Gott sei Dank nicht der Fall. Das war, würde ich sagen, so das Schlimmste überhaupt. Zugegeben, sehr schlimm klingt anders. (lacht)

Gab es irgendjemanden, den Sie bei Ihrer Zukunftsplanung um Rat gefragt haben? Insbesondere als es darum ging, ob Journalismus ein Beruf für Sie wäre?

Nein. Die Entscheidung, mich bei der Journalistenschule zu bewerben, habe ich für mich selbst gefällt. Als ich meinen Eltern davon erzählte, waren sie so mittelmäßig begeistert in dem Moment. Sie waren der Meinung, dass ich mit meinem landwirtschaftlichen Studium lieber etwas Vernünftiges anfangen sollte. Es gab ansonsten keine Mentoren, keine Wegweiser, die ich um Rat fragen konnte. Das war etwas, das ich aus dem Bauch und gleichzeitig unter Einschaltung des Kopfes entschieden habe.

Wie haben Sie Ihre Eltern dennoch von Ihrem Traumberuf überzeugt?

Ich musste sie nicht wirklich überzeugen, denn es ging ja nicht um die Frage »Darf ich das oder darf ich das nicht?« Meine Eltern fanden es dann schon einen wichtigen, großen Schritt, dass ich es überhaupt geschafft habe, an der Henri-Nannen-Journalistenschule aufgenommen zu werden. Dieses Aufnahmeverfahren ist doch sehr schwierig, vor allem deshalb, weil man sich mit so vielen Mitstreitern um einen Platz bewirbt. Als ich meinen Eltern erzählte, dass sich mehr als 2000 Leute beworben haben und ich einer von den 20 bin, die genommen wurden, haben sie zumindest die Herausforderung anerkannt. Aber ihnen war genauso wichtig wie mir, dass ich mein Studium vorher abschließe. Das habe ich auch getan.

Erinnern Sie sich noch, wie Sie sich konkret auf das Aufnahmeverfahren vorbereitet haben?
Ich habe mich nur sehr schlecht vorbereitet. Denn was ich an Anforderungen sah, sagte mir erst einmal nicht besonders viel. Man muss ja in der ersten Phase eine Reportage und einen Kommentar schreiben. Die Reportage, die ich angefertigt habe – ich hatte noch nie in meinem Leben eine zu Papier gebracht – war eine Wissenschaftsreportage: über den Embryotransfer beim Rind, ein Thema, mit dem ich mich auskannte. Das habe ich übrigens an dem Forschungsinstitut, bei dem ich meine Diplomarbeit verfasst habe, auch einmal miterlebt. Die Reportage war allerdings nicht unbedingt geglückt. Wenn ich sie mir heute angucke, war sie sogar eher ziemlich schrecklich. Aber es war ein Thema, mit dem sich andere Bewerber nicht beworben haben. Vielleicht hat das dazu geführt, dass man gesagt hat: »Den gucken wir uns mal genauer an.«

Haben Sie als Vorbereitung auf den Allgemeinwissenstest besonders viel Zeitung gelesen?
Nicht deswegen, nein. Ich habe schon immer recht viel Zeitung gelesen und war dadurch in der glücklichen Situation, dass ich ein ordentliches Allgemeinwissen hatte. Erst als ich wusste, dass ich nach Hamburg eingeladen werde zur zweiten Phase des Aufnahmetests, habe ich mir ein Buch über Journalismus gekauft. Da habe ich gelesen, was eigentlich eine richtige Reportage ist, was zu einer Glosse gehört und was zu einem Kommentar. So hatte ich zumindest schon einmal eine etwas bessere Vorstellung von dem, was von Aspiranten erwartet wird.

Wie haben Sie denn reagiert, als die Zusage kam?
Die Zusage war eine etwas merkwürdige Situation. Man hatte uns am Ende des Aufnahmeverfahrens gesagt: Sie werden, wenn Sie angenommen worden sind, am Donnerstag oder Freitag, den soundsovielten, einen Eilbrief bekommen. Wenn Sie keinen bekommen, wissen Sie, dass Sie nicht aufgenommen worden sind. Dann bekommen Sie einen Tag oder zwei Tage später eine Absage. An dem Tag, an dem der Eilbrief kommen sollte, kam keiner. An dem Tag, an dem die Absage kommen sollte, kam auch keine Absage. Also dachte ich mir, irgendwas ist komisch, aber gut, vielleicht kommt die Absage noch einen Tag später. Und dann war es Samstag- oder Sonntagnachmittag, als es plötzlich an der Tür klingelte. Ich wohnte damals in Göttingen in einer kleinen Wohnung unterm Dach. Als der Briefträger unten rief, er habe einen Eilbrief für mich, bin ich in Rekordtempo runtergerannt, habe den Umschlag aufgerissen und einen Luftsprung gemacht.

Wie hätten Sie denn reagiert, wenn es nicht geklappt hätte? Hatten Sie einen Plan B? Oder hätten Sie den Berufswunsch womöglich begraben?
Schwer zu sagen. Es war zum Ende meines Studiums hin der erste und einzige Versuch, mich irgendwo zu bewerben. Die andere Möglichkeit wäre mit Sicherheit gewesen, dass ich eine Doktorarbeit anschließe. Ich hätte mir schon die nächsten drei Jahre wissenschaftliches Arbeiten vorstellen können. Vielleicht wäre danach ja was mit Journalismus gekommen.

Hätten Sie sich zu dem Zeitpunkt vorstellen können, doch noch Landwirt zu werden?
Das konnte ich mir schon sehr früh nicht vorstellen. Ganz besonders, nachdem ich eineinviertel Jahre auf zwei verschiedenen Bauernhöfen meine praktischen Erfahrungen gesammelt hatte. Obwohl die Zeit auf dem Land toll war, war mir auch sehr schnell klar: auf dem Bauernhof leben und arbeiten hieße ein völliges Umkehren meiner Vorstellung davon, wie mein Leben aussehen sollte. Ich hatte auch kein Geld, um einen Bauernhof zu kaufen. Ich hatte auch keine Freundin, die einen Vater hatte, der einen Bauernhof zu vererben hatte oder Ähnliches.

Was waren die drei wichtigsten Dinge, die Sie auf der Nannen-Schule gelernt haben?
Schreiben habe ich gelernt. Journalistisch Arbeiten, das heißt recherchieren, abwägen, immer wieder sich selber zu kontrollieren, was ich da schreibe, worüber ich schreibe. Zu gucken, ist das ein Thema, mit dem sich Menschen auseinandersetzen wollen? Und natürlich eine gewisse Hartnäckigkeit. Dieser oft zitierte Spruch des damaligen Schulleiters, Wolf Schneider, »Qualität kommt von Qual«, hat auch viel mit Hartnäckigkeit und Ausdauer zu tun.

Beim Schreiben oder bei der Recherche?
Beides. Sowohl beim Schreiben als auch beim Recherchieren und besonders beim Überlegen, welche Themen interessant sein können. Man darf sich nie mit dem Erstbesten zufriedengeben. Das war einer der Leitsprüche von Wolf Schneider. Er hat uns auch immer wieder klargemacht, dass wir Nannen-Schüler auch etwas Besonderes sind und von uns auch besondere Dinge erwartet werden. Wer es geschafft hat, an die Henri-Nannen-Schule zu kommen, von dem wird auch erwartet, besser zu sein als die Konkurrenz.

Gibt es auch ein Beispiel, bei dem die Hartnäckigkeit in Ihrer Karriere ganz wichtig war?
Hartnäckigkeit, Ausdauer und ein gesundes Maß an Selbstkritik ziehen sich im Endeffekt durch mein ganzes Leben. Was ich anpacke, versuche ich, so gut wie möglich zu erledigen, was ich mir vornehme, versuche ich zu einem Abschluss zu bringen und mich auch nicht mit der erstbesten Antwort zufriedenzugeben. Dazu gehört auch, nicht alles durchrutschen zu lassen, was mir auf den Schreibtisch kommt, an Texten vorgelegt oder an Ideen diskutiert wird. Das ist etwas, was,

glaube ich, nicht nur Journalisten guttut, sondern jedem, der etwas bewegen will mit seiner Arbeit.

Sie sagten vorhin »Qualität kommt von Qual«. Haben Sie diese Zeit bei der Nannen-Schule in Hamburg als sehr anstrengende Zeit in Erinnerung?
Es war keine Qual in dem Sinne, dass ich mich gequält gefühlt habe. Es war eher eine Qual, weil ich lernen musste, Dinge zu tun, die ich bis dahin nicht oder nicht besonders gut konnte. Lernen zu schreiben, lernen, bestimmte Dinge auf den Prüfstand zu stellen und zu überdenken, wie ich bis dahin gearbeitet habe. Und ich musste auch lernen, damit umzugehen, scharf kritisiert zu werden. Das hat mir aber nicht geschadet. Ich empfinde es heute noch als eine der wertvollsten Zeiten in meinem ganzen Leben.

War diese hervorragende Ausbildung, die Sie absolviert haben, auch ein Schlüssel zu ihrem späteren beruflichen Erfolg?
Mit Sicherheit. Darüber hinaus war auch eine gewisse Einsatzbereitschaft entscheidend. Ich habe mich nicht vor der Arbeit gedrückt, sondern mehr gearbeitet, als man musste. Außerdem habe ich mir teilweise unbequeme Themen gesucht. Man muss auch mal schwierige Wege gehen und sich trauen, Sachen anzugehen, die andere nicht machen. Als ich 1985 zu RTL ging, war das ein Risiko, weil niemand so recht wusste, was aus dem Privatfernsehen wird. Und ich hatte keinerlei Erfahrung auf dem politischen Parkett in Bonn. Aber ich war jung und habe das Risiko angenommen – es hat sich gelohnt.

SPITZNAME: Nicht, dass ich wüsste.
ABI-NOTE: 2,0.
WOMIT HABEN SIE IHR ERSTES GELD VERDIENT?
Als Putzhilfe im Ingenieurbüro meines Vaters.
WAS IST IHRE GRÖSSTE STÄRKE, GRÖSSTE SCHWÄCHE UND GRÖSSTE ANGST? Ich habe eigentlich keine wirklich großen Sorgen.
Ich bin ein insgesamt sehr optimistischer Mensch und laufe weitgehend angstfrei durch die Welt. Nach meiner größten Schwäche fragen Sie am besten andere. Meine größte Stärke ist wahrscheinlich eine gewisse positiv gestimmte Grundausgeglichenheit.
Das Glas ist immer halb voll und nicht halb leer.
ÜBER WAS HABEN SIE IHREN ERSTEN ARTIKEL GESCHRIEBEN?
Über die Eröffnung des ersten Geldautomaten in meiner Heimatstadt Bad Homburg. Das war während meines ersten Zeitungspraktikums.
WAS IST IHR WICHTIGSTER TIPP FÜR DEN EINSTIEG IN DEN JOURNALISMUS? Ein Journalist sollte sich grundsätzlich immer Gedanken darüber machen, was wichtig ist in unserem Leben und was auch den Menschen wichtig ist, für die wir als Journalisten arbeiten.

In einem Journalistenleben gibt es viele Momente, die dem Journalisten selbst in Erinnerung bleiben, aber nur wenige Momente, die die Zuschauer immer mit einem bestimmten Journalisten in Verbindung bringen werden. Peter Kloeppels vielleicht wichtigster Fernsehmoment: die Terroranschläge am 11. September 2001 in New York. Peter Kloeppel geht kurz nach 15 Uhr, unmittelbar nach den Attacken auf das World Trade Center, auf Sendung und hält die Zuschauer bis in den späten Abend auf dem Laufenden. Für seine Moderationsleistung wird er später unter anderem mit dem Grimme-Preis ausgezeichnet. Neben dem Grimme-Preis tummelt sich ein ganzer Zoo in der Vitrine in Kloeppels Büro: Bären und Löwen posieren friedlich neben zwei Bambis.

Eine Ihrer Sendungen, die viele Zuschauer nie vergessen werden, ist die vom 11. September 2001. Was muss man drauf haben, um siebeneinhalb Stunden Live-Sendung bestehen zu können, in der die Nachrichtenlage äußerst unklar ist? Konnten Sie da von Ihrem Hintergrundwissen zehren?
Damit haben Sie das richtige Wort schon angesprochen – Hintergrundwissen. Ich rannte unvorbereitet ins Nachrichtenstudio, und wir gingen um 15.09 Uhr auf Sendung. Vor mir standen drei Monitore, auf denen ich unser eigenes Fernsehbild und Aufnahmen der amerikanischen Sender sehen konnte. Ich begann zu kommentieren, ohne vorbereiteten Text und ohne zu wissen, welche Bilder man mir und damit den Zuschauern als Nächstes vorsetzt. Ich versuchte aber, alles, was ich über New York, das World Trade Center, Flugzeuge, Terroristen, Washington und das Pentagon wusste, mit der Flut der Bilder in Einklang zu bringen. Natürlich wussten wir alle in den ersten ein, zwei Stunden nicht viel. Aber wir haben viel gesehen. Und wenn man in der Lage ist, das augenscheinlich Sichtbare mit dem zu verknüpfen, was man an Hintergrundwissen angesammelt hat, hat man zumindest eine ganz gute Voraussetzung, um einen längeren Zeitraum vor einer Kamera zu bestehen. Aber einem jungen Journalisten zu empfehlen, das und das muss man haben und dann schaffst du das, damit tue ich mich schwer. Auch ich selbst wäre mit 25 Jahren niemals in der Lage gewesen, eine solche Moderation zu bewältigen.

> *Nicht von den Zukunfts-Schreckensgemälden einschüchtern lassen, die einem immer wieder vorgehalten werden.*

Die vielen Preise in Ihrer Vitrine zeigen, dass Sie sich bei den Zuschauern einer extrem großen Beliebtheit erfreuen. Was ist Ihr Geheimnis hinter dieser Beliebtheit?
Die Zuschauer erwarten, wenn sie Fernsehnachrichten einschalten, eine gewisse Zuverlässigkeit. Sie erwarten, dass das, was sie präsentiert bekommen, wahrhaftig und verständlich ist, und dass der Mensch, der ihnen gegenübersitzt, ihnen nichts vorspielt, sie ernst nimmt und logischerweise auch die Nachrichten ernst nimmt. Das ist etwas, von dem ich glaube, dass es mit dazu beigetragen hat, dass ich zu

einer festen Größe im Leben von vielen Menschen geworden bin. Auch die Tatsache, über einen relativ langen Zeitraum für viele Zuschauer sichtbar zu sein, spielt eine Rolle. Durch diese Kontinuität werde ich vielleicht als jemand wahrgenommen, den sich die Zuschauer gerne jeden Abend um Viertel vor sieben ins Wohnzimmer einladen. Die Leute sagen irgendwann: »Den sehe ich gerne, dem höre ich gerne zu, dem nehme ich das ab, dem vertraue ich, der hat eine gewisse Kompetenz.« In der Gesamtheit führt das vielleicht dazu, dass man »beliebt« ist.

Glaubwürdigkeit, Wahrhaftigkeit, Kompetenz – diese Dinge müssen ja nicht nur inhaltlich transportiert werden, sondern durchaus auch optisch. Kann man das trainieren? Was wäre Ihr Tipp für Leute, die der nächste Peter Kloeppel werden wollen?
Der größte Fehler, den man machen kann, ist zu versuchen, andere Menschen zu imitieren oder gar zu kopieren. Jeder sollte sein, was er oder sie ist und für das stehen, was man sich selber erarbeitet hat, und wovon man selber überzeugt ist. Jeder muss seinen eigenen Stil finden und entwickeln.

Hatten Sie gar keine Vorbilder?
Ich habe jedenfalls nie versucht, jemanden 1:1 zu kopieren, weil ich der festen Überzeugung war, ich würde es nie schaffen so gut zu werden wie ... sagen wir mal der amerikanische Anchorman Peter Jennings vom Sender ABC oder der Reporter Bernie Shaw bei CNN. Beide fand ich große Klasse. Aber beide spielten in einer Liga, von der ich mir immer selber gesagt habe, dass es sehr schwer wird, die zu erreichen. Ich wollte lieber kleine Schritte gehen und gucken, wo mich diese kleinen Schritte hinführen. Bei großen Sprüngen fällt man gerne mal auf die Nase.

Haben Sie manchmal auch vor dem Spiegel geübt? Bei ernsten Themen legen Sie ja manchmal die Stirn so in Falten ...
Nö. Auch wenn ich bei ernsten Themen mit anderen Menschen rede, agiere ich wahrscheinlich so. Das ist keine einstudierte Mimik.

Würden Sie also Natürlichkeit empfehlen?
Wie gesagt: Seid das, was ihr selber auch seid. Ihr solltet so natürlich, so authentisch wie möglich sein und keine Rolle einnehmen. Den Nachrichtenmoderator zu spielen, das funktioniert nicht.

Sie sagten vorhin, die Leute würden Sie jeden Abend ins Wohnzimmer einladen. Sie werden also auf der Straße auch oft erkannt. Kommt es vor, dass Ihnen im Supermarkt an der Kasse jemand auf die Schulter klopft und sagt »Hallo Peter, wie geht's?«
Geduzt werde ich nie. Wenn mich jemand erkennt, dann sind die Leute meistens freundlich zurückhaltend, aber nicht umarmend oder kumpelhaft, ganz im Gegenteil. Die sagen meistens: »Schön, Sie zu sehen, kommen Sie auch mal hier vorbei.« Gott sei Dank ist die ganz überwiegende Zahl der Reaktionen positiv. Was

natürlich immer öfter vorkommt, ist, dass Menschen mit ihrem Handy ein Foto machen wollen. Aber ich werde auch ganz oft nicht erkannt. Ich kann ganz wunderbar durch die Stadt laufen, es bilden sich keine Trauben um mich herum. Ich kann ganz normal einkaufen wie jeder andere Mensch auch. Dieser vermeintliche Starrummel, der sich angeblich immer um bekannte Menschen auftut, findet bei mir nicht statt.

Peter Kloeppel ist nicht nur der beliebte Nachrichtenmoderator, sondern auch Chefredakteur von RTL und damit einer der Chefs von über 600 Mitarbeitern im Bereich »Info Network«. Außerdem ist Kloeppel Direktor der RTL-Journalistenschule. Diese Schule nimmt alle zwei Jahre einen Jahrgang von 30 Schülern auf, die durch ein Bewerbungsverfahren ausgewählt werden. Grundsatz der Ausbildung ist die intensive Verzahnung praxisorientierter schulischer Seminare mit Redaktionspraktika. Die Ausbildung dauert insgesamt 24 Monate: Sechs Monate Unterrichtseinheiten an der Journalistenschule und 16 ½ Monate Praktika in verschiedenen Redaktionen.

Welche Eigenschaften braucht ein Nachwuchsjournalist, um bei der RTL-Journalistenschule angenommen zu werden?
Er oder sie sollte gut und gerne schreiben können, eine fundierte Allgemeinbildung besitzen, neugierig und kreativ sein und mit dem Medium Fernsehen etwas anfangen können. Wer dann noch mit einem gewissen Grundselbstbewusstsein ausgestattet ist und die Jury mit einer wachen Auffassungsgabe überzeugt, der hat eine gute Chance, aufgenommen zu werden.

> *Auch heute würde ich wieder etwas studieren, das mir Spaß macht – inzwischen zum Beispiel Geschichte.*

Wie kann man sich als Nachwuchsjournalist noch von der riesigen Konkurrenz abheben?
Man sollte flexibel sein, sich nicht auf ein Medium oder ein Format festlegen oder nur in einer bestimmten Region in Deutschland arbeiten wollen. Auch eine zu frühe Festlegung auf ein bestimmtes Themengebiet, in dem man gerne journalistisch arbeiten möchte, ist nicht ratsam. Außerdem sollte man mindestens Englisch, besser noch weitere Fremdsprachen beherrschen und Erfahrungen im Ausland gesammelt haben. Man sollte sich auch nicht von den Zukunfts-Schreckensgemälden einschüchtern lassen, die einem immer wieder vorgehalten werden. Wir haben viele talentierte junge Leute, die etwas bewegen können, wollen – und müssen!

Man kann sich ja bereits direkt nach dem Abi für die RTL-Journalistenschule bewerben, das ist relativ außergewöhnlich. Was spricht aus Ihrer Sicht dafür, was dagegen?

Wir wollen junge Menschen zu einer Bewerbung animieren, die schon früh gezeigt haben, dass sie sich für den Beruf des Journalisten interessieren. Das können junge Leute sein, die schon bei einer Schülerzeitung aktiv waren oder auch als freie Mitarbeiter bei der Lokalzeitung gearbeitet haben. Was wir festgestellt haben ist: Man kann das Aufnahmeverfahren besser bestehen, wenn man studiert hat.

Wie viele Ihrer Absolventen haben denn studiert?
Von denen, die aufgenommen werden, fast alle. Und vier von fünf haben auch einen Abschluss. Aber wir wollen nicht die Leute abschrecken, die sagen »Nein, Uni ist nichts für mich, ich bin einfach ein guter Schreiber oder habe meine ersten Fernseherfahrungen gemacht«. Solange wir uns diese Möglichkeit offen halten, finden wir wahrscheinlich auch das Beste aus beiden Welten.

Kommen auch Abbrecher zu Ihnen, die doch nicht studieren und nun Journalist werden wollen?
Ja, die gibt es. Aber wir empfehlen auch schon während der Aufnahmeprüfung: Mach erst einmal dein Studium fertig. Das ist eine Qualifikation, die einem auch hinterher bei allen weiteren Schritten im Journalismus hilft. Denn bei Bewerbungen für Jobs wird häufig gefragt: Journalistenschule? Gut. Aber hast du auch ein Studium?

Welches Studienfach würden Sie grundsätzlich empfehlen?
Sucht euch etwas, womit ihr auch etwas werden könnt, wenn ihr nicht Journalist werdet. Es muss nicht unbedingt Kommunikationswissenschaft oder Journalismus sein, sondern es ist durchaus vernünftig, ein handfestes Fach zu studieren. Das kann Betriebswirtschaft oder Volkswirtschaft, Jura oder auch eine Naturwissenschaft sein. Auf der RTL-Journalistenschule hatten wir zum Beispiel Schüler, die Medizin studiert haben. Solche Fachleute sind in der Medienbranche begehrt. Die Welt wird immer komplizierter und wir brauchen Journalisten, die uns diese komplizierte Welt erklären können.

Wie sieht es mit den Geisteswissenschaften aus?
Ich gebe zu: Ich rate immer ein bisschen von Germanistik und bestimmten Geisteswissenschaften ab, weil ich die Sorge habe, dass man mit diesen Studienfächern ohne Journalismus nicht allzu viel anfangen kann.

Was würden Sie persönlich heute studieren, wenn Sie noch einmal die Wahl hätten?
Als ich 1978 mein Studium begann, war ich sehr stark von einem »grünen Aufbruchsgefühl« geprägt, man unterhielt sich viel über Umwelt und Naturschutz. Deshalb war es damals auch ein bisschen »trendy«, Landwirtschaft zu studieren. Dennoch habe ich meine Wahl nie bereut. Auch heute würde ich wieder etwas studieren, das mir Spaß macht – inzwischen zum Beispiel Geschichte. Es ist wichtig, dass bei der Studienwahl nicht nur die Karriere im Vordergrund steht, sondern auch der Spaß an der Arbeit.

Sind Sie als Direktor bei den Auswahlgesprächen der RTL-Journalistenschule oft dabei?
Ja, bei allen.

Da gibt es ja meistens so eine »Good Cop, Bad Cop«-Aufteilung. Also ein Jurymitglied stellt die netten Fragen, ein anderes die bösen. Welche Rolle nehmen Sie da ein?
Mal so, mal so. (lacht) Wenn die jungen Leute reinkommen, versuche ich immer, ihnen ein wenig das Lampenfieber zu nehmen. Sie kommen ja immer zu dritt in den Raum und sitzen dann zehn »Prüfern« gegenüber. Das sind Chefredakteure, Redaktionsleiter und Moderatoren. Das ist für manche erst einmal ein bisschen furchteinflößend. Wenn wir ihnen die Angst nehmen können, ist das gut, funktioniert aber nicht immer. Aber es gibt auch Punkte, wo ich manchmal etwas energischer nachfrage und vielleicht aus dem »Good Cop« ein »Bad Cop« wird, weil ich mit den Antworten nicht zufrieden bin. Eine feste Rollenverteilung haben wir nicht. Wir ergänzen uns eigentlich ganz gut in diesen Jurys.

Stellen Sie Ihre Fragen spontan oder haben Sie da einen festen Katalog?
Es gibt bestimmte Fragen, die wir immer wieder stellen. Das ist auch völlig normal, weil wir von allen Kandidaten wissen wollen, warum sie sich ausgerechnet bei uns bewerben oder warum sie überhaupt Journalist werden wollen. Aber es kann auch ganz anders losgehen. Es kann auch mit einer Frage nach der Haarfarbe losgehen ...

Eine Frage nach der Haarfarbe?
Irgendwann stellte sich mal jemand vor, der sein Haar in drei verschiedenen Tönen gefärbt hatte. Da wollten wir schon gerne wissen: Wie kommt das denn? Es kann auch sein, dass wir etwas zu bestimmten Punkten aus dem Lebenslauf fragen. Zum Beispiel zu besonderen Erlebnissen im bisherigen Berufs- oder Studienleben. Wir haben einen kleinen Überblick durch den Fragebogen und den Lebenslauf vor uns, da können wir dann auch einhaken.

Wenn Sie einen Lebenslauf lesen – welche Dinge stechen Ihnen positiv ins Auge?
Wenn sich jemand etwas vorgenommen und das dann auch zielgerichtet und zügig durchgezogen hat. Zum Beispiel das Studium oder sonstige Aktivitäten, von denen wir denken, dass man sie als Journalist gut gebrauchen kann. Es fällt positiv auf, wenn jemand gezeigt hat, dass er sich nicht nur auf seiner Scholle auskennt, sondern auch gelernt hat, vernetzt zu denken und zu arbeiten – vielleicht auch globaler zu denken. Wenn sich jemand mal getraut hat, für ein halbes Jahr ins Ausland zu gehen, in ein Land, das nicht unbedingt klassisches Reiseziel ist. Wenn jemand sich sozial engagiert oder etwas ganz »Verrücktes«, Unkonventionelles macht. Das kann jemand sein, der ein halbes Jahr für ein AIDS-Projekt in Afrika gearbeitet hat oder der mit einer Hip-Hop-Band ein halbes Jahr durch Amerika getourt ist. Da sagen wir dann: Wie kam es dazu? Was hat dir das gebracht? Was bringt dir das für dein weiteres Leben? Oder jemand, der eine Internetseite

aufgebaut hat. Oder mit 20 Jahren schon bei einer Lokalzeitung eine eigene Seite gemacht hat. Das sind Dinge, auf die wir mit großem Interesse schauen.

Stellen Sie manchmal auch Berührungsängste gegenüber RTL fest? Potenzielle Bewerber, die nicht zu Ihrer Schule kommen, weil sie denken: »RTL, das ist der Sender mit dem Dschungelcamp und Bauer sucht Frau«?
Das sind doch lustige, erfolgreiche Sendungen! Dann kann ich denen auch nicht helfen. Wir bieten die beste Fernsehjournalistenausbildung in Deutschland an. Wer sich das nicht vor Augen hält, der hat's auch nicht besser verdient.

Unterschätzen manche Bewerber die Bedeutung von Allgemeinbildung, wenn Sie zum Auswahltest kommen?
Leider ja! Jeder Journalist sollte über eine gute Allgemeinbildung verfügen. Zwar spielt der Allgemeinbildungstest verglichen mit der Fähigkeit, eine Reportage zu schreiben oder eine Jury von den eigenen Qualitäten zu überzeugen, eine eher untergeordnete Rolle. Trotzdem stellen wir auch in den persönlichen Gesprächen in der Jurysitzung immer wieder Defizite fest bei jungen Leuten, die von sich behaupten, sie seien gut informiert. Wenn wir dann gezielt etwas nachfragen, kommt nicht viel. Es gibt also durchaus einige Blender, die ein gutes Auftreten haben, eine tolle Vita hingelegt haben, aber nicht in der Lage sind, etwas kompliziertere Dinge zu erklären.

> *Ich musste auch lernen, damit umzugehen, scharf kritisiert zu werden.*

Können Sie dafür ein Beispiel nennen?
Es gibt Sachverhalte, die man als Journalist nicht nur wissen sollte, sondern die man auch Menschen erklären können muss. Das kann etwa die Eurokrise sein. Ich erwarte, dass ein Bewerber zumindest versucht, dieses komplexe Thema in drei Sätzen aufzudröseln. Ganz besonders erwarte ich dies von jemandem, der Betriebs- oder Volkswirtschaft studiert hat. Wissen ist die eine Sache, aber als Journalist muss ich auch vermitteln können. Es hilft mir nichts, wenn ich einen wissenschaftlichen Aufsatz darüber schreiben könnte, den aber kein Normalbürger begreift. Ich muss etwas so verständlich erklären können, dass es eine Zeitung drucken würde.

Muss man sich bei RTL auch im Boulevard auskennen?
Man muss sich in vielen Bereichen auskennen, klar. Wenn wir fragen, wer Lady Gaga ist, erwarte ich schon, dass da kommt: Die macht Musik, die macht Performance und ist keine Künstlerin aus dem 17. Jahrhundert.

Haben Sie eine Art Geheimtipp für das Auswahlverfahren?
Es bringt überhaupt nichts, sich drei Wochen vorher hinzusetzen und zu versuchen, Allgemeinbildung zu pauken. Die hat man sich entweder in den 20 Jahren vorher angeeignet, oder man hat sie halt nicht. Ein weiterer Geheimtipp: Am Tag der Prüfung sollte man morgens vielleicht etwas intensiver als sonst die Zeitung

gelesen haben. Eine beliebte Frage, die nicht nur bei uns, sondern durchaus auch bei anderen Journalistenschulen vorkommt: »Was ist denn heute der Aufmacher der Zeitung XY?« Auch Radio solltet Ihr vielleicht gehört haben. Ich glaube, 20 Prozent unserer Kandidaten wären heute glücklich, wenn sie diesen Rat beherzigt hätten.

Woran erkennen Sie, ob jemand kameratauglich ist? Sie bilden ja im Unterschied zu anderen Journalistenschulen vor allem fürs Fernsehen aus ...
Es ist aber nicht so, dass wir Bewerber mit dem Zollstock vermessen. Worauf wir sehr achten ist, dass sich unsere Kandidaten gut artikulieren können. Sie sollten eine Stimme haben, die im Fernsehen durchdringt, die man als Sprecherstimme einsetzen kann. Über das Aussehen machen wir uns viel weniger Gedanken.

Wenn also jemand mit einer Piepsstimme kommt ...
... dann wird's schon eher schwierig. Es gibt auch den Fall, dass jemand zwar eine Piepsstimme hat, aber ansonsten sensationell ist. Da werden wir etwas Passendes finden, zum Beispiel kann man ja dann auch ein fantastischer Chef vom Dienst werden, der das Redaktionsgeschehen organisiert. Aber die Stimme ist schon etwas, worauf wir achten. Auch wenn jemand einen ganz schweren Dialekt hat, fragen wir uns: Können wir uns den »On Air« vorstellen?

Ist Dialekt also schon ein Minuspunkt?
Das kann passieren, aber vielleicht wird er ja durch andere Qualifikationen aufgewogen.

Machen Sie sich bei der Optik auch Notizen, zum Beispiel, ob jemand einen Irokesenschnitt hat?
Nein. Übrigens gibt es eine Neuerung in unserem Bewerbungsverfahren. Wir erwarten von Bewerbern, bevor sie hier in die Endrunde kommen, auch einen kleinen Videofilm. Darin sollen sie sich vorstellen und beschreiben, warum sie glauben, dass sie Journalist werden sollten und wer sie als Persönlichkeit eigentlich sind. Da bekommen wir also schon mal einen ersten optischen Eindruck. Aber auch dann kann ein Irokesenschnitt durchaus interessant sein!

Nicht jeder hat ja eine professionelle Kamera, um solch einen Bewerbungsfilm zu produzieren. Reicht es auch, wenn man mit dem iPhone dreht?
Heutzutage besitzt ja so gut wie jeder ein Smartphone oder eine kleine Kamera und einen Computer mit Schnittsoftware. Und wenn man es selber nicht hat, dann hat es ein Kumpel. Aber jeder, der Fernsehjournalist werden will, sollte in der Lage sein, einen kleinen Einminüter über sich selber zu machen. Der Film gibt uns ein erstes Gefühl dafür, mit wem wir es eigentlich zu tun haben.

Wenn ein Kandidat den Sprung auf die RTL-Journalistenschule geschafft hat und mit der Praktikumsphase beginnt – woran erkennen Sie, ob Sie die richtige Wahl getroffen haben und ob jemand wirklich Talent hat?

Alle, die bei uns angenommen werden, haben Talent. Das sage ich jetzt einfach mal so. Unsere Aufgabe ist es, aus dem Talent etwas zu entwickeln. Durch die Praktika in den verschiedenen Redaktionen sollen die Schüler feststellen, in welcher Redaktion sie sich wohlfühlen und mit welchen Themen sie sich gerne beschäftigen. Sie sollen erkennen, wo sie später ein Einsatzgebiet für sich selber sehen. Gleichzeitig wollen wir ihnen durch die verschiedenen Praktika beibringen, dass in unterschiedlichen Redaktionen unterschiedlich gearbeitet wird. Um in einer Nachrichtenredaktion zu arbeiten, muss man in der Lage sein, teilweise sehr komplizierte Dinge in einer Minute und 30 Sekunden zu erklären. Wer bei »Explosiv« arbeitet, braucht ein besonderes Gespür für Themen, die die Menschen interessieren. Wer bei »Punkt 12« arbeitet, braucht ein Händchen auch für längere Geschichten und wie man die zusammenbaut. Manche haben mehr Talent für Nachrichten, andere weniger.

Wie genau sieht ein Praktikum bei RTL aktuell aus?
Man muss unterscheiden zwischen unseren eigenen Journalistenschülern und Praktikanten von außerhalb. Ein externer Praktikant bei RTL bekommt einen Eindruck, wie die News-Redaktion eines großen Senders überhaupt funktioniert. Aber zum Produzieren eines Beitrages kommt man nur sehr selten. Deshalb empfehle ich externen »Anfängern«, eher zu einer lokalen Tageszeitung zu gehen, wo man auch als Praktikant recherchieren und viel schreiben kann. Unsere Journalistenschüler bleiben länger und arbeiten selbstständiger. Sie werden im Vergleich zum Praktikanten eben umfassend und professionell ausgebildet.

Welche Karrierechancen geben Sie als Chefredakteur und Leiter der RTL-Journalistenschule »Ihren« Absolventen?
Wir haben alle zwei Jahre 30 Absolventen, rund die Hälfte davon bleibt bei RTL oder geht zu einem unserer Schwesterunternehmen. Einige davon haben schon tolle Karrieren hingelegt und arbeiten hier in der Redaktion in wichtigen Positionen oder als Korrespondenten in unseren Inlands- und Auslandsbüros. Bisher können wir auch mit einem gewissen Stolz sagen, dass unsere Vermittlungsquote bei 100 Prozent liegt.

Heißt das, die andere Hälfte ist nicht gut genug, um übernommen zu werden?
Nein. Die Anderen haben möglicherweise ganz andere Interessen. Sie wollen vielleicht woanders hin, weil sie ein Angebot von einem anderen Sender, ob öffentlich-rechtlich oder privat, haben. Vielleicht sagt jemand, dass er lieber Sportreporter bei Sky werden will. Oder es gibt jemanden, der gerne in ein anderes Land will und dort einen Job findet, den wir so gar nicht anbieten können. Und es gibt solche, die zu einer Produktionsfirma gehen und trotzdem immer noch für RTL arbeiten können.
Es finden sich also ganz unterschiedliche Motivationen, warum jemand nicht bei uns bleibt. Aber wenn jemand hier in einer Redaktion gut ankommt und wir einen Job haben, versuchen wir, die Schüler zu halten.

Viele träumen ja von einem Job vor der Kamera. Haben attraktive Frauen die besseren Chancen?

Attraktivität ist ja sehr subjektiv – ein hübsches Gesicht allein reicht nicht. Wir nehmen Männer und Frauen, die sich mit ihrem Job identifizieren und ihre Arbeit gut machen. Das ist das Entscheidende, nicht das Geschlecht. Fernsehjournalismus vor der Kamera ist viel mehr, als gut auszusehen.

Haben Sie selbst am Anfang Ihrer Karriere eigentlich Kameratraining bekommen?

Als ich das allererste Mal moderiert habe, war ich noch bei der Henri-Nannen-Journalistenschule und gleichzeitig Praktikant bei RTL plus. Da hat man mich einmal zum Üben vor eine Kamera gesetzt und mich ein paar Tage später gebeten, dass ich die Kurznachrichten am Nachmittag moderiere. Das war allerdings auch vor sehr ausgesuchtem Publikum von vielleicht 10.000 Zuschauern. RTL plus war damals noch ein sehr kleiner Sender. Danach habe ich an der einen oder anderen Stelle mal mit Leuten von RTL ein bisschen trainiert.

Was mussten Sie sich vor der Kamera abgewöhnen?

Rumzuzappeln. Als Nachrichtenmoderator sollte man schon ruhig bleiben und nicht anfangen, mit den Armen zu gestikulieren oder irgendwas anderes zu machen, sondern den Zuschauern klar machen: Wir sind Überbringer von Nachrichten. Die Menschen möchten zuhören und nicht durch merkwürdige Aktionen der Moderatoren abgelenkt werden.

Ruhig zu bleiben fällt manchmal vielleicht nicht leicht, denn als Anchorman und Chefredakteur tragen Sie ein hohes Maß an Verantwortung und stehen oft unter Zeitdruck. Wie bewältigen Sie den täglichen Stress?

> Ich werde auch ganz oft nicht erkannt.

Ich bin niemand, der Stress und Streit sucht. Vielmehr versuche ich Probleme so zu lösen, dass am Ende beide Seiten mit der Lösung leben können. Den täglichen Stress versuche ich zu kanalisieren. Außerdem habe ich den Vorteil, dass ich seit ziemlich langer Zeit Fernsehen mache und seit 20 Jahren RTL Aktuell moderiere. Da sind Momente hoher Anspannung nichts Neues mehr für mich. Privat entspanne ich mich im Kreise meiner Familie, jogge und fahre im Winter gerne Ski.

Auf uns wirken Sie auch ziemlich entspannt. Aber können Sie denn auch mal laut werden in der Redaktion?

Das kommt sehr selten vor. Und wenn es vorkommt, hat es hoffentlich auch einen sinnvollen Grund. Mit Rumschreien löst man ja keine Probleme. Vielmehr versuche ich, durch Führen, durch Mitnehmen die Menschen zu motivieren, Leistung zu bringen, auf die sie auch selber stolz sind. Und wenn Fehler gemacht werden, werden Fehler gemacht. Das gehört dazu. Ich selber bin ja auch nicht fehlerfrei. Und ich hoffe einfach, dass wir durch unser Führungsprinzip hier bei RTL die Mitarbeiter motivieren, mit Spaß und dem nötigen Ernst zur Arbeit zu gehen und so gar nicht die Situation entsteht, dass man laut werden muss.

Apropos Spaß: Was war Ihr schönster Fernsehmoment als Anchorman?

Als wir am 31. Dezember 1999 vor dem Brandenburger Tor auf Sendung gegangen sind und 24 Stunden lang die unterschiedlichsten Zeitzonen bei ihrem Rutsch ins neue Jahrtausend vorgestellt haben. Das war zwar anstrengend, aber ich konnte die

> *Wissen ist die eine Sache, aber als Journalist muss ich auch vermitteln können.*

Welt immer wieder schrittchenweise ins neue Jahrtausend führen. Das waren tolle Momente. Als Reporter war es für mich auch beeindruckend, als ich kurz vor Weihnachten 1989 am Brandenburger Tor stand, als dort die Mauer geöffnet wurde. Da nicht einfach nur zu erzählen, was passiert, sondern auch zu fühlen, was die Menschen bewegt, war ein besonderes Erlebnis.

Verraten Sie uns auch Ihre größte Fernsehpanne?

Meine größte Panne liegt Gott sei Dank schon viele Jahre zurück. In meinem ersten Jahr bei RTL habe ich mal bei Beginn der Sendung auf meinem Mikrofon gesessen. Ich hatte einfach vergessen, es mir anzustecken, es lag noch auf meinem Stuhl. Als ich den gedämpften Ton bemerkte, habe ich mich kurz entschuldigt und dann ging es weiter ...

Angenommen, Sie hätten einen Wunsch frei: Welche Nachrichten würden Sie gerne einmal verlesen?

Da gibt es eine ganze Menge, was ich gerne verlesen würde: »Keine Arbeitslosen mehr in Deutschland« oder »Staatsverschuldung auf Null« zum Beispiel. Immer wenn sich etwas zum Guten gewendet hat, ist das eine schöne Nachricht. Leider gibt es das viel zu selten.

Wie sieht ein Tag als Moderator von RTL Aktuell aus?
Peter Kloeppel antwortet in dieser Videobotschaft:
(Jetzt mit dem Smartphone öffnen, z. B. mit der kostenlosen App »Scanlife«.)

Interviews

Tageszeitungen
Zeitschriften
Online

Der Meinungsmacher

»Man holt sich auch mal Kratzer und Beulen«

KAI DIEKMANN

Chefredakteur, BILD

»Jede Meinung braucht einen Mutigen, der sie ausspricht!« Niemand verkörpert diesen Werbeslogan der BILD-Zeitung besser als ihr eigener Chefredakteur. Und niemand hat so viel Macht über die Meinung der Deutschen, denn BILD ist die meistgelesene Zeitung des Landes. In dieser Rolle polarisiert Kai Diekmann die Medienwelt wie kaum ein anderer. Für die einen ist er ein genialer Zeitungsmacher, der bereits mit 36 Jahren Chefredakteur von BILD wurde und nicht umsonst schon so lange an der Spitze von Europas größter Tageszeitung steht wie kein anderer vor ihm. Für die anderen ist Diekmann mit seiner legendären Gelfrisur der Inbegriff des skrupellosen Boulevardjournalisten, der auch vor zweifelhaften Methoden nicht zurückschreckt, um jeden Tag aufs Neue seine 12 Millionen Leser zu verführen.

Welcher Titel, den Ihnen Kollegen anderer Magazine und Zeitungen gegeben haben, gefällt Ihnen am besten? a) »der meistgehasste Chefredakteur Deutschlands« (Süddeutsche Zeitung), b) »Fürst der Finsternis« (Frankfurter Allgemeine Zeitung) oder c) »Pascha des Monats« (Emma)?
Den Pascha des Monats habe ich mir wirklich mit viel Mühe erarbeitet. Deswegen empfinde ich das als Ehrentitel. Aber im Ernst. Beliebtheit ist kein Maßstab, wenn Sie Journalismus machen. Wenn ich der beliebteste Chefredakteur Deutschlands sein wollte, bin ich sicherlich bei BILD falsch. BILD ist eine Zeitung die provoziert, die polarisiert. Wir wollen nicht bequem sein – wir wollen die aufregendste Zeitung sein und das bedeutet aber auch, dass man aufregen muss und sich auch mal Kratzer und Beulen holt. Das gehört sozusagen zur Berufsbeschreibung dazu.

Kratzer und Beulen holen sich aber vor allem diejenigen, über die Sie berichten. Bundespräsident Wulff musste nicht zuletzt wegen der BILD-Enthüllungen zu seinem privaten Hauskredit und zweifelhaften Kontakten zu Unternehmern zurücktreten. Wann ist denn das letzte Mal ein Politiker auf Knien zu Ihnen hier ins Büro gekrochen und hat Sie angefleht, irgendeine Enthüllungsstory nicht zu bringen?
Noch nie.

Aber die rufen doch sicher an und sagen: »Können wir da nicht irgendwie ...?«
Das gab es ein- oder zweimal. Und das haben wir dann öffentlich gemacht. Der Versuch, unsere Berichterstattung verhindern zu wollen, ist dumm. Damit ist keiner erfolgreich.

Warum mischt sich BILD überhaupt in die Privatangelegenheit eines Politikers ein?
Weil private Angelegenheiten nicht immer privat sind, sondern auch eine politische also öffentliche Dimension haben können. Wenn jemand CSU-Chef werden will, sich dafür unter dem Kruzifix mit seiner Familie fotografieren lässt, sich als treuer Familienvater und Ehemann inszeniert und in Interviews verkündet, er verachte Menschen, die mit dem Ehering am Finger ein Doppelleben führen, dann muss er akzeptieren, dass wir uns diese Inszenierung einer heilen Familienwelt auch näher anschauen: Und wenn sich dann herausstellt, dass er selbst eine Geliebte hat, die von ihm ein Baby erwartet, hat er nicht nur ein privates, sondern auch ein politisches Problem.

> *Ich wundere mich immer, dass ich für so viel Vergnügen auch noch Geld bekomme.*

In Großbritannien sollen Mitarbeiter der Zeitung »News of the World« über Jahre die Telefone von Prominenten, aber auch Angehörigen getöteter Soldaten und eines ermordeten jungen Mädchens abgehört und Polizisten für Informationen bezahlt haben. Scotland Yard zufolge sollen bis zu 4000 Menschen angezapft worden sein.

*Daraufhin hat der Medienmogul und Besitzer, Rupert Murdoch, das Traditions-
blatt eingestellt. Was haben Sie Ihren Leuten gesagt, als dieser Skandal bekannt
wurde?*

Zuallererst: Die Machenschaften der Kollegen von »News of the World« haben mit
Journalismus nichts zu tun. Das war schlichtweg kriminell. Wir haben uns natürlich in der Redaktion intensiv darüber ausgetauscht. Man muss wissen, dass das
Presserecht in England und in Deutschland unterschiedlich ausgestaltet ist. Britischen Journalisten sind bei der Informationsbeschaffung mitunter viel weitere
Grenzen gesetzt als deutschen. Wenn Reporter in Großbritannien ein öffentliches Interesse nachweisen können, ist es bei der Informationsbeschaffung unter
Umständen auch erlaubt, dass sie das Gesetz brechen und Telefone abhören. Etwa,
um den Korruptionsskandal eines Ministers aufzudecken. In Deutschland ist das
Übertreten von Gesetzen bei der Recherche grundsätzlich und in jedem Fall verboten.

Die Verwendung fragwürdiger oder gar illegaler Methoden bei der Informationsbeschaffung kann in Deutschland nicht mit »öffentlichem Interesse« gerechtfertigt werden. Und einen Artikel mit der Überschrift »Manchmal kann es richtig
sein, das Gesetz zu brechen«, wie kürzlich im britischen Independent veröffentlicht, wäre bei uns undenkbar. Wir müssen in Deutschland allerdings auch nicht
wegschauen, wenn uns beispielsweise Informationen angeboten werden, die möglicherweise aus dubiosen Quellen stammen.

*Aber wo liegen die Grenzen des öffentlichen Interesses – dürfen Journalisten zum
Beispiel Telefonate von Prinz William abhören?*

Abhörmethoden wie bei »News of the World« sind selbst nach angelsächsischem
Recht nicht zu begründen. Man hat allerdings den Eindruck, das Abhören von
Telefonen sei in England jahrelang geduldetes Gesellschaftsspiel gewesen, solange
die Mächtigen und Reichen betroffen waren. Keiner hat sich darüber aufgeregt,
alle fanden es sehr witzig. Die Stimmung ist erst gekippt, als ein Verbrechensopfer
und dessen Familie betroffen waren. Übrigens haben in der Vergangenheit auch
in Deutschland nicht nur Boulevardmedien, sondern auch die Süddeutsche Zeitung,
die Frankfurter Allgemeine Zeitung oder auch DER SPIEGEL fröhlich aus bekannt
gewordenen Abhörprotokollen von Prinz Charles und seiner damaligen Geliebten
Camilla zitiert.

*Würden Sie lieber selbst Telefonate abhören dürfen wie in England, ist Ihnen das
Presserecht in Deutschland zu streng?*

Ganz klare Antwort: Nein, will ich nicht! Tatsächlich existiert das liberalste Presserecht der Welt in angelsächsischen Ländern wie Großbritannien oder den USA.
Das strengste, in demokratischen Ländern, wahrscheinlich in Frankreich. Deutschland befindet sich ziemlich genau in der Mitte. Und damit fühle ich mich auch
wohl. Aber auch in Deutschland gibt es immer wieder mal Ausschläge in die eine
oder die andere Richtung. Denken Sie nur an das Caroline-Urteil vor dem Europäischen Menschengerichtshof, was glücklicherweise in Teilen wieder korrigiert

wurde. Am Ende geht es bei dieser Thematik aber immer um die Abwägung zwischen öffentlichem Interesse auf der einen Seite und Persönlichkeitsrecht und Privatsphäre auf der anderen Seite.

Also haben Sie hier im Haus keine direkten Konsequenzen aus dem »News of the World«-Skandal gezogen?
Nein. Das war nicht nötig.

Ist eine gute Story es wert, einen schlechten Freund zu opfern?
Was meinen Sie mit opfern? Und was ist ein schlechter Freund? Natürlich gibt es Prominente, mit denen ich auch befreundet bin. Das schützt sie vor kritischen Schlagzeilen in BILD allerdings nicht.

Aber ist es nicht so, dass man als BILD-Redakteur die Nähe zu Politikern suchen muss, um sie dann doch irgendwann in die Pfanne hauen zu können?
Ein albernes Klischee.

Wie funktioniert es denn in der Wirklichkeit? Erweist BILD nicht manchen Politikern Gefälligkeiten, um andere angreifen zu können?
Seien Sie so freundlich und sagen mir mal ein Beispiel. So funktioniert Journalismus nicht. Noch einmal: Selbstverständlich kann zwischen einem Journalisten und einem Politiker oder Prominenten ein Vertrauensverhältnis entstehen. Das ist sogar ganz normal – und natürlich nicht nur bei BILD, sondern auch beim SPIEGEL, der FAZ und der Süddeutschen. Ein solches Vertrauensverhältnis korrumpiert aber das Medium nicht.

Der Konferenzraum von BILD liegt im 16. Stock eines golden schimmernden Hochhauses. Es wurde während der deutschen Teilung von dem mächtigen Verleger Axel Springer in Westberlin direkt an der Grenze zur DDR erbaut und 1966 eingeweiht. Springer wollte mit dem Bau im Schatten der Berliner Mauer seinen unerschütterlichen Glauben an die deutsche Wiedervereinigung symbolisieren. Vom Konferenzraum der BILD aus haben die Redakteure einen unverstellten Blick über die Hauptstadt, der bis auf den Bundestag und das Kanzleramt reicht.

In welchen Momenten spüren Sie die Macht als BILD-Chef?
Ich spüre keine Macht, sondern Verantwortung. Mit 12 Millionen Lesern hat BILD natürlich einen großen Einfluss und mit den großen Buchstaben auch eine große Wirkung. Ein Beispiel: Als die Finanzkrise im Herbst 2008 auf ihren Höhepunkt zusteuerte, gab es Meldungen über angebliche Engpässe bei der Bargeldauszahlung an Geldautomaten. Es wäre journalistisch gerechtfertigt gewesen, eine Schlagzeile zu veröffentlichen wie:»Holen Sie Ihr Geld von der Bank, bevor es weg ist!« Falsch wäre diese Schlagzeile nicht gewesen. Wie die FAZ damals schrieb, wäre es aus Sicht des Einzelnen rational gewesen, seine Einlagen abzuziehen, in Gold, Platin oder Silber umzuwandeln und zu Hause zu sichern. Hätten wir all das berichtet und

in Schlagzeilen verpackt, wäre das deutsche Bankensystem vermutlich wirklich zusammengebrochen. Wir haben die Schlagzeile aber nicht gemacht. Für unseren Umgang mit der Bankenkrise haben wir übrigens einen Journalistenpreis bekommen – einen Preis für unsere Zurückhaltung in der Berichterstattung – auch das ist BILD.

> *BILD ist wie ein Drei-Gänge-Menü mit fünf Sternen.*

Aber Sie haben doch auch eine politische Macht. Bundeskanzler Gerhard Schröder sagte einmal, zum Regieren bräuchte er nur BILD, BamS und Glotze ...
Wir leben in einem Medienparadies, das es so auf der Welt kein zweites Mal gibt: Nirgendwo werden so viele Zeitungen und Zeitschriften verkauft wie in Deutschland. Aber man sollte den Einfluss von einzelnen Medien auf den mündigen Bürger nicht überschätzen. Bundeskanzler Helmut Kohl konnte 16 Jahre regieren, obwohl es eine breite Medienfront von stern, SPIEGEL und ZEIT gegen ihn gab.

Gibt es eine Schlagzeile, die Sie gerne mal bringen würden, aber die selbst für BILD zu hart wäre?
Nein.

»Kriminelle Ausländer raus« zum Beispiel ...
Das stand genau so schon über einem Kommentar in BILD. Und auf Seite 1 hatten wir im Dezember 2007 ein Zitat des damaligen hessischen Ministerpräsidenten Roland Koch: »Wir haben zu viele junge kriminelle Ausländer«. Das war, nachdem ein Türke und ein Grieche in der Münchener U-Bahn einen Rentner fast totgeschlagen hatten.

In diese Richtung ging auch schon der BILD-Titel »Das wird man ja wohl noch sagen dürfen ...«, gefolgt von Sätzen wie »Auf den Schulhöfen muss Deutsch gesprochen werden«, »Nicht wir müssen uns den Ausländern anpassen, sondern sie sich uns« oder »Wer arbeitet, darf nicht der Dumme sein« ...

ABI-NOTE: 1,6.
WOMIT HABEN SIE IHR ERSTES GELD VERDIENT? Mit Babysitten meiner kleinen Schwester.
WAS IST IHRE GRÖSSTE STÄRKE, GRÖSSTE SCHWÄCHE UND GRÖSSTE ANGST? Die größte Angst ist ganz privat, und deshalb sage ich dazu nichts. Die größte Stärke und die größte Schwäche müssen andere beantworten.
ÜBER WAS HABEN SIE IHREN ERSTEN ARTIKEL GESCHRIEBEN? Über die Bereitstellung eines neuen Löschzuges der Feuerwehr.
IHR WICHTIGSTER TIPP FÜR DEN EINSTIEG IN DEN JOURNALISMUS? Machen. Nicht reden, machen.

Was ist an diesen Sätzen falsch? Das ist doch alles richtig! Und genau so hat es auch der Europaminister der Türkei in unserer Zeitung formuliert: »Ich fordere meine türkischen Landsleute und alle Deutschen türkischer Herkunft auf: Lernt Deutsch! Passt euch den Sitten und Gebräuchen eures Gastlandes an.« Und Sätze wie »Wer arbeitet, darf nicht der Dumme sein«, »Wer nichts gelernt hat, soll hinterher nicht jammern, dass er keinen Job bekommt«, sind ja fast schon Binsenweisheiten.

Sie haben einmal gesagt: »Bei uns erfahren die Leute, was das Land zusammenhält und was die Menschen bewegt.« Die Politik scheint manche Themen, die die Menschen bewegen, zu tabuisieren. Ist die BILD-Zeitung aus Ihrer Sicht auch ein Stück weit zur politischen Heimat für diejenigen geworden, die sich bei den etablierten Parteien nicht mehr richtig aufgehoben fühlen?

> *Politik ist heute sehr komplex, sehr fordernd und sehr schwierig.*

Sie spielen auf die BILD-Titelgeschichte im SPIEGEL an ... Nein. Die verquere Gedankenkonstruktion, dass wir eine Ersatzpartei sind, ist Quatsch. Aber es gibt Themen auf der Straße, die die Menschen beschäftigen, das hat die Sarrazin-Debatte ja gezeigt. Und deshalb müssen wir uns damit journalistisch auseinandersetzen. Und mit Kampagnenvorwürfen, die schnell kommen, kann ich gut leben. Es ist wichtig, dass eine Zeitung wie BILD die Themen anfasst, die den Leuten unter den Nägeln brennen, auch wenn es unbequem ist.

Ihnen gelingt also offenbar, was vielen Politikern nicht gelingt – warum gehen Sie eigentlich nicht selbst in die Politik?
Weil mir Journalismus viel zu viel Spaß macht. Politik kann manchmal ein recht träger, anstrengender Prozess sein – das ist nicht meine Welt. Ganz ehrlich: Ich habe hohen Respekt vor unserer Politik und ich finde das Gejammere über Politiker und die Qualität von Politik bigott. Vor allem, weil diejenigen, die sich beklagen, oft eben nicht bereit sind, selbst in die Politik zu gehen und ihren Kopf hinzuhalten.

Warum ist das so?
Weil kaum jemand bereit ist, sich bei relativ schlechter Bezahlung in eine so unglaubliche Mühle zu begeben, in der die Karrieremöglichkeiten auch noch begrenzt sind. Politik ist heute sehr komplex, sehr fordernd und sehr schwierig.

Angenommen Sie haben etwas Wichtiges mit der Bundeskanzlerin zu bereden. Wie lange dauert es, bis Sie einen Termin bei ihr kriegen?
Das kann ich nicht sagen, das kommt immer drauf an, was anliegt.

Vor Kurzem waren Sie mit der Kanzlerin zu Besuch bei Obama im Weißen Haus. Wie bekommt man so eine Einladung?

Die Kanzlerin hat einige Gäste aus Wirtschaft, Kultur und Medien eingeladen, sie auf ihrem offiziellen Staatsbesuch zu begleiten. Anlass war die Verleihung der Freiheitsmedaille an Angela Merkel, die höchste zivile Auszeichnung, die der US-Präsident vergibt. Der Fernsehmoderator Thomas Gottschalk war dabei, der Fotograf Andreas Mühe, Ex-Bundestrainer Jürgen Klinsmann, der BDI-Chef Hans-Peter Keitel – und ich auch.

Wie haben Sie den amerikanischen Präsidenten hinter den Kulissen erlebt?
Barack Obama ist eine sehr charismatische Persönlichkeit. Ich bin ihm schon einmal begegnet. Ein halbes Jahr vor seiner Wahl, als er hier in Berlin an der Siegessäule war, um Wahlkampf für sich zu machen. Damals hat er keinem einzigen deutschen Medium ein Interview gegeben. Aber eine Kollegin hat ihn im Fitnesscenter seines Hotels getroffen, ganz leger in Jogginghose und sich mit ihm fotografieren lassen. Das Foto haben wir natürlich exklusiv auf der Titelseite gebracht. Am selben Abend traf ich Obama zufällig im Restaurant und habe ihm persönlich ein Exemplar der Zeitung übergeben.

Obama wusste ja nicht, dass die junge Deutsche auf dem Laufband neben ihm eine BILD-Reporterin war. Wie hat er reagiert?
Nicht amüsiert, eher sauer. Er hat in der größten Zeitung Europas ein Foto von seinem Auftritt an der Siegessäule mit Tausenden von Fans und der untergehenden Sonne im Hintergrund erwartet. Auf keinen Fall hat er mit einem Foto gerechnet, auf dem er verschwitzt neben einem blonden Mädchen steht. Aber das ist genau das, was Journalismus machen muss: Inszenierungen ihrer Inszenierung berauben.

Gibt es etwas, das deutsche Politiker von Obama lernen können?
Natürlich! Er ist ein charismatischer Redner mit dem Gespür für die große Geste. Das fällt unseren Politikern manchmal schwer.

Sie haben in Ihrem Job so ziemlich alle Persönlichkeiten von Weltrang kennengelernt, vom US-Präsidenten über Hollywood-Stars bis zum Papst. Gibt es irgendjemanden auf Ihrer Wunschliste, den Sie noch nicht getroffen oder interviewt haben?
Ich habe mich immer sehr für den kubanischen Revolutionsführer Fidel Castro interessiert, aber es ist wohl eher unwahrscheinlich, dass ich ihn noch treffe. Sehr spannend finde ich auch Subcommandante Marcos, den legendären Anführer der Indios im Süden von Mexiko. Da habe ich die Hoffnung noch nicht ganz aufgegeben. Auch Nelson Mandela würde ich gerne einmal interviewen.

Waren Sie bei Ihrem Besuch beim Papst aufgeregt?
Ich war mehrfach beim Papst, aber natürlich war die erste Begegnung am beeindruckendsten. Im November 2004 war ich zu einer Privataudienz bei Johannes Paul II., der damals schon schwer krank war. Ein ganz einzigartiges Erlebnis, ein-

zigartig berührend. Papst Benedikt XVI. kannte ich bereits als Kardinal Ratzinger. Für die WELT am SONNTAG konnte ich ein mehrstündiges Interview mit ihm führen, als er noch Chef der Glaubenskongregation war. Natürlich sind solche Begegnungen immer eine sehr aufregende Angelegenheit.

Was tun Sie gegen diese Aufregung?
Mich konzentrieren: auf die Begegnung, auf das Gespräch, auf die Vorbereitung. Und wenn es anders kommt: improvisieren.

Kann man es als BILD-Chef überhaupt in den Himmel schaffen?
Wer, wenn nicht der BILD-Chef ... Und wenn nicht, dann weiß ich, dass ich auf jeden Fall in bester Gesellschaft bin. Sie haben ja die Kollegen gerade kennengelernt.

Tatsächlich hat man das Gefühl, dass Diekmann und seine Kollegen es in der Hölle gut miteinander aushalten würden. Auf den Fluren herrscht ein lockerer, fast freundschaftlicher Umgangston, man duzt sich, scherzt miteinander. Diekmann klingt ganz und gar nicht wie ein »Fürst der Finsternis«, seine Stimme ist sonor, seine Art zu reden überaus charmant. Mit einem heiteren »Bonjour, bonjour« begrüßt er die Kollegen.

Der ehemalige Chefredakteur der Süddeutschen Zeitung, Hans-Werner Kilz, hat seinen Führungsstil einmal als den eines »sanften Diktators« bezeichnet. Wie würden Sie sich bezeichnen?
BILD ist ein Gesamtkunstwerk. Die Zeitung wird komponiert. BILD ist wie ein Drei-Gänge-Menü mit fünf Sternen. In der Küche kann der Chef ja auch nicht sagen, drei Köche machen mal eine Hauptspeise, ein anderes Team kümmert sich um die Vorspeise und eine dritte Gruppe zaubert die Nachspeise. Das haut nicht hin. Das Menü muss aufeinander abgestimmt sein und in der Mischung zusammenpassen. Und dafür braucht es einen, der entscheidet.

> *Beliebtheit ist kein Maßstab, wenn Sie Journalismus machen.*

Schimpfen Sie oft?
Bei uns wird geschimpft und gelacht, das gehört dazu.

Wie würden Sie Ihren Führungsstil in einer Schlagzeile beschreiben?
Da müssen Sie andere fragen.

Fragt man andere nach Ihnen, sagen die, dass Sie schon als Jungredakteur genau wussten, wo Sie mal hinwollten. Ihre ehemalige Kollegin Doris Schröder-Köpf, die spätere Gattin von Bundeskanzler Schröder, sagte: »Man merkte, der Mann hatte einen Plan, der wollte was. Ich wusste, der wird später Chefredakteur. Das ist so

eine Mischung aus Ehrgeiz, Energie und Schlauheit.« Wussten Sie auch schon, dass Sie später mal Chefredakteur würden?
Nein, im Gegenteil: In meinem Leben sind die Dinge ganz oft anders gekommen, als ich ursprünglich dachte. Ich gebe Ihnen ein paar Beispiele: Bei der Bundeswehr wollte ich zur Panzerartillerie und landete in der Pressestelle. Anschließend wollte ich eigentlich studieren. Dann habe ich aber eine Zusage für die Redakteursausbildung, das sogenannte Volontariat, bei Axel Springer bekommen. Meine Ausbildungsstationen waren Hamburg, das Parlamentsbüro von BILD in Bonn und der Auslandsdienst in New York. Am Ende meiner Ausbildung wäre ich eigentlich gern in Amerika geblieben, aber der Verlag hat mich als Parlamentskorrespondent nach Bonn geschickt. Später bin ich bei Springer rausgeflogen. Da bin ich in die USA gegangen, habe mir einen Ford Bronco gekauft und mich auf eine lange Reise nach Südamerika begeben. Als ich in Panama war, erhielt ich einen Anruf vom Verlag, dass es an der Zeit sei, zurückzukommen. Und man bot mir den Posten als Chefredakteur der WELT am SONNTAG an. Das habe ich natürlich angenommen. Zwei Jahre später war ich dann Chefredakteur von BILD. Also: Ich hatte nie einen Masterplan für diesen oder jenen Job. Mich haben immer nur Geschichten interessiert – gute Geschichten, große Geschichten. Insofern stimmt Ehrgeiz schon. Was Geschichten angeht, hatte ich immer den Gedanken: Du musst nach den Sternen greifen. Du musst immer etwas Besonderes machen. Gib dich nicht mit dem zufrieden, was alle anderen machen. Geh einen Schritt weiter.

> *Sie müssen bereit sein, immer einen Schritt weiter gehen zu wollen als andere.*

Haben Sie dafür ein Beispiel?
Als ich für BILD 1987 ins Parlamentsbüro ging, gab man mir einen extrem schwierigen Bereich: die Grünen. Schwierig, weil die Grünen damals grundsätzlich nicht mit BILD geredet haben. Damit hatte ich ein konkretes, strategisches Ziel. Ich wollte diesen Interviewboykott der Grünen brechen. Das habe ich innerhalb von eineinhalb Jahren geschafft. Ein anderes Beispiel: Als ich bei der Bunten war, hatte ich mir in den Kopf gesetzt, den Vizepräsidenten von George Bush Senior, Dan Quayle, im Weißen Haus zu interviewen. Und die Bunte ist wahrlich kein Politikmagazin, sondern eine farbenfrohe Illustrierte. Trotzdem hat es geklappt.

Einen überdurchschnittlichen Ehrgeiz haben Sie ja gerade zugegeben. Der Philosoph Theodor Adorno hat sinngemäß gesagt, Ehrgeiz und Begabung seien nichts anderes als eine glücklich sublimierte Wut.
Der wird es ja wissen.

Würden Sie dem zustimmen?
Das weiß ich nicht. Bei mir ist es nicht Wut, sondern Lust. Es macht mir riesigen Spaß, als Journalist zu arbeiten. Es macht mir Freude, Ideen zu haben, kreativ zu

sein, zu provozieren, zu überraschen, mit Leuten zusammenzuarbeiten und eine Sache zu bewegen. Ich wundere mich immer, dass ich für so viel Vergnügen auch noch Geld bekomme.

Wo wir gerade bei der Triebfeder sind: Wir beide stammen aus dem Sauerland und wollten immer raus in die große weite Welt. Sie sind ja aus Bielefeld, das ist auch nicht gerade der Nabel der Welt. Hat das bei Ihnen auch eine Rolle gespielt?
Sie wollen doch nicht im Ernst die ostwestfälische Wirtschaftsmetropole Bielefeld mit dem Sauerland vergleichen ... Natürlich spielt die Herkunft unbewusst eine Rolle. Warum kommen so viele herausragende Kreative aus Österreich? Weil Österreich einfach viel zu klein ist für so viele Genies. Die müssen woanders hin. Und in Bielefeld und im Sauerland sind die Spielfelder für Kreativität ebenfalls eher überschaubar.

Wie viel kommen Sie denn heute so rum?
Viel. Jedes Jahr bin ich im Januar eine Woche beim Weltwirtschaftsforum in Davos. Außerdem sitze ich im Beirat der türkischen Zeitung »Hürriyet« und im Board von »Times« und »Sunday Times« bei News International in London. Das heißt, ich muss mindestens vier Mal im Jahr nach Istanbul und ebenso oft nach Großbritannien. In Amerika war ich allein in diesem Jahr schon drei Mal.

Der Jugendtraum, viel von der Welt zu sehen, ist also in Erfüllung gegangen. Hätten Sie als junger Mann gedacht, dass Sie es als Journalist auch zum Millionär bringen könnten, oder hatten Sie sich schon damit abgefunden, dass es kein Beruf ist, mit dem man reich wird?
Ich bin vor allem Journalist geworden, weil ich ausschlafen wollte. Das hat sich als Trugschluss erwiesen.

Wann stehen Sie denn ungefähr auf?
Ganz unterschiedlich, zwischen sechs und sieben Uhr. Wenn das Wetter schön ist, gehe ich vor der Arbeit noch schwimmen. Und wenn ich ganz fit bin, gehe ich laufen.

Ausschlafen zu wollen war vermutlich nur eine untergeordnete Motivation, Journalist zu werden. Was hat Sie noch an dem Beruf begeistert?
Ich habe mich schon als Schüler leidenschaftlich gern mit Politik beschäftigt und war süchtig nach stern und SPIEGEL. Das war 1980, als Franz-Josef Strauß Kanzler werden wollte. Das waren die Zeiten des Kalten Krieges und des NATO-Doppelbeschlusses mit der Frage: Werden hier in Deutschland Pershing- und Cruise-Missile-Raketen aufgestellt, um eine Antwort auf die SS-20-Raketen der Sowjetunion zu finden? Auch Fragen nach der richtigen Schulpolitik haben mich beschäftigt. Der Mainstream war damals eher links orientiert. Es gab viele linke Schülerzeitungen, aber nichts Bürgerliches. Also habe ich mich mit ein paar Freunden zusammengesetzt und die Schülerzeitung »Passepartout« gegründet, die sich politisch anders positioniert hat.

Was für ein Typ von Schüler waren Sie – eher der strebsame Klassensprecher oder der Klassenclown?

Ich war kein strebsamer Klassensprecher, sondern eher renitent. Ich habe schon in Schulzeiten gern gegen den Strich gebürstet. Damals war es für viele Mitschüler schick, Palästinensertücher zu tragen. Es war schick, gegen Atomkraft zu sein und »Bildung statt Bomben« zu rufen. Ich war zwar nicht für »Bomben statt Bildung«, aber ich sah vieles anders als die meisten, die mit dem Strom schwammen. Ich habe auch viel Freude daran gehabt, mich mit Lehrern zu streiten. Es hat mir Spaß gemacht, Debatten offensiv und mitunter auch polarisierend oder provokativ zu führen.

Diese Freude können Sie ja heute als Chef der BILD-Zeitung voll ausleben. Wie haben Sie das als Schüler getan?

Ich erinnere mich etwa daran, dass ich in der Straßenbahn grundsätzlich mit einem großen Anstecker mit Franz-Josef Strauß herumgelaufen bin. Ich habe mich auch sehr offensiv zur Bundeswehr bekannt, was in einer linken Universitätsstadt wie Bielefeld keine Selbstverständlichkeit war. Ich habe Jungoffiziere an unsere Schule eingeladen. Und in der Schülerzeitung haben wir Lobeshymnen auf die Bundeswehr angestimmt. Das hat uns eine Menge Ärger eingebracht. Aber weil »Passepartout« ausgesprochen politisch war, war sie auch ausgesprochen erfolgreich.

Woran konnte man den Erfolg Ihrer Schülerzeitung messen?

Sie hatte eine Auflage von 30.000 bis 35.000 Stück. Das ist außergewöhnlich viel für eine Schülerzeitung. Wir haben sie kostenlos verteilt und über Anzeigen finanziert. Dafür sind wir nicht nur nach Bielefeld, sondern ins Umland und bis nach Münster gegangen. Wir haben mit der Schülerzeitung wirklich Geld verdient. Mein Partner war Lenny Fischer, der heute Chef von Ripplewood ist, und einer der wenigen großen deutschen Investmentbanker, die international eine Rolle spielen. Er war damals für die Finanzen zuständig, ich für den Inhalt. Unsere Wege haben sich getrennt, als er die Seite 1 als Anzeige verkauft hat. Das war etwas, das ich nicht mitgemacht habe. Fortan gab es zwei Schülerzeitungen: Lenny verdiente mit seiner viel Geld, hatte aber wenig Anspruch an den Inhalt. Ich versuchte es weiter mit Qualität, habe aber leider kein Geld mehr verdient. Das waren die Anfänge.

Heute residiert Kai Diekmann in einem Büro, das inklusive Empfangsbereich so groß ist wie eine Zweizimmerwohnung. Angeblich soll Diekmann mehr Assistentinnen beschäftigen als die Bundeskanzlerin. Wir zählen vier, wobei zwei die Stellvertreter von Kai Diekmann, Jörg Quoos und Alfred Draxler, betreuen. Durch Lautsprecher in der Decke dröhnt klassische Musik von Wagner, als sich Diekmanns Tür öffnet, wird sie so laut, dass man meinen könnte, im Konzerthaus der Bayreuther Festspiele gelandet zu sein. Auffällig in Diekmanns Büro sind zwei gerahmte und mit persönlicher Widmung versehene Fotos von Altbundeskanzler Helmut Kohl, dem Kanzler der deutschen Einheit.

Als Schülerzeitungsredakteur haben Sie unter anderem ein Interview mit Helmut Kohl geführt. Später wurde der Bundeskanzler Ihr Trauzeuge. Wie haben Sie es geschafft, ihn mit dem Interview so nachhaltig zu beeindrucken, dass daraus eine langjährige Freundschaft entstanden ist?

Ich habe gerade heute Morgen ein Foto von damals in der Hand gehabt. (Er zeigt uns das Foto). Das war 1981 oder 82, ein Originalabzug. Damals war Helmut Kohl noch nicht Bundeskanzler, sondern CDU-/CSU-Fraktionschef und Oppositions-führer. Ich habe ihn das erste Mal für unsere Schülerzeitung interviewt, aber glaube nicht, dass ich ihn damals irgendwie beeindruckt habe. Die nachhaltige Verbindung und Freundschaft entstand erst nach seiner Zeit als Bundeskanzler und auch durch gemeinsame Projekte wie unser Buch »Ich wollte Deutschlands Einheit«.

> *Ich bin vor allem Journalist geworden, weil ich ausschlafen wollte. Das hat sich als Trugschluss erwiesen.*

Konnte man denn bei der ersten Begegnung schon spüren, dass die Chemie zwischen Ihnen stimmt?

Bei unserer ersten Begegnung habe ich von Helmut Kohl ein Portemonnaie mit seinem Schriftzug geschenkt bekommen. Das habe ich neulich beim Umzug wieder gefunden. Ich habe es ihm gezeigt und ihn gebeten, auf der anderen Seite noch einmal zu signieren.

Wie ging es nach dem Abi mit der Schülerzeitung weiter?

Wir haben sie an das Westfalen-Blatt in Bielefeld weitergegeben. Heute gibt es sie nicht mehr.

Und wie ging es für Sie journalistisch weiter?

Ich wurde von der Lokalredaktion des Westfalen-Blatts angesprochen, ob ich nicht Lust hätte, für sie zu schreiben. Klar hatte ich Interesse! Und so habe ich ganz klassisch angefangen und am Wochenende Termine für das Westfalen-Blatt wahr-genommen: die Einweihung von neuen Feuerwehrfahrzeugen, Vereinssitzungen, silberne und goldene Jubiläen.

Was kann man heute schon als Schüler tun, um sich auf eine Karriere im Journa-lismus vorzubereiten?

Ganz einfach: Schreiben! Schülerzeitung machen – egal ob gedruckt oder online, sich um Praktika bemühen, Leidenschaft und Begeisterung für Journalismus zeigen.

Was muss man außer Leidenschaft und Begeisterungsfähigkeit noch mitbringen?

Neugierde und Einsatzbereitschaft. Sie müssen bereit sein, mehr als das, was gefordert wird, zu leisten und immer einen Schritt weiter gehen wollen als andere. Ich finde auch wichtig, sich politisch zu engagieren. Ich war zum Beispiel in der Jungen Union aktiv. Politisches Interesse führt oft zum Journalismus.

Sie sind ja dann extrem durchgestartet, waren mit 34 Chefredakteur der WELT am Sonntag und dann mit 36 schon an der Spitze von BILD. Was muss man denn, außer all dem, was Sie gerade genannt haben, noch können, um das zu erreichen?
Wie bereits erwähnt war mein Weg ja nicht so gerade, wie es auf den ersten Blick scheint. Mein Rauswurf bei Axel Springer war ein Bruch im Lebenslauf. Karriereplanung funktioniert meistens nicht. Ich habe mich auch nie gefragt: »Was mache ich jetzt als Nächstes?« Ich habe immer das getan, was mir Spaß macht. Und ich hatte das Glück, Mentoren zu finden. Es ist extrem wichtig, Menschen zu treffen, die einen führen und im richtigen Augenblick beraten. Ein Netzwerk ist im Berufsleben – egal in welcher Branche und in welchem Bereich – unverzichtbar.

Wie baut man sich denn so ein Netzwerk auf?
Ich habe früh mit meinem eigenen Netzwerk angefangen. Als junger Parlamentskorrespondent in Bonn hatte ich mir in den Kopf gesetzt, jede Woche mindestens 10 bis 15 Visitenkarten nach Hause zu bringen. Ich habe mir immer vorgenommen: Du sprichst andere an, du redest. Das ist wahnsinnig anstrengend und kompliziert – besonders als junger Mensch und Berufseinsteiger. Ich beobachte heute oft auf Veranstaltungen, dass Journalisten mit ihren Kollegen herumstehen, sich miteinander unterhalten und wenig Interesse am Gespräch mit anderen zeigen. Das führt zu nichts. Journalisten müssen auf Menschen zugehen. Auch das hat etwas mit Neugier zu tun.

Welche Lehre für junge Journalisten können Sie aus Ihrem Rauswurf beim Springer-Verlag ziehen?
Erstens: Karriere kann man nicht immer planen. Zweitens: Wenn man auf die Schnauze fällt, muss man wieder aufstehen.
Ich bin sehr gern Chefredakteur der BILD. Das Glück bei BILD – oder überhaupt in den Medienberufen – ist: Es gibt keine Routine. Kein Tag ist wie der andere. Und das ist unglaublich spannend!

Sie haben nicht studiert – ist eine akademische Ausbildung also unnötig, wenn man im Journalismus Karriere machen will?
Ich wollte immer studieren. Ich war schon an der Universität in Münster immatrikuliert für Geschichte, Germanistik und Politik. Aber dann kam das Angebot für ein Volontariat bei BILD am SONNTAG. Das konnte ich mir nicht entgehen lassen – im Anschluss wollte ich das Studium wieder aufnehmen. Aber spätestens, als ich Chefreporter bei der Bunten geworden bin, habe ich so viel verdient, dass ich mir nicht mehr vorstellen konnte, zu studieren. Dennoch sage ich bis heute jedem, der sich bei uns bewirbt und noch im Studium ist: Zu Ende studieren, nicht abbrechen! Melden Sie sich wieder, wenn das Studium zu Ende ist. Nicht eine Sekunde vorher.

Was würden Sie denn heute studieren?
Geschichte, Germanistik und Politik.

Was muss man als BILD-Redakteur können, was man als Redakteur bei der Süddeutschen Zeitung nicht können muss?

Bei BILD arbeiten Journalisten, die früher beim SPIEGEL, bei der Süddeutschen oder der FAZ gearbeitet haben – und umgekehrt. Hier wie dort muss man das journalistische Handwerk perfekt beherrschen. Allerdings verlange ich von meinen Kollegen mehr: Wir wollen unseren Lesern einen Informationsvorsprung bieten – exklusive Nachrichten, die sie nicht schon in der Süddeutschen oder der FAZ gelesen haben.

Haben Sie dafür ein Beispiel?

Nehmen Sie das Beispiel des ehemaligen brandenburgischen Innenministers Rainer Speer: BILD hat enthüllt, dass er über Jahre hinweg keinen Unterhalt für sein uneheliches Kind gezahlt hatte. Wäre es nur um sein Kind als solches gegangen, wäre es natürlich seine Privatangelegenheit gewesen. Dass jedoch der Steuerzahler für den Unterhalt zur Kasse gebeten wurde, hat den Fall zu einer öffentlichen Angelegenheit gemacht. Speer ist zurückgetreten und hat später seine politischen Ämter verloren. Das sind exklusive Geschichten, die wir für unsere Leser aufdecken wollen. Das bedeutet aber auch, dass überdurchschnittliche Einsatzbereitschaft erwartet wird.

> *Wenn mein Vater BILD gelesen hat, war meine Mutter sauer.*

Wird bei BILD also mehr Einsatz gefordert als bei anderen Zeitungen?

Das kann schon sein. BILD wird zu 99 Prozent im Einzelverkauf vertrieben. Unsere Leser bekommen die Zeitung nicht Morgen für Morgen bequem in den Briefkasten gesteckt. Sie müssen sich jeden Tag auf den Weg zum Kiosk machen. Und deshalb erwarten sie eine besondere Zeitung und haben besonderen Anspruch an die Inhalte – und damit an die Redaktion.

Bei vielen jungen Leuten hat BILD eher ein Schmuddelimage, wie erklären Sie sich das?

Das ist ein altersgemäßes Vorurteil. Ich war als 18-Jähriger nicht anders. Hätte mir damals jemand gesagt, dass ich einmal für BILD arbeite, hätte ich laut gelacht. Bei uns zu Hause herrschte zeitweise sogar BILD-Verbot. Wenn mein Vater BILD gelesen hat, war meine Mutter sauer.

Hat er dann heimlich gelesen?

Nein. Er hat sie im Urlaub ab und zu mitgebracht. Zu einer normalen deutschen Sozialisation gehört wahrscheinlich, dass man mit 18 BILD erst einmal doof findet. Aber ganz ehrlich: ARD und ZDF finden viele in diesem Alter auch nicht gerade sexy. Ich bin davon überzeugt, dass sich das Image von BILD nicht zuletzt durch die neuen digitalen Medien ändert. Wir sind Online unangefochtener Marktführer, mit sehr vielen jungen Nutzern.

Sind Sie eigentlich ein guter Schreiber?
Früher hatte ich die Vorstellung, ein begnadeter Schreiber zu sein. Schreiben war mein ganzer Ehrgeiz. Ich habe sehr lange an meinen Texten gefeilt. Tatsache ist: In meiner Redaktion gibt es bessere und routiniertere Schreiber.

Hatten Sie schon einmal eine Schreibblockade?
Klar. Ehrlicherweise schreibe ich heute nur noch wenig, und das merke ich auch.

Wie viele Artikel schreiben Sie denn etwa pro Woche?
Ich schreibe vielleicht noch einen Artikel im Monat. Aber für das Schreiben werde ich auch nicht bezahlt. Das wäre so, als würde ein Klinikdirektor jeden Tag selbst operieren. Ich plane und gestalte sehr viel – und redigiere natürlich wichtige Texte selbst.

Was machen Sie dann, wenn Sie eine Schreibblockade haben?
Dann quäle ich mich: Anfangen, liegen lassen, noch mal anfangen. Es gibt da keine Tricks, es ist aber auch eine Frage des Trainings und der Routine.

Sie sagen, es gebe bessere Schreiber als Sie. Worin sind Sie denn am besten, worin sind Sie genial?
Ich bin nicht genial – überhaupt nicht! Als Chefredakteur von BILD muss man ein bisschen von allem sein. Sie müssen die Redaktion führen. Sie sind das Gesicht nach außen. Sie sind aber auch Zielscheibe für alle Angriffe, damit die Kollegen in der Redaktion in Ruhe arbeiten können. Und natürlich müssen Sie auch ein Gespür für Themen haben.

Wie stellen Sie sich denn visuell Ihren Durchschnittsleser vor, wenn Sie die Themen auswählen?
Ich halte nichts davon, mir einen imaginären Leser vorzustellen. Ich denke, dass das, was uns Journalisten unter den Nägeln brennt, auch das ist, was die Menschen interessiert. Ich trenne mein Leben nicht von der Wirklichkeit. Das, was uns passiert, das, was uns aufregt, muss auch in der Zeitung stattfinden.

Wann fand sich denn zuletzt ein Thema aus Ihrer Lebenswirklichkeit in der BILD wieder?
Heute. Die Geschichte auf Seite 4 über Pilze. Ich habe am Wochenende Pilze gesammelt und kam mit vier Kilo Maronen nach Hause. Ich war wirklich erstaunt, dass es im Juli schon Maronen gibt.

Als Axel Springer die BILD gegründet hat, sagte er, die Zeitung soll für die Leser sein wie eine Vanilleschnitte am frühen Morgen. Wie schmeckt BILD denn heute?
Ich hoffe, dass sie immer noch nach Vanilleschnitte schmeckt. Das Konzept des Verlegers war wirklich einzigartig.

Natürlich hat sich BILD immer wieder der Zeit angepasst. Manchmal muss mitunter mehr Vollkorn in die Schnitte. Aber sie sollte immer noch nach Vanille schmecken.

Wonach schmeckt die linksalternative taz, mit der Sie sich regelmäßig Rechtsstreitigkeiten liefern und aus Spaß sogar Teilhaber wurden?
Nach Vollkornknäcke mit einer wunderbaren Konfitüre.

Warum?
Das ist mein Frühstück. Und in der taz ist viel Vollkorn – und viel Originalität. In Deutschland gibt es zwei Boulevardzeitungen: eine große und eine kleine. Die große ist bekannt, die kleine ist die taz.
Als wir den Titel »Wir sind Papst« gemacht haben, war die Schlagzeile in der taz: »Oh Gott«. Und als wir zur Wahl von Angela Merkel »Miss Germany« getitelt haben, hatte die taz die Schlagzeile: »Es ist ein Mädchen«. Ich bin ja nicht nur zum Spaß Teilhaber in der taz-Genossenschaft geworden. Ich habe gerade sogar meine Anteile aufgestockt.

Sie haben in einem Interview einmal erzählt, Sie seien ein Kontrollfreak. Selbst als Ihre Frau im Kreißsaal lag, haben Sie sich noch per Telefon über die Schlagzeilen informieren lassen. Haben Sie manchmal das Gefühl, dass Sie Ihr Privatleben zu stark dem Job unterordnen?
Nein. Das ist mit den modernen technischen Möglichkeiten auch gar nicht nötig. Ich telefoniere mindestens einmal am Tag mit der Redaktion, auch wenn ich Urlaub habe. Es ist wichtig, dass ich immer im Thema bin. Es kann nicht sein, dass der BILD-Chef zu einer Schlagzeile sagt: »Ich war im Urlaub und wusste von nichts.« Ich habe auch gar kein Problem damit, im Urlaub morgens zu telefonieren, um zu hören, ob alles in Ordnung ist und mich nachmittags noch einmal schlauzumachen, was die Schlagzeile wird. Darüber hinaus habe ich alle Informationen auch auf dem Handy und dem iPad – ich kann mir also jederzeit den aktuellen Stand der Zeitung ansehen, wenn ich das will.

Wie viel Stunden arbeiten Sie pro Tag?
Gar nicht. Das ist ja das Tolle: Ich verdiene mit meinem Hobby Geld.

Wo können Sie am besten abschalten?
Zu Hause im Garten.

Was machen Sie dann?
Über den See schauen.

Sie haben auch einmal gesagt, dass das öffentliche Bild, das von einem gezeichnet wird, nichts mit der wahren Person zu tun hat. Was ist denn der größte Unterschied zwischen dem öffentlichen Kai Diekmann und dem »wahren« Kai Diekmann?

Meine berufliche Tätigkeit für BILD ist eine Facette meines Lebens. Es gibt noch viele andere.

Wann machen Sie Feierabend?
Das ist sehr unterschiedlich.

Achten Sie darauf, am Wochenende nicht zu arbeiten?
Wenn es irgendwie geht, ja. Leider klappt es nicht immer.

Was haben Sie heute Morgen gedacht, als Sie in den Spiegel geschaut haben?
Du musst dich rasieren.

Der junge Nicolas Sarkozy ist einmal gefragt worden, ob er morgens beim Rasieren daran denkt, Präsident werden zu wollen. Da hat er gesagt: nicht nur beim Rasieren.
Heute Morgen dachte ich: Mist, du warst mal wieder faul und bist nicht schwimmen gegangen ... Aber es war auch spät gestern Abend.

Denken Sie manchmal auch: »Wow, was ich alles schon geschafft habe!?«
Nein, nie.

Sollte man als BILD-Chef also demütig sein?
Als Chefredakteur von Deutschlands meistgelesener Tageszeitung habe ich eine Aufgabe, der ich mit viel Respekt begegne. Man muss vor einer solchen Aufgabe keine Angst haben, aber Demut und Respekt.

Auf dem Weg hierher haben wir zufällig ein Interview mit einem Friseur gelesen, der drei Theorien aufgestellt hat, warum Menschen ihre Haare mit Gel nach hinten legen. Sie sind eine der bekanntesten Gelfrisuren Deutschlands. Wollen Sie ... a) demonstrieren, dass Sie nichts zu verbergen haben und mit offenem Blick durchs Leben gehen, b) windschnittig unterwegs sein oder c) morgens vor dem Spiegel Zeit sparen?
Werfen Sie mal einen Blick auf das Foto hier. (Diekmann holt noch einmal das Foto von sich als Schülerzeitungsredakteur mit Helmut Kohl hervor.) Das ist die Antwort: Ich habe schlimmere Locken als Paul Breitner. Deshalb habe ich nur die Möglichkeit, sie brutal zu bändigen oder einen Zopf zu tragen.

Wie viel Liter Gel verbrauchen Sie denn pro Jahr?
Ich benutze Schaum.

Welche Marke?
Eine, die es schafft, meine Haare zu bändigen.

Diekmanns Eitelkeit könnte durchaus enorm sein. Schließlich ziert eine riesige Skulptur von ihm die Fassade des Redaktionsgebäudes der taz, zu der Diekmann eine Art Hassliebe pflegt. Und damit nicht genug: Die Skulptur stellt Diekmann mit einer sechsmeterlangen Erektion dar. Aber natürlich ist diese Huldigung Diekmanns vergiftet. Vorausgegangen war dem Relief des Künstlers Paul Lenk ein Rechtsstreit zwischen Diekmann und der taz. Ein Kolumnist der taz hatte behauptet, Diekmann habe sich einer Penisverlängerung unterzogen. Der BILD-Chef klagte dagegen, die taz musste den Artikel aus dem Archiv nehmen, aber kein Schmerzensgeld zahlen. Mit dem Relief unter dem Titel »Friede sei mit Dir« trieb die taz den Penisstreit auf die Spitze.

Was haben Sie gedacht, als Sie das »Kunstwerk« zum ersten Mal gesehen haben?
Ich fand es ausgesprochen originell.

Ihr Job macht Ihnen offensichtlich in jeder Hinsicht Freude. Der Politiker Franz Müntefering hat einmal gesagt, der einzige Job, der schöner ist als der des SPD-Vorsitzenden, ist Papst. Welcher Job ist denn noch schöner als der des BILD-Chef-redakteurs?
Keiner.

Welche Schlagzeile würden Sie gerne über sich lesen, wenn Sie einmal das Zeitliche segnen?
250 Jahre. So alt wurde vor ihm kein Deutscher.

Was macht eine gute BILD-Schlagzeile aus?
Kai Diekmann antwortet in dieser Videobotschaft:
(Jetzt mit dem Smartphone öffnen, z. B. mit der kostenlosen App »Scanlife«.)

Der Popjournalist

»Es hilft, kein Arschloch zu sein«

MICHAEL EBERT

Chefredakteur, NEON

Wie verhalte ich mich nach einem One-Night-Stand schlau? Hält Deine Liebe für immer? Soll ich nett zu meinen Eltern sein? Rund 1,1 Millionen Leser zwischen 20 und 35 Jahren stellen sich jeden Monat diese und andere existenzielle Fragen – und finden die Antworten im Magazin von Michael Ebert: NEON versteht sich als das junge Unisex-Magazin für Menschen, die erwachsen geworden sind, sich dafür aber eigentlich noch zu jung fühlen. Als Gründer und Chefredakteur ist Michael Ebert (er wurde vom Medium-Magazin als »Journalist des Jahres« ausgezeichnet) eine Art Großmeister des Befindlichkeitsjournalismus.

Welche Charaktereigenschaften braucht man, um für NEON schreiben zu können?
Es hilft schon, kein Arschloch zu sein.

Wie definieren Sie denn »Arschloch«?
Ein Arschloch ist ein Egoist, der bereit ist, Nachteile für andere in Kauf zu nehmen, um eigene Vorteile zu erreichen.

Das ist schon mal eine gute Grundvoraussetzung. Welche Wesenszüge sollte man sonst noch mitbringen?
Man muss teamfähig sein. Wir entwickeln bei NEON viele Ideen gemeinsam und arbeiten zusammen an einzelnen Geschichten. Alle Redakteure sind für alle Ressorts zuständig. Es gibt nicht einen Kulturredakteur, einen für Politik- und einen für Jobthemen. In Themenkonferenzen schlagen alle Mitarbeiter Geschichten für alle Ressorts vor. Ein spannendes Modell, das die Arbeit für alle abwechslungsreicher macht. Und das aber nur dann funktioniert, wenn sich auch alle für alles mitverantwortlich fühlen. Also, erste Bedingung: kein Arsch. Zweite Bedingung: teamfähig zu sein. Weitergehend ist mir der Charakter der Mitarbeiter ziemlich schnuppe. Da kann einer ruhig ernster sein und der andere lustiger.

Welche Fähigkeiten braucht man als NEON-Redakteur, die man vielleicht beim SPIEGEL oder FOCUS nicht so braucht?
Man muss generalistisch denken können und in der Lage sein, immer das ganze Heft zu sehen. Beim SPIEGEL gibt es klare Ressortzuteilungen. Wer im Kulturressort für Kleinkunst oder Oper zuständig ist, beackert da eben seine Fachgebiete. Im Politikressort berichten Redakteure ausschließlich über die Geschehnisse in einer bestimmten Partei oder reisen ständig mit demselben Minister durch die Welt. Das führt zu großem Expertenwissen und macht die Qualität des SPIEGELs ja auch aus. Bei NEON muss man dagegen als Redakteur in der Lage sein, sowohl eine große Afrika-Gesellschaftsreportage zu betreuen als auch über eine Hip-Hop-Band im Kulturteil zu schreiben oder eine Titelgeschichte über Partnerschaft spannend zu entwickeln.

> *Es hilft schon, kein Arsch zu sein.*

Muss man auch mehr Einfühlungsvermögen haben als bei »konventionellen« Magazinen?
Nein. Wer als Journalist seinen Job gut machen will, braucht die Fähigkeit, auf Menschen zuzugehen und einzugehen. Aber man muss bei NEON nicht noch netter oder noch zugewandter sein als etwa die Redakteure der Brigitte oder des SPIEGELs.

Was unterschätzen junge Leute am meisten, die hier als Praktikanten ankommen?
Dass sie ein Handwerk beherrschen müssen. Es hilft nichts, gute Ideen zu haben, wenn man nicht in der Lage ist, sie lesbar aufzuschreiben.

Wie wird man Praktikant bei NEON?

Man bewirbt sich mit einer formalen Mappe inklusive Lebenslauf und Leseproben – also mit Artikeln, die man anderswo bereits veröffentlicht hat. Jeder Bewerber soll zudem zehn Ideen für Geschichten beifügen, die er entweder gerne in NEON lesen oder für NEON schreiben möchte. Dafür reichen uns Überschrift und Vorspann. Diese zehn Ideen sind für uns das aussagekräftigste Element der Bewerbung, wichtiger als der Lebenslauf. Da kann auch im Lebenslauf stehen, dass ein Bewerber Abitur gemacht und danach bei Hertie als Reinigungskraft gearbeitet hat. Sind die zehn Themenvorschläge brillant, schlägt das jeden Journalistenschüler. Kommt allerdings sehr selten vor.

Haben Sie auch Schülerpraktikanten?

Nein. Die Mindestdauer für ein Praktikum beträgt drei Monate, das macht für einen Monatstitel wie NEON auch Sinn: Praktikanten erleben so den kompletten Entwicklungszyklus wenigstens einer Ausgabe mit. Diese Mindestdauer macht Schülerpraktika allerdings unmöglich.

Wie viele Bewerber gibt es pro Praktikumsplatz?

Wir haben vier Praktikanten pro Jahr. Für diese vier Plätze gibt es mehrere Hundert Bewerber.

Was muss man als Praktikant tun, um danach von Ihnen angeheuert zu werden?

Ich finde Mitarbeiter toll, die uns das Gefühl geben, dass sie wirklich unbedingt zu NEON wollen. Uns allen macht es natürlich viel mehr Spaß mit Praktikanten und Autoren zu arbeiten, die mit Begeisterung für NEON bei der Sache sind. Eine Besonderheit, die total nervt, die wir aber relativ häufig erleben: Praktikanten verstecken eine normale Unsicherheit hinter einer eigenartigen Coolness-Attitüde. Keine Ahnung warum. Möglicherweise wollen sie sich weniger angreifbar machen. Aber es hat bei mir und vermutlich auch bei den meisten anderen Chefredakteuren immer positive Wirkung, wenn man glaubhaft vermittelt, dass man wirklich ganz dringend für einen bestimmten Titel arbeiten will. Im besten Fall ist das natürlich ein aufrichtiges Gefühl.

Ist im Zweifel also der Wille wichtiger als die Kompetenz?

Beides zählt.

Wenn Sie viele Bewerber mit gleicher Kompetenz haben, ist am Ende der Wille ausschlaggebend?

Ja klar.

Wie finden Sie Ihre Redakteure? Lesen Sie gezielt bestimmte Magazine oder Zeitungen und halten nach Talenten Ausschau?

Beides passiert. Wir lesen zum Beispiel Texte von Lars Gaede in ZEIT Campus und denken: Der trifft ziemlich gut den Ton einer Geschichte. Dann sieht man sich vielleicht mal zu einem Kaffee. Im Fall von Lars war zum Glück für uns relativ rasch klar, dass er gut zu NEON passen würde und dass er auch Lust hatte, nach München zu kommen. Redakteure werden aber auch regelmäßig freie Mitarbeiter, die schon viel für NEON geschrieben haben.

Haben Sie schon einmal jemanden eingestellt, den Sie auf Ihrem Onlineportal NEON.de entdeckt haben, jemanden, der eigentlich kein Journalist ist, sondern sich nur aus Spaß als Autor auf der Seite austobt?
Nein. Da sind wir wieder beim Handwerk. Es reicht eben nicht, gut schreiben zu können. Das können viele auf NEON.de. Als NEON-Redakteur muss man journalistisch ausgebildet sein.

Legen Sie bei Bewerbern Wert auf ein gutes Abitur?
Nein.

Spielt das Studium eine Rolle?
Mir ist eine journalistische Ausbildung wichtig. Wir haben auch schon Leute eingestellt, die noch nicht studiert hatten, dafür aber eine der führenden Journalistenschulen besucht hatten. Ein abgeschlossenes Studium schadet bestimmt nicht, aber keines vorweisen zu können, ist kein Ausschlusskriterium.

Dafür, dass NEON vielen als coolstes Magazin Deutschlands gilt, wirkt das Hauptquartier überraschend uncool. Die Redaktion hat ihren Sitz nicht im Zentrum von München inmitten von hippen Cafés, sondern im Osten der Stadt gegenüber einem Discount-Supermarkt. Die Redaktionsräume entsprechen nicht gerade unserer Vorstellung einer Kreativschmiede. Die schmucklosen Büros wirken eher wie bei einer Versicherung. Auch das relativ kleine Zimmer des Chefredakteurs ist puristisch gehalten. Die hellblau gestrichene Wand ist kahl, an einer Pinnwand hängen Entwürfe von NEON-Titelseiten. Auf dem Boden steht ein großformatiges Foto des Fußballers Zinedine Zidane. Auf dem gut aufgeräumten Schreibtisch hat Ebert neben einer To-do-Liste für den Tag und einigen Zeitungen nur eine Packung Bonbons liegen. Wenn man aus der Anmutung der Redaktionsräume etwas ableiten kann, dann vielleicht das: Hier geht es nicht um Show, sondern um Substanz.

Wie kommen Sie auf Ihre Themen?
Wir halten ein- bis zweimal im Monat Themenkonferenzen, in der Textredakteure Geschichten vorstellen. Die haben sie entweder selbst recherchiert oder sie wurden Ihnen von freien Autoren vorgeschlagen. Inspiration bietet auch das Geschehen auf NEON.de. Tatsächlich ist der Austausch mit der Zielgruppe ein wichtiges Mittel, um auf aktuelle Themen zu kommen.

Spielt bei diesem Prozess auch Facebook eine Rolle?
Facebook ist neben NEON.de der wichtigste Kanal für die Kommunikation mit Leserinnen und Lesern.

Gibt es einen eigenen Redakteur, der nur die NEON-Präsenz auf Facebook betreut?
Ja, wir haben eine Social-Media-Stelle geschaffen, als uns klar wurde, wie viel Traffic über Facebook zu NEON.de kommt. NEON ist mit rund 150.000 Fans auf Facebook eine sehr große Gemeinde. Dann haben wir noch eine Facebook-Seite zu unserer Rubrik »Unnützes Wissen«, die inzwischen über 400.000 Fans zählt. Das ist eine große Zahl von Fans, die zu Recht gut betreut werden will.

Von der virtuellen Welt zurück ins echte Leben. Schicken Sie Ihre Autoren auch in spezielle Cafés, um zu sehen, über was sich die Zielgruppe unterhält?
Künstliche Zielgruppenforschung ist zum Glück nicht nötig. Die Redaktion entspricht der Leserschaft. Der jüngste Redakteur ist gerade 26 geworden, der älteste ist Mitte 30. Dieser Rahmen bildet ziemlich genau die Zielgruppe ab. NEON-Redakteure sind Profi genug, um aus ihren Interessen, Beobachtungen und Kontakten zu anderen Menschen spannende Themen für das Heft zu generieren.

Laden Sie auch Leser in die Redaktion ein, um herauszufinden, wie Ihre Zielgruppe »tickt«?
Demnächst kommt eine Leserin zur Blattkritik, die uns schon öfter tolle Sachen geschrieben hat, und die wir neulich im Rahmen einer Marktforschung kennengelernt haben. Die soll jetzt mal der Redaktion erzählen, wie sie das Magazin findet. Aber wir haben wirklich kein Problem damit, Kontakt zur Zielgruppe herzustellen. Deshalb müssen wir auch keine Zwangsbegegnungsstellen schaffen.

Haben Sie das Gefühl, dass NEON Trends eher dokumentiert oder setzt?
NEON will kein Trendsetter-Magazin sein. Wir halten uns auch nicht für besonders cool. Wir sind ein Mainstream-Titel: Zurzeit wird jede Ausgabe von etwa 1,1 Millionen Menschen gelesen. Da wäre der Anspruch verfehlt, stets bei allem der Erste sein zu wollen. Wir schreiben über die Dinge, die in der Mitte der Gesellschaft relevant sind, wir nennen das »emotionale Aktualität«. Ein Beispiel: Wären jetzt Jeans, die man verkehrt herum trägt, das ganz heiße Ding auf der New York Fashion

---

ABI-NOTE? 1,4, glaube ich.
WOMIT HABEN SIE IHR ERSTES GELD VERDIENT?
Zeitungen austragen.
WAS IST IHRE GRÖSSTE STÄRKE, GRÖSSTE SCHWÄCHE UND GRÖSSTE ANGST? Meine größte Angst: dass meiner Familie etwas zustößt. Meine größte Stärke: Ich weiß, was ich nicht kann. Meine größte Schwäche ist meine Ungeduld.
ÜBER WAS HABEN SIE IHREN ERSTEN ARTIKEL GESCHRIEBEN?
Über ein Spiel meiner eigenen Basketballmannschaft.
IHR WICHTIGSTER TIPP FÜR DEN EINSTIEG IN DEN JOURNALISMUS?
Praktische Erfahrungen sammeln. Schreiben. So schreiben, dass es veröffentlicht wird. Davon so viel wie möglich.

Week, dann gibt es Magazine, die den Anspruch an sich haben, diesen Trend als erste abzubilden. Deren Modestrecken werden also voll mit Models sein, die ihre Jeans verkehrt herum tragen. NEON würde sich mit dem Trend der verkehrt herum getragenen Jeans auseinandersetzen, wenn es sie bei H&M zu kaufen gibt.

Wie genau stellen Sie sich den typischen NEON-Leser vor, wenn Sie über Themen nachdenken?
Wir haben durch Marktforschungsergebnisse ein ziemlich klares Bild, wer dieser »typische Leser« ist: 30 Jahre alt, Frau oder Mann – weil NEON tatsächlich zu gleichen Teilen von Frauen und Männern gelesen wird. Dieser Leser arbeitet schon, steht aber noch am Beginn seiner beruflichen Karriere. Er hat in der Regel studiert. Kommt aus einem relativ intakten familiären Umfeld und hat ausreichend Geld zur Verfügung. Er lebt in einer größeren deutschen Stadt.

Ebert selbst trägt einen Fünf-Tage-Bart, Designer-Brille und ein weißes Hemd über der Jeans. Er sieht etwas älter aus als sein Durchschnittsleser und könnte als Juniorprofessor für Philosophie durchgehen.

Was wissen Sie über das Lebensgefühl Ihrer Leser?
Es sind kritische Geister, denen man nicht jeden Schmarrn vorsetzen kann. Leute, die ziemlich genau wissen, was sie vom Leben erwarten – die aber auch wissen, dass mit jeder Entscheidung, die sie treffen, eine Option verloren geht. Sie teilen die Gewissheit, dass die Freiheit, tun und lassen zu können, was man will, unbeschränkte Möglichkeiten vor sich zu haben, nach und nach verloren geht – je älter man wird und je mehr man einen bestimmten Lebensweg einschlägt. Wer sich fürs BWL-Studium entscheidet, wird Schwierigkeiten haben, später noch Architektur zu studieren oder eine Bäckerlehre zu beginnen. Der Satz »Eigentlich sollten wir erwachsen werden« beschreibt die Grundphilosophie von NEON. Es ist ein Magazin für Menschen, die mit der Gewissheit umgehen können, dass Entscheidungen nötig sind, aber auch Folgen haben. Das ist das Lebensgefühl, um das sich NEON dreht.

> **»Eigentlich sollten wir erwachsen werden«** beschreibt die Grundphilosophie von NEON.

Es gibt Kritiker von NEON die sagen, Sie würden eine Generation, die ohnehin wenig entscheidungsfreudig ist, in ihrer Orientierungslosigkeit noch bestärken. Können Sie diesen Vorwurf nachvollziehen?
Nein. Ich glaube, unsere Leser sind sich ihrer jeweiligen Lebenssituation durchaus bewusst. Und diese Kritiker sind meistens Menschen, die aus der Vogel- oder Rentnerperspektive auf eine ganze Generation blicken und pauschal urteilen. Das Leben ist für junge Erwachsene in vielen Bereichen sehr viel komplizierter geworden, als es das 1960 war. Damit setzt sich die Generation der 20- bis 35-Jährigen in

Deutschland, finde ich, ganz gut auseinander. Die Ansprüche, die an diese Generation gestellt werden, sind ja auch krass.

Welche Ansprüche sind das?
Na, man soll zum Beispiel beruflich immer mobil sein, um die wenigen freien Stellen auf dem Arbeitsmarkt antreten zu können – aber gleichzeitig auch schnell Kinder kriegen, für die es dann nicht genügend Betreuungsplätze gibt. Man soll in Rekordzeit zur Schule gehen, durchs Studium hetzen, im Ausland gewesen sein und Berufserfahrung in ausreichend vielen Praktika gesammelt haben – aber natürlich soll man deshalb nicht zu dem Karrieristen verkommen, zu dem die Gesellschaft einen mit ihren Erwartungen erzieht. Die Widersprüchlichkeit der Ansprüche macht es gar nicht so einfach, erwachsen zu werden und seinen Weg zu finden.
Gleichzeitig macht es aber natürlich total Spaß, als junger Mensch in dieser Zeit zu leben, weil die Möglichkeiten so zahlreich sind. Man kann alles machen, wenn man es wirklich will. Aber zu wenige von uns nehmen sich die Zeit und die Freiheit, diese Möglichkeiten auch zu nutzen und vielleicht Dinge auszuprobieren, um sie dann auch wieder sein zu lassen.

Wie finden Sie eigentlich die Fakten für Ihre Rubrik »Unnützes Wissen«?
Alle Redakteure sammeln. Das ist harte Arbeit! Alle Fakten werden auf ihre Richtigkeit geprüft.
Redakteurin Annabel Dillig hält die Rubrik zusammen. Sie schreibt nötigenfalls Mails an alle, dass ihr noch fünf oder acht oder zehn Punkte fehlen. Und dann kriegt sie die auch. Ich war neulich im Urlaub in Spanien, lief durch den Supermarkt und sah in der Waschmittelabteilung »Meister Proper«. Der heißt in Spanien allerdings »Don Limpio«. Genau so finden wir Unnützes Wissen.

Ihre Titelthemen sind meistens Befindlichkeits- oder Entscheidungsthemen. Bitte beantworten Sie die folgenden Fragen, die Sie auf den letzten Titeln aufgeworfen haben, einmal selbst und mit maximal einem Satz.
Wie gut können Sie verlieren?
Ein unfaires Spiel, weil hinter unseren Titelgeschichten ja immer ein langer Text steht, der mehr als eine kurze Antwort bietet. Aber gut. Ich spiele mit: Je älter ich werde, desto besser kann ich verlieren.

Guter Job oder große Liebe?
Große Liebe.

Was würden Sie für eine bessere Gesellschaft tun?
Es hilft schon, kein Arsch zu sein.

Darf ich mit meinem Chef schlafen?
Ich weiß nicht, ob es schlau ist. Aber wieso sollte es verboten sein?

Was ist guter Sex?
Das soll jedes Paar selbst für sich herausfinden.

Warum ist Sex so ein großes Thema bei Ihnen?
Weil es ein großes Thema bei unseren Lesern ist.

Sind die auch sexuell aktiver als beispielsweise die Leser vom SPIEGEL?
Keine Ahnung.

Von Ihren Lesern wieder zurück zu Ihnen. Wann haben Sie herausgefunden, dass Sie Journalist werden wollen?
Mit 15.

Gab es da einen konkreten Moment, einen Auslöser?
Viel profaner. Es war eine grundsätzliche Eitelkeit, die viele Journalisten treibt, auch mich. Und aus der entstand der Dienstleistungsgedanke, Dinge verstehen zu wollen und anderen mitzuteilen. Deshalb bin ich bei der Lokalredaktion der »Schwäbischen Zeitung« vorbei gegangen und habe gefragt, ob ich einen Artikel schreiben dürfe.

Zu welchem Thema haben Sie Ihren ersten Artikel veröffentlicht?
Über ein Basketballspiel. Ich habe selbst gespielt und fand es unfair, dass über unsere tollen Ergebnisse nie etwas in der Zeitung stand. Und es wurde tatsächlich gedruckt.

Sie haben über Ihre eigene Mannschaft geschrieben? Mit journalistischer Objektivität hatte das ja nicht viel zu tun ...
Stimmt. Aber ich fand es trotzdem toll. Und noch toller, auf meinen Text Reaktionen zu kriegen. Das hat meine Eitelkeit zutiefst befriedigt. Mein journalistisches Urerlebnis.

Das heißt, viele Journalisten wollen auch selber ein bisschen im Mittelpunkt stehen?
Das war der Antrieb eines 15-Jährigen! Aber werden Sie jetzt bitte nicht tiefenpsychologisch. Heute ist Eitelkeit bestimmt noch immer ein Faktor, aber nicht der einzige Antrieb, jedenfalls nicht bei mir. Der Beruf ist wahnsinnig spannend und abwechslungsreich. Als Chefredakteur zum Beispiel schreibe ich ja kaum noch, sondern verwalte, diskutiere und organisiere viel.

Wie oft schreiben Sie denn heute noch?
Leider sehr selten. Mit dem Kollegen Sven Michaelsen habe ich vor einigen Monaten ein Interview mit dem Schriftsteller Martin Walser geführt. Eigentlich versuche ich das Schreiben inzwischen sogar zu vermeiden, weil ich die nötige Ruhe dafür kaum noch habe. Und ohne die nötige Ruhe kann ein Text auch nicht rich-

tig gut werden. Ich habe jahrelang damit gehadert, so wenig zu schreiben. Und vorerst meinen Frieden damit gemacht.

Sie haben ja ein Volontariat bei der Schwäbischen Zeitung absolviert. Lernt man heute immer noch das Handwerk am besten bei einer Lokal- oder Regionalzeitung?
Für mich war's das Richtige. Aber mein Volontariat ist auch schon mehr als 15 Jahre her. Es war damals eine tolle Chance und eine großartige Ausbildung. Zur Qualität der Volontärsausbildung heute kann ich wenig sagen. Zu NEON kommen vor allem sehr gut ausgebildete Leute von den großen Journalistenschulen.

> *Lernen kann man immer, auch mit einem Text über die Hauptversammlung eines Geflügelzuchtvereins.*

Welche der Journalistenschulen finden Sie am besten?
Die Deutsche Journalistenschule in München und die Henri-Nannen-Schule in Hamburg nehmen sich nichts.

Sie selbst haben ja nach dem Volontariat noch ein Jurastudium begonnen. Warum?
Mein Ausbilder bei der Schwäbischen Zeitung hat mir ziemlich am Schluss meines Volontariats gesagt: »Du bist ein junger Kerl und talentiert, aber du musst dich besser strukturieren. Studier' Jura, nutze das Studium, um Ordnung in deiner Birne zu schaffen.« Ich fand das schlüssig und habe mich in München für Jura eingeschrieben. Nach fünf Semestern bot sich die Gelegenheit, Redakteur beim stern zu werden. Da habe ich das Studium natürlich abgebrochen.

Haben Sie schon mal bereut, nicht zu Ende studiert zu haben?
Ich habe eine Zeit lang damit kokettiert, dass ich es bereue. Aber meine Frau ist Juristin, ich habe hautnah miterlebt, was für eine Qual es ist, sich durch zwei Staatsexamina zu kämpfen. Nachdem ich nie als Jurist arbeiten wollte, fehlt mir der Abschluss nicht. Vielleicht hätte ein Staatsexamen noch mehr Ordnung in meiner Birne geschaffen. Aber andererseits hätte es vielleicht auch etwas kaputt gemacht. So oder so stellte sich die Frage damals nicht. Ein Redakteursjob beim stern ist ein Traumjob, den sagt man nicht ab, schon gar nicht als Berufseinsteiger.

Immerhin haben Sie jetzt einen Job, von dem Tausende Journalisten in Deutschland träumen. Was ist Ihr Erfolgsrezept?
Ich habe keines. Ich bin bestimmt ein guter Journalist. Aber ich hatte auch wahnsinnig viel Glück. Das Angebot vom stern zum Beispiel folgte nach einem Praktikum. Ich war zur richtigen Zeit am richtigen Ort.

Aber nur mit Glück hat es doch noch niemand zum Chefredakteur gebracht ...
Stimmt, man braucht auch die richtigen Kollegen. Nach zwei Jahren beim stern wechselte ich als Redaktionsleiter zu »jetzt«, dem Jugendmagazin der Süddeut-

schen Zeitung. Dort habe ich mit Timm Klotzek zusammengearbeitet, von dem ich viel lernen konnte. Ein Jahr nach meinem Wechsel wurde »jetzt« leider eingestellt. Ich war arbeitslos.

Noch immer sitzt der Schock über die Einstellung von »jetzt« tief bei Michael Ebert. Als er uns durch die Redaktionsräume von NEON führt und wir diese als »heilige Hallen« bezeichnen, verbittet er sich diesen Ausdruck. Jede Art von Überheblichkeit will er vermeiden. Denn bei »jetzt« hat Ebert erlebt, dass auch zahlreiche journalistische Auszeichnungen ein Magazin nicht retten können, wenn die Zahlen nicht stimmen. Damals musste er seinen Redakteuren in die Augen sehen und ihnen sagen, dass alle ihren Job los sind. Er habe sich geschworen, dass ihm das nicht noch einmal passiert, verrät uns Ebert.

Wie haben Sie den Rückschlag mit »jetzt« überwunden?

Überwunden? So recht bis heute nicht. Sehr schade, dass es dieses tolle Magazin nicht mehr gibt. Aber Timm und ich bekamen einen Anruf von der stern-Chefredaktion: »Denkt euch etwas Neues aus«. Dass wir dann auf NEON kamen, war eine Gemeinschaftsleistung mit anderen tollen Journalisten.

»Denkt euch eine Zeitschrift aus« – das klingt nach einem lustigen Brainstorming, aber wie genau sind Sie das angegangen?

Zuerst haben wir ziemlich nüchtern und strukturiert nach einer Marktlücke gesucht. Irgendwann war klar: Es fehlt ein Heft für junge Frauen und Männer, die ernsthaften und glaubwürdigen Journalismus wollen. Und dann haben wir das Magazin gemacht, das wir selbst gerne lesen wollten.

Es gab keine konkreten Vorgaben?

Die Ansage war klar: »Macht etwas Neues, das sich am Kiosk verkaufen kann. Da habt ihr ein Büro, sechs Computer und ein halbes Jahr Zeit. Meldet euch in zwei Monaten mit einem Konzept ... oder wenn ihr zwischendurch Hilfe braucht.«

Kann man auch als Nachwuchsjournalist auf diesem Weg ein eigenes Konzept umsetzen?

Strukturiert nach einer Marktlücke zu suchen auf diesem ohnehin schon sehr dichten Markt – das kann ich jedem empfehlen. Und dann rate ich, ein Konzept zu schreiben. Dann entweder die harte Tour und selbst vermarkten, veröffentlichen und vertreiben – oder mit dem Konzept zu einem seriösen Verlag zu gehen. Für uns war die Zusammenarbeit mit Gruner + Jahr genau das Richtige.

Noch einmal zurück zu Ihrem persönlichen Erfolgsrezept?

Ich mag meinen Beruf sehr gern.

Haben Sie auch manchmal Motivationstiefs?

Dafür macht der Job zu viel Spaß.

Können Sie ganz kurz Ihren typischen Arbeitstag beschreiben?
Ich komme um neun Uhr in die Redaktion und schreibe mir eine Liste mit Dingen, die zu tun sind. Ich lese, schreibe und beantworte E-Mails. Um zehn Uhr ist die erste Konferenzrunde mit den beiden Stellvertretern, um halb elf kommen die Textchefs hinzu und wir besprechen die aktuellen Produktionen. Dann folgen Wochengespräche. Jeder Redakteur kommt einmal in der Woche zu uns, das dauert manchmal drei Minuten, manchmal eine Stunde. Dann gibt es Besprechungen mit der Grafik. Anzeigentermine. Abstimmungen mit der Anzeigendisposition. Vertriebsgespräche. Online ist ein Dauerthema. Seiten müssen in Druck. Alles hat seine Zeit im Verlauf eines Monats.

> *Es macht auch total Spaß, als junger Mensch in dieser Zeit zu leben, weil die Möglichkeiten so zahlreich sind.*

Eine sehr beliebte Rubrik von NEON sind die »Ehrlichen Kontaktanzeigen«. Dort heißt es »Singles erzählen aufrichtig von ihren Macken – und erklären, warum es sich trotzdem lohnt, sie kennenzulernen«. Das möchten wir gerne ein bisschen abwandeln: Jetzt erzählt der NEON-Chefredakteur von seinen Macken und erklärt, warum es sich trotzdem lohnt, für ihn zu arbeiten ...
Ich kann nicht ...
... stundenlang zuhören. Still sitzen. Doofheit ertragen.

Ich bin immer ...
... ansprechbar.

Geht gar nicht:
Dauerhaft schlechte Laune, ohne zu sagen, warum. Arroganz. Intoleranz.

Ich werde grantig ...
... wenn das, was ich mir schon ausgemalt habe, nicht klappt.

Ich mag ...
... meine Frau, mein Kind, meinen Job.

Zum Abschalten ...
... spiele ich Fangen mit meiner Tochter.

Das sagen die Ex-Kollegen ...
... ein miserabler Mittelfeldspieler.

In einer NEON-Titelgeschichte steht, in den wirklich kreativen Büros regiere der Kommunismus. Trifft das auf NEON auch zu?
Die beste Idee gewinnt immer.

Bleiben wir mal im Bild der Regierungsform. Wie sind Sie hier denn organisiert?
Es ist keine Demokratie.

Eine Diktatur, wenn's drauf ankommt?
Am Ende muss einer verantwortlich entscheiden, was gemacht wird.

Als »sanften Diktator« hat sich einmal der ehemalige Chefredakteur der Süddeutschen Zeitung, Hans-Werner Kilz, bezeichnet. Würden Sie sich auch so sehen?
Herr Kilz hat ja fast immer recht.

Gilt für die NEON-Chefredaktion also »weiche Schale, harter Kern«?
Klingt wie ein Kalenderspruch.

Sie wirken ja relativ ruhig und gelassen. Müssen Sie manchmal auch richtig laut werden, um sich als Chef verständlich zu machen?
Nein.

Der Gemütszustand, in dem wir Sie jetzt erleben, ist also Ihr Dauermodus?
Die beste Versicherung gegen Magengeschwüre ist, offen und sachlich mit den Leuten zu reden.

Gibt es irgendjemanden, den Sie gerne einmal interviewen würden?
Ja, verrate ich aber nicht.

Ach, kommen Sie schon ...
Uma Thurman. Angela Merkel. Barack Obama. Prince William. Stephen King.

Mit Starinterviews sorgte NEON Anfang 2010 bundesweit für Aufsehen – denn es handelte sich um Fälschungen, die seit 2004 von dem ehemaligen Redakteur Ingo Mocek veröffentlicht worden waren. Es stellte sich heraus, dass dieser einige Interviews teilweise oder ganz erfunden hatte. Dabei ging es unter anderem um Interviews mit Beyoncé Knowles, Christina Aguilera, Snoop Dogg und Jay-Z. NEON beendete daraufhin die Zusammenarbeit mit Mocek.

> *NEON will kein Trendsetter-Magazin sein.*

Wie konnte dieser Interviewskandal passieren?
Indem ein Mitarbeiter uns vorsätzlich getäuscht hat.

Was kann man als Nachwuchsjournalist aus der Geschichte lernen?
Mach's nicht nach.

Hat der Redakteur, der die Interviews gefälscht hat, noch mal irgendwo einen Fuß auf den Boden gekriegt?
Er hat einen neuen Job, soweit ich weiß. Allerdings nicht mehr im Journalismus.

Wie erklären Sie sich sein Handeln? War das so eine Art PR-Gag? Oder hatte er finanzielle Not?
Er hat keinen finanziellen Vorteil aus seinem Betrug gezogen. Ich weiß es bis heute nicht.

War das für Sie eine große persönliche Enttäuschung?
Ja.

Hat Ihnen diese Täuschung schlaflose Nächte bereitet?
Ja.

Hat der Redakteur sich dafür entschuldigt?
Ja.

Gab es eine Begründung, warum er das getan hat?
Er hat versucht, sich zu erklären.

Gab es vielleicht einen internen Druck, der ihn dazu veranlasst hat?
Nein. Ein Beispiel: Gerade heute interviewen zwei unserer Redakteure Charlotte Roche. Möglich, dass ich gleich einen Anruf bekomme: »Charlotte Roche war nach den vielen Gesprächen zu ihrem neuen Buch leergequatscht. Die hat nix mehr gesagt.« Ärgerlich ... aber soll ich daraus den beiden Redakteuren einen Vorwurf machen? Quatsch. Dann müssen wir eben ohne das Interview zurechtkommen. Natürlich gibt es den Ehrgeiz, dass geplante Geschichten auch ins Heft kommen. Aber ich habe genug Prominenten-Interviews gemacht, um zu wissen, dass dabei eine Menge schiefgehen kann. Und dass es oft genug nicht an einem Reporter liegt, wenn ein Gespräch nicht rund läuft. Die Freiheit, ohne ein druckbares Interview von einem Termin zurückzukommen, gab es schon immer bei NEON.

Gibt es irgendetwas, was Sie für sich persönlich daraus gelernt haben?
Ich bin noch vorsichtiger und noch kritischer geworden. Auch etwas, das mich ärgert. Das wollte ich eigentlich nie werden.

Muss man als Chefredakteur ein Kontrollfreak sein?
Nein. Man braucht nur Kollegen, auf die man sich verlassen kann.

Wenn Sie jetzt noch mal 18 wären, was würden Sie nach dem Abi als nächsten Schritt tun, um Journalist zu werden?
Ich hätte schon seit mindestens zwei Jahren für die lokale Tageszeitung geschrieben. Ich würde studieren und dabei versuchen, möglichst viel praktische Erfahrung zu sammeln. Ich würde über alles schreiben, was sich bietet. Lernen kann man immer, auch mit einem Text über die Hauptversammlung eines Geflügelzuchtvereins.

Der Hauptstadtjournalist

»*Keine Angst vor großen Tieren!*«

HANS-ULRICH JÖRGES

Mitglied der Chefredaktion, stern

Außenminister Guido Westerwelle soll ihm im Vorbeigehen einmal leise »Arschloch« zugeraunt haben. Das zeigt einerseits, wie nah Hans-Ulrich Jörges dran ist an den Mächtigen des Landes. Und es zeigt andererseits, dass er ihnen trotzdem harte Kritik nicht erspart. Scharfsinnig, geistreich und bissig kommentiert er seit 10 Jahren für den stern in seiner wöchentlichen Kolumne »Zwischenruf« das politische Geschehen in Berlin. Nicht umsonst zählt ihn die britische Zeitung Financial Times zu den einflussreichsten Kommentatoren der Welt. Kaum jemand kann besser erklären, wie das Zusammenspiel zwischen Politikern und Journalisten in der Hauptstadt funktioniert als Hans-Ulrich Jörges.

Herr Jörges, könnten Sie für uns mal das Verhältnis von Journalisten und Politikern hier in Berlin auf die Tierwelt übertragen?

Vermutlich spielen Sie mit dieser Frage auf das Verhältnis von Jägern und Gejagten an. Besteht die Politik aus Zebras und Gnus und sind die Journalisten die Hyänen und Löwen? Falls das so gemeint ist: So ist das nicht. Wenn wir die Politik als eine grasende Tierherde betrachten, dann sind die Journalisten in mehreren Rollen zu beobachten. Meistens sind sie Vögel, die zum Teil im offenen Gebiss von Raubtieren sitzen und ihnen die Maden oder Fleischreste herauspicken. Die betroffenen Tiere, Flusspferde und Krokodile, lassen das gelegentlich zu, weil es ja der Säuberung des Gebisses dient. Es gibt andere »Journalisten-Tiere«, die leben in einer Lebensgemeinschaft mit den »Politiker-Tieren«, indem sie ihnen auf dem Buckel sitzen oder mit ihnen mitlaufen und ihnen gelegentlich die Würmer aus den Exkrementen picken. Und dann gibt es »Journalisten-Tiere«, die sich die Schwachen aus der »Politiker-Herde« herauspicken und über sie herfallen.

Und welche Spezies kann man in Berlin am häufigsten beobachten?

In der letzten Rolle sind die Journalisten hier in Berlin nicht zu beobachten. Es sind keine Jäger, die auf Beute aus sind, das kann man niemandem unterstellen.

> *Man sollte sich nicht durch die üblichen Parolen abschrecken lassen, dass es so viele Bewerber auf so wenig Jobs gebe.*

Aus meiner Sicht ist das Verhältnis zwischen Politikern und Hauptstadtjournalisten hier sogar ein Stück zu symbiotisch. Da gibt es zu viele Gemeinsamkeiten in der Perspektive, in der Wahrnehmung der Außenwelt, auch in der Gemeinsamkeit der Sprache. Das Denken ist zu ähnlich. Gottlob gibt es aber auch eine ganze Reihe von Ausnahmen, die darum kämpfen, dass sie die eigene Unabhängigkeit und den eigenen Blick bewahren. Es gibt hier also auch noch Journalisten, die sich von einem Meuteverhalten der Medien nicht mitreißen lassen. Insofern ist das Verhältnis zwischen Medien und Politik in Berlin schon in Ordnung, mit einer Rollenteilung und einer kritischen Beobachtung, allerdings mit einem leichten Überhang der symbiotisch miteinander verbundenen Tiere.

Sie sagen, dass Politiker und Journalisten zu viele Gemeinsamkeiten in der Perspektive hätten. Woran liegt das?

Da gibt es sicherlich zwei Ursachen. Zum einen gibt es Journalisten, die sich konstant einer politischen Richtung zuordnen lassen und damit auch keine Probleme haben. Die sehen die eigene Richtung relativ rosig und die andere relativ schwarz. Das ist ein Motiv. Es gibt noch ein anderes, dessen sich die Betroffenen oft nicht so im Klaren sind. Das ist der Automatismus des gleichen Denkens durch gleiche Lebensverhältnisse. Wenn man Berlin-Mitte, diesen einen Quadratkilometer Wahnsinn, noch nicht mal zum privaten Leben verlässt, weil man hier auch noch wohnt, dann besteht die Gefahr, den Blick von außen zu verlieren und zum Teil dieses politischen Betriebs zu werden.

Sind Sie selbst denn nicht auch längst ein Teil dieses politischen Betriebs? Immerhin kommen Politiker wie der ehemalige Außenminister Klaus Kinkel auch einfach mal auf einen Kaffee bei Ihnen im Büro vorbei oder man sah Sie beim 60. Geburtstag von Gregor Gysi ...
Kommen wir dafür noch mal auf das Bild aus der Tierwelt zurück: Ich verstehe mich nicht als jemand, der Beute jagt, sondern folge der Herde in einigem Abstand. Das ist ein privilegiertes Dasein. Dessen bin ich mir auch bewusst. Ich muss bestimmte Dinge nicht machen, die andere Kollegen machen müssen, um ihrer Arbeit nachzugehen. Beispielsweise bin ich nicht und war ich auch nie Mitglied in einem der politischen Hintergrundkreise. Diese Kreise gibt es parteipolitisch zugeordnet und auch parteiübergreifend und dort reden Journalisten mit Politikern jenseits der Öffentlichkeit vertraulich miteinander. Da habe ich mich nicht angeschlossen, weil mir das immer suspekt war. Ich brauche es aber auch nicht. Denn ich arbeite bei einem großen Blatt und kann in der Sondersituation, in der ich bin, Politiker unter vier Augen sehen, wenn ich es möchte. Oder wir laden Politiker ins stern-Büro ein. Ich gehe auch immer weniger zu Neujahrs- und Sommerempfängen von Parteien, weil mir das vom Ertrag her zu mager ist. Es bringt zu wenig. Ich folge der Herde mit Abstand, bewege mich aber immer wieder auch mittendrin. Das ist ein wechselndes Spiel, das mir aber so, wenn ich meine Rolle mit etwas Abstand sehe, gefällt. Da möchte ich mit keinem tauschen.

Gibt es Politiker, mit denen Sie richtig befreundet sind?
Nein, im Sinne von richtiger Freundschaft nicht. Es gibt Politiker, die mir sympathisch sind. Es gibt auch Politiker, die ich mal zum Essen treffe. Das sind dann aber berufliche Gelegenheiten. Ich glaube, der Besuch von Journalisten auf Geburtstagen oder Hochzeiten von Politikern kommt auch immer mehr aus der Mode. Es war früher mal sehr üblich, dass Journalisten, die sich grob politisch einer Richtung zugeordnet haben, Politiker auch geduzt haben und einen sehr persönlichen Umgang mit ihnen pflegten. In Bonn war das ja sehr verbreitet, in der Anfangszeit in Berlin vielleicht auch noch ein bisschen. Aber ich glaube, heute ist das längst nicht mehr so. Heute gibt es eine andere Journalistengeneration und auch eine andere Politikergeneration.

Als junger Journalist sollte man also eine zu große Nähe zu Politikern vermeiden, auch wenn man sich davon verspricht, exklusive Informationen zu gewinnen?
Erstens glaube ich, dass Politiker jetzt auch erkannt haben, dass es gefährlich ist, sich zu eng persönlich mit Journalisten einzulassen. Und Journalisten dürfen im Prinzip gar keine persönliche Nähe aufbauen, weil der enge freundschaftliche Umgang befangen macht und unter Umständen das verhindert, was ein Journalist tun muss: nämlich von heute auf morgen den Rücktritt eines Menschen zu fordern, den er eigentlich sympathisch findet.

Ein bekanntes Beispiel für das wechselvolle Verhältnis zwischen Macht und Medien ist die Beziehung des Bundespräsidenten Christian Wulff zur BILD-Zeitung und ihrem Chefredakteur Kai Diekmann. Einige Jahre berichtete die BILD durchaus positiv über Christian Wulff, der sich auch gerne privat mit seiner Frau fotografieren ließ. Ausgerechnet die BILD enthüllte 2011, dass Wulff einen besonders günstigen Immobilienkredit bekommen hatte. Um die Veröffentlichung zu verhindern, sprach Wulff auf die Mailbox von Kai Diekmann, es fielen offenbar sogar die Worte »Krieg führen«. BILD berichtete trotzdem. Im Zuge der Kreditaffäre geriet der Bundespräsident schwer in Bedrängnis, zeitweise forderte eine Mehrheit der Deutschen seinen Rücktritt.

Herr Jörges, wie erklären Sie sich die rasante Wende im Verhältnis zwischen Bundespräsident und BILD-Zeitung?
Die Darstellung in den Medien, dass Christian Wulff durchweg engen Umgang mit der BILD-Zeitung gehabt und die ihn plötzlich verstoßen habe, ist nicht zutreffend. In Hannover hatte Wulff engen Umgang mit BILD, in Berlin aber nicht mehr. Kann sein, dass das ein Teil seines Problems war. Wulff hat als Bundespräsident in den eineinhalb Jahren bis zum Beginn der Affäre nur zwei große Interviews gegeben, in der ZEIT und in der Süddeutschen Zeitung. Alle Medienkanäle, die ihm früher wichtig waren, hat er fahrlässig stillgelegt, war nicht mehr ansprechbar. Er hat also keine besondere Rolle mehr für die BILD-Zeitung und die BILD am Sonntag gespielt, für die anderen aber auch nicht. Für SPIEGEL, für FOCUS, für stern, für FAZ, für alle Großen, vom Fernsehen gar nicht zu reden. Er war nicht mehr zugänglich. Und es kann sein, dass die BILD-Zeitung ihm das besonders übel genommen hat.

Sie sagten vorhin, dass eine gewisse Gefahr bestehe, durch zu große Nähe zu Politikern die Objektivität zu verlieren. Andererseits braucht man diese Nähe doch auch, um exklusive Informationen zu gewinnen. Wie handhaben Sie das?
Ich habe das früher mal »embedded journalism« genannt, angelehnt an die eingebetteten Journalisten im Irakkrieg. Das war eine amerikanische Erfindung, Journalisten in Kampfeinheiten einzubetten, sie für die Berichterstattung bei Kampfhandlungen dabei zu haben. Im militärischen Bereich ist das übrigens sehr viel konfliktfreier verlaufen, als man vorher befürchtet hatte, weil die Journalisten dort unabhängiger waren und sich diese Unabhängigkeit auch erhalten haben. Der »embedded journalism« offenbart aber das klassische Problem des Journalismus: Wie kommt man mit Nähe und Distanz zurecht? Man braucht Nähe zu Politikern, man muss verstehen, wie sie denken, mit ihnen reden, und dennoch muss man Distanz halten, um nicht zum Teil ihrer Sache zu werden. Das ist keine neue Erkenntnis, das ist ein Grundproblem dieses Berufs und der eine bewältigt das gut und der andere schlecht. Ich habe früher mal, vielleicht etwas überheblich, gesagt: »Journalismus ist eine Charakterfrage.« Man muss sich früh entscheiden, ob man unabhängig sein will, und zwar in einer möglichst radikalen Form, oder ob man sich näher auf die Politik einlässt, indem man sich sogar einer politischen Rich-

tung anschließt. Wenn man sich entschlossen hat, sich kategorisch einer Richtung anzuschließen, ist der journalistische Auftrag, so wie ich ihn verstehe, nicht mehr zu erfüllen.

Hat Ihre Unabhängigkeit, Ihre Kritik an einem Politiker schon mal dazu geführt, dass der Sie mit dem Entzug von Nähe »bestraft« hat?
Gerhard Schröder hat als Bundeskanzler zwei Mal versucht, mich in meinem Beruf existenziell anzugreifen. Er hat einmal dem Vorstandschef meines Verlages gesagt, sie sollten mir »das Maul stopfen«, und beim zweiten Mal gefordert, sie sollten mich feuern. Als der Vorstandschef antwortete, dass dies in seinem Verlag nicht üblich sei, hat Schröder geantwortet: »Dann seid ihr euer Geld nicht wert.« Das habe ich gleich anschließend aus erster Hand erfahren, bei diesen Gesprächen stand ich ungefähr zehn Meter entfernt.

Was hatten Sie da geschrieben, das ihn so in Rage versetzt hat?
Ich habe ihn scharf kritisiert. Schröders Problem vor der Bundestagswahl 2005 war, dass er sich von den Medien ungerecht behandelt fühlte. Er fühlte sich insbesondere von Medien ungerecht behandelt, von denen er glaubte, sie müssten auf seiner Seite stehen. Das waren damals vor allen Dingen der SPIEGEL und der stern, und deshalb hat er deren scharfe Kritik auch besonders übel genommen.

Haben Sie sich denn später wieder »versöhnt«?
Ich bin Schröder später wieder begegnet, allerdings entsteht da nie wieder Nähe. Man gibt sich die Hand, sagt sich einen freundlichen Satz und das war's dann auch.

Worin äußerte sich diese Nähe, die vorher da gewesen war?
Ich war zum Beispiel, wie andere Journalisten auch, im Kanzleramt zu Hintergrundgesprächen eingeladen.

Gab es da auch Rotwein und Zigarren?
Na ja, wenn solche Hintergrundrunden stattfinden, ist das manchmal schon ein richtiges Dinner. Ich habe aber auch bei Interviews Situationen erlebt, wo Schröder tagsüber eine Flasche aufgemacht und sich eine Zigarre angesteckt hat. Bei den Runden im Kanzleramt gibt es aber im Regelfall Kaffee, Tee und Saft. Und Kekse. Allerdings gibt auch Angela Merkel gelegentlich mal ein Abendessen, bei dem ein Dutzend Leute um den Tisch herumsitzen. Da gibt es dann auch Rotwein, aber das ist eher selten.

Gab es noch andere Politiker, die Ihnen Kritik dauerhaft übel genommen haben?
In dieser extremen Form war Schröder eine Ausnahme, das war für mich eine Urerfahrung in diesem Beruf. Insgesamt gibt es nur ganz wenige Fälle, wo das Verhältnis dann dauerhaft kaputt ist. Die Politiker haben eigentlich, das muss man ihnen zugutehalten, ein ziemlich gutes Verständnis von Presse und nehmen einem Kritik nicht dauerhaft übel. Vielleicht spielt da auch Opportunismus eine

Rolle, dass sie sich insgeheim sagen: Den brauche ich ja doch noch mal wieder, der kann mal hilfreich sein. Jedenfalls kommen die meisten Politiker wohl zu dem Ergebnis, dass es fahrlässig wäre, einen Journalisten dauerhaft abzuhängen. Und schließlich gehört es ja auch zum Beruf des Politikers, dass er mit Kritik umzugehen lernt und eine gewisse Gelassenheit entwickelt.

Als Sie soeben über Kanzler Schröder sprachen, sagten Sie, dass er annahm, dass SPIEGEL und stern auf seiner Seite stünden. Heißt das, jedes Magazin und jede Zeitung lässt sich einer politischen Richtung zuordnen?
Früher war das so. Es gab ein rechtes und ein linksliberales Lager, die sich sozusagen als mediale Vertreter einer politischen Richtung verstanden. Das gibt es heute nicht mehr. Mit der deutschen Einheit hat sich der große ideologische Gegensatz aufgelöst, die Politik ist viel komplizierter geworden. Diese Lager von Medien, die sich gegenseitig bekriegt haben, gibt es so nicht mehr.

Ist der stern heutzutage also politisch völlig neutral?
Ich würde den stern, ein großes Wort, heute eher als werteorientiert bezeichnen. Früher war er richtungsorientiert, das ist er heute nicht mehr.

Und Sie persönlich, sind Sie richtungsorientiert?
Ich bin Wechselwähler.

Über das ganze politische Spektrum oder wechseln Sie nur auf einer Seite?
Nein nein, über das ganze Spektrum. Wenn man nur innerhalb eines Spektrums wechselt, ist man kein echter Wechselwähler.

Als die Sekretärin uns ins Büro von Hans-Ulrich Jörges führte, hatte er seinen Blick kaum von Bildschirm und Tastatur gelöst. »Setzen Sie sich bitte schon mal. Ich muss erst noch etwas fertig schreiben, sonst verliere ich den Gedanken«, nuschelte er herzlich und so gut es mit einer Pfeife im Mund möglich ist, in unsere Richtung. Weder von den Fluren des stern-Hauptstadtbüros noch draußen von den Straßen Berlins dringen Geräusche in sein Büro. In aller Ruhe können wir so dem konzentrierten Klappern von Jörges Tastatur lauschen und ihm beim seelenruhigen Schreiben der letzten Zeilen seines Zwischenrufs zusehen. Und wir haben die Gelegenheit, uns das Arbeitszimmer von Deutschlands bekanntestem Politik-Kolumnisten etwas genauer anzuschauen. »Am Anfang war das Wort ...« ist drei Mal, in großen Öl-Lettern geschrieben, auf einem Kunstwerk über Jörges' Kopf zu lesen. Mit diesem Satz beginnt das Johannesevangelium und spielt auf das Wort Gottes an, das durch Jesus zu den Menschen getragen werden sollte. Etwas weniger christlich ist das Wahlplakat der CDU-Bundestagsabgeordneten Vera Lengsfeld, das Jörges in einer Ecke aufgestellt hat. Darauf zeigt sich Lengsfeld im tief ausgeschnittenen Abendkleid direkt neben einem Foto der Bundeskanzlerin mit ebenfalls tiefem Dekolleté. Darunter steht der Slogan »Wir haben mehr zu bieten.« In der anderen Ecke steht ein lebensgroßer Merkel-Pappaufsteller, allerdings in züchtiger Kleidung. Merkels Vor-Vor-Vor-Vorgänger Willy Brandt ist mit einem handsignierten Foto in einem Regal vertreten. Vom Schreibtisch aus fällt der Blick durch die Panoramafenster im sechsten Stock hinüber zum Berliner Dom.

Wie viel Zeit verbringen Sie hier im Büro, wie viel Zeit sind Sie im Regierungsviertel und anderswo unterwegs, zum Beispiel auf Pressekonferenzen?
Auf Pressekonferenzen bin ich nur selten. Da gehen Journalisten übrigens immer weniger hin, denn was auf Pressekonferenzen präsentiert wird, sind nur Daten, Fakten, Wertungen und Sätze, die ohnehin über die Nachrichtenagenturen verbreitet werden. Für Journalisten sind Pressekonferenzen eigentlich nur interessant, wenn man einen Eindruck gewinnen will, wie der Politiker wirkt und wenn man den Agenturen nicht vertraut. Ich persönlich bewege mich zu einem Drittel hier in der Berliner Politik und zu einem Drittel außerhalb von Berlin, wenn ich zum Beispiel Vorträge halte und an Diskussionen teilnehme. Das dritte Drittel verbringe ich hier im Büro, schreibe oder beobachte, was ich so über mediale Kanäle, auch das Internet, mitkriege.

> *In Berlin gibt es vielfältige Möglichkeiten, direkt auf Politiker zuzugehen.*

Das Knüpfen und Pflegen von Kontakten gehört also zum journalistischen Handwerkszeug. BILD-Chefredakteur Kai Diekmann hat uns erzählt, dass er als junger Korrespondent in Bonn das Ziel hatte, jede Woche zehn Visitenkarten zu sammeln. Welchen Tipp geben Sie Nachwuchsjournalisten, die ein Netzwerk in die Politik aufbauen möchten?
Wenn es irgendwie möglich ist, sollte man zu den Politikern selbst gehen und sich nicht mit den Pressesprechern aufhalten. Die Pressesprecher haben, das ist jetzt kein Unwerturteil, im Vergleich zur Bonner Zeit dramatisch an Bedeutung verloren. Denn im Vergleich zu früher lassen die Politiker, Wirtschaftsbosse und Co. immer weniger ihre Pressesprecher für sich auftreten, sondern sind selbst medial unterwegs. Das ist eine Folge des Fernsehens, der Talkshows, der vielfachen Anfragen aus den Medien. Politiker gehen da gerne selbst hin, die Pressesprecher werden immer mehr zu Terminmachern degradiert. Sie müssen Pressemitteilungen schreiben und darum kämpfen, dass sie den Überblick behalten und überhaupt noch wissen, was ihr Chef treibt. Ich würde mich also, über das Notwendige hinaus, nicht mehr mit Pressesprechern aufhalten. In Berlin gibt es vielfältige Möglichkeiten, direkt auf Politiker zuzugehen. Davor sollte man auch nicht zurückschrecken, weil man glaubt, das seien große Tiere! Das sind sie nicht. Man darf nie vergessen, dass die Politiker die Medien auch brauchen und selber froh sind, wenn sie mediale Kontakte haben. Also: Keine Angst vor »großen Tieren«!

Pflegen Sie Ihr Netzwerk systematisch? Machen Sie sich zum Beispiel eine Erinnerung in den Kalender, dass Sie alle drei Monate mal Minister XY anrufen?
Nein, überhaupt nicht. Das geht nach Themenlage.

Wir sehen da vorne das handsignierte Foto von Willy Brandt, einem Bundeskanzler, der mitreißen konnte, der aber auch polarisiert hat. Erscheinen Ihnen im Vergleich zu Persönlichkeiten wie Brandt die Politiker heute manchmal als langweilig?
Es gab früher sehr viel mehr Politiker mit einem großen Charisma. Willy Brandt war einer davon, der Politiker mit dem größten Charisma, den ich je kennenge-lernt habe. Wenn der bei Wahlkämpfen eine Halle betrat und durch die Menge gelaufen ist, dann sind den Leuten die Tränen gekommen. Die waren gerührt von ihm! Er hatte eine unglaubliche Ausstrahlung. Diese Politikergeneration war geprägt von Krieg, Gefangenschaft oder Emigration. Die Politiker waren menschlich, wie soll ich sagen, reifer, runder, voller, die haben ein pralles Leben gelebt, manchmal sogar mehrere. Das hat die herausragenden Leute auch so interessant gemacht, die waren deshalb auch Vorbilder. Die Wähler haben zu ihnen aufgeschaut. Der Bundestag und das politische Leben insgesamt waren viel farbiger und interessanter. Heute sind die nachrückenden, jungen Politiker im Regelfall studierte Leute, die schon parallel zum Studium durch die Nachwuchsorganisationen der Parteien in die Politik geraten sind, ohne je richtig gelebt zu haben. Ohne den Beruf, den sie vielleicht einmal angestrebt haben, je ausgeübt zu haben. Und: Sie kennen nur Frieden und Wohlstand. Das kann man ihnen nicht vorwerfen. Aber je jünger sie sind, desto ähnlicher werden sie einander. Immer weniger können noch eine große Rede halten.

> *Wenn man sich entschlossen hat, sich kategorisch einer Richtung anzuschließen, ist der journalistische Auftrag, so wie ich ihn verstehe, nicht mehr zu erfüllen.*

Wer zum Beispiel?
Guido Westerwelle war als Oppositionsführer im Bundestag, als die Große Koalition regiert hat, der beste Redner. Damit hat er Merkel auch häufig genervt. Er hat fast immer auf die Zwölf getroffen, das tat ihr sehr weh. Denn er hat sie gerne an ihr Abweichen von früheren Positionen der Union erinnert, an ihre Kompromisslerei, und das hat er sehr gut gemacht. Aber durch seinen eigenen Absturz in der FDP, durch den Schock des Machtverlustes im Amt des Außenministers, ist er innerlich versteinert. Westerwelle ist zu einer versteinerten Figur geworden, mit der man nicht mehr reden konnte. Im Moment ist er dabei, sich wieder zu öffnen, besser und auch einmal spontan zu reden, nicht bloß abzulesen. Vielleicht gewinnt er etwas zurück von seiner früheren rhetorischen Kraft.

Ist die Bundeskanzlerin eine gute Rednerin?
Angela Merkel ist eine dröge Rednerin und wird, glaube ich, nie anders werden. Sie redet einfach zu vorsichtig, will nicht richtig ihre Persönlichkeit einbringen. Denn damit ginge sie ein gewisses Risiko ein. Aber sie verdeckt da große Fähigkeiten, die sie eigentlich hat und, die viele Menschen für sie gewinnen könnte. Denn hinter

der Bühne, abseits der Öffentlichkeit, kann sie hinreißend sein: ironisch, witzig, schlagfertig, spitz, manchmal auch schnippisch und ein wenig böse.

Sie selbst bringen Ihre Persönlichkeit bei öffentlichen Auftritten sehr stark ein und sind mit Ihren Äußerungen alles andere als vorsichtig. Wie erklären Sie sich, dass gerade Sie so oft in politische Talkshows eingeladen werden?
Offensichtlich bin ich ein inhaltlich und formal belebendes Element von Talkshows. Um es mal so zu formulieren.

Hat es damit zu tun, dass Sie teilweise extreme Meinungen vertreten?
Ich halte die Meinungen, die ich in Talkshows vertrete, nicht für extrem.

Polarisierend?
Ja, die Polarisierung macht im Streit der Talkshow die Argumentationslinien klarer. Extrem ist meine Meinung nie. Aber ich spreche Dinge klar an und versuche sie auf den Punkt zu bringen. Ich bin keiner, der drumherum redet und ich streite auch gerne, im positiven Sinne gemeint. Das macht mir großen Spaß.

Ist Meinungsstärke für junge Journalisten eine gute Möglichkeit, um selber zu einer Marke zu werden?
Markenbildung ist, glaube ich, das entscheidende Stichwort. Junge Kollegen müssen von Anfang an damit rechnen, dass sie nicht nur mit einem Medium leben, dass sie nicht nur entweder schreiben oder senden. Sie sollten vielmehr versuchen, in allen Medien aufzutreten. Schreibend, im Fernsehen, im Rundfunk, im Internet. Darauf sollten sich Journalisten von Anfang an ausrichten. Multimedial zu arbeiten macht ja auch richtig Spaß.

Was kann man schon als Schüler tun, um sich darauf vorzubereiten?
Man kann schreiben. Entweder in der Schule oder bei einer Regionalzeitung, und versuchen, schon dort Berufserfahrung zu kriegen. Und natürlich besteht die Möglichkeit, sich im Internet zu bewegen. Das kann jeder sofort anfangen. Man kann sich selber einen Blog einrichten oder mit anderen zusammen bloggen. Das würde ich schon mal jedem empfehlen. Und dann gibt es sogar Möglichkeiten, eigene Videos zu produzieren und zu veröffentlichen. Das ist heute erstens keine Geldfrage und zweitens keine mediale Frage mehr, das geht problemlos über Youtube und andere Kanäle.

Auf Ihre Artikel erhalten Sie teilweise recht heftige Leserbriefe. Trifft Sie so etwas oder empfinden Sie das sogar als Gefühl von Bestätigung?
Die zum Teil unglaublich radikale Kritik ist eine ganz wichtige Erfahrung für mich, um die Wirklichkeit da draußen wahrzunehmen. Es gibt Einzelne, die einen so unflätig beschimpfen, dass man sich fragt: »Wie kann jemand so seine Kinderstube und die Grundsätze der Höflichkeit vergessen?« Aber das sind ja Seitenaspekte, an die man sich irgendwann durch den Beruf gewöhnt hat. Harte Kritik

kommt oft schon bei sehr harmlosen Kolumnen. Irgendjemanden stört die Haltung immer.

Allerdings sind die Barrieren der unflätigen Kritik in den letzten Jahren dramatisch gesunken, weil sich die Leute im Internet anonym bewegen können. Kritik an der eigenen Arbeit von außen gehört aber einfach dazu. Politisch interessant und wertvoll für den Blick auf die Wirklichkeit wird Kritik zum Beispiel dann, wenn sich Schleusen des Rassismus öffnen und man begreift: Da tut sich etwas, das du so nicht für möglich gehalten hättest. Bei meiner Kritik an Thilo Sarrazin habe ich diese Erfahrung gemacht.

Braucht man als junger Journalist also ein besonders großes Selbstbewusstsein, um solchen Gegenwind ertragen zu können?

Es kommt drauf an, was es für Gegenwind ist. Man braucht nicht nur Selbstbewusstsein, sondern in bestimmten Situationen auch Rückhalt. Wenn ein junger Journalist bei einer Regionalzeitung arbeitet und einem wichtigen Anzeigenkunden oder Lokalpolitiker auf die Füße tritt, dann ist der Rückhalt des Chefredakteurs und des Verlages besonders wichtig. Denn wenn ein Journalist von hinten angegriffen wird, dann wird es ganz unangenehm. Da hilft das Selbstvertrauen auch nicht mehr viel.

Wenn es unerträglich wird, muss man gehen und sich einen anderen Job suchen. Das habe ich in meinem Leben mehrfach getan.

Hatten Sie dieses Selbstbewusstsein schon immer?

Das ist vermutlich ein Ergebnis meines Lebens. Ich bin ein klassischer sozialer Aufsteiger. Ich bin mit der Familie aus der DDR in die Bundesrepublik gekommen und habe dort in den ersten Jahren in großer Armut gelebt. Dann habe ich mich über den klassischen Bildungsweg der 1960er-Jahre nach oben gekämpft und Abitur gemacht. Ich habe als evangelischer Mensch in fundamental katholischen Verhältnissen gelebt, war dann bei der Sponti-Bewegung in Frankfurt dabei. All das bildet Widerstandsfähigkeit aus. Ich bin mein ganzes Leben lang von niemandem gefördert worden, sondern ich habe mich immer selbst durchgekämpft.

Angesichts der vielen Hiobsbotschaften wie »Zeitungen bauen Redakteurstellen ab« oder »Fernsehsender verkünden Sparmaßnahmen« muss man sich als junger Mensch auch heute durchkämpfen, oder?

Ich glaube im Prinzip, dass es immer noch viele Wege gibt, um sich in den Beruf des Journalisten hineinzukämpfen. Man sollte sich nicht durch die üblichen Parolen abschrecken lassen, dass es so viele Bewerber auf so wenig Jobs gebe und man keine Aussicht habe, Journalist zu werden. Das war zu der Zeit, in der ich Journalist geworden bin, noch viel extremer. Es gab nämlich zum Beispiel nur zwei öffentlich-rechtliche Fernsehsender, es gab sehr viel weniger Rundfunksender, also insgesamt viel weniger Medienarbeitsplätze. Heute gibt es neben den zahllosen privaten Sendern noch das Internet, insofern ist die Möglichkeit, in diesem Beruf zu arbeiten, heute besser und nicht schlechter geworden.

Stimmt es eigentlich, dass Sie gar nicht Journalist werden wollten?
Das stimmt. Ich wollte erst nicht Journalist werden. Ich habe 1970 in Frankfurt Abitur gemacht, das war in den Jahren der ausklingenden Studentenbewegung, aber noch zur Hochphase der linken Bewegung, der Sponti- und Hausbesetzerbewegung. Ich wollte, als ich Abitur gemacht hatte, zunächst einen Beruf lernen, bevor ich studiere. Ich lebte im völligen Frieden mit meinen Eltern, hatte aber den Ehrgeiz, mir mein Studium selbst zu verdienen und wollte schon einmal in einen Beruf reingeschaut haben. Ich bin damals zum Arbeitsamt gegangen, man glaubt es nicht, und habe nach einer Ausbildung gefragt. Da wurden mir zwei Ausbildungswege angeboten. Das Erste war eine Setzerlehre in einer sehr großen Druckerei. Da bin ich zuerst hingegangen, da hätte die Ausbildung aber dreieinhalb Jahre gedauert. Ich guckte mir die Arbeit an und dachte mir »dreieinhalb Jahre – das ist verdammt lang.«

Was war das zweite Angebot des Arbeitsamtes?
Das zweite Angebot war ein Volontariat bei einer Wirtschaftsnachrichtenagentur, VWD (Vereinigte Wirtschaftsdienste). Dort dauerte die Ausbildung zum Redakteur nur zweieinhalb Jahre und radikal wie ich war, dachte ich mir: »Da haste mehr davon, denn da kriegste schon mal einen Eindruck davon, wie der Kapitalismus funktioniert. Wirste Wirtschaftsjournalist.« Damals war ich der erste Langhaarige, den die eingestellt haben. Die Ausbildung hat mir wirklich handwerklich gedient und mich in meiner linksradikalen Zeit davor bewahrt, noch radikaler zu werden. Denn bestimmte Vorurteile wurden durch Urteile abgelöst.

Es war also mehr oder weniger Zufall, dass Sie Journalist geworden sind ...
Ja. Als ich die Ausbildung und den Zivildienst hinter mir hatte, begann ich mein Studium. Parallel dazu habe ich bei der Wirtschaftsnachrichten-Agentur Schichtdienst gemacht und damit das Studium finanziert. Ich habe so brotlose Fächer studiert wie Philosophie und Germanistik, Soziologie und später Politik. Es gab aber in jedem Seminar einen rituellen Ablauf, der mir nicht gefiel. Immer stand

SPITZNAME: Joe – aber nur bei wenigen.
ABI-NOTE: 2,2.
WOMIT HABEN SIE IHR ERSTES GELD VERDIENT? Ich war in den Ferien Gehilfe eines Spenglers und habe Dachrinnen verlegt.
WAS IST IHRE GRÖSSTE STÄRKE, GRÖSSTE SCHWÄCHE UND GRÖSSTE ANGST? Stärke: Willenskraft. Schwäche: Willenskraft, die zu Bulligkeit wird. Angst: Kenne ich nicht.
IHR WICHTIGSTER TIPP FÜR DEN EINSTIEG IN DEN JOURNALISMUS? Fangt schon in der Schulzeit an, journalistisch zu arbeiten – egal ob bei der Schülerzeitung, oder im Internet, vielleicht sogar mit eigenen Videos. Ihr habt die Chance, schon früh multimediale Erfahrung zu sammeln.

irgendwer auf und sagte: »Wir müssen hier mal drüber diskutieren, wie man unter diesen Bedingungen überhaupt sinnvoll studieren kann!« Es gab dann wahnsinnig lange, allgemeine Diskussionen über den Bildungsnotstand und die Unmöglichkeit, vernünftig ausgebildet zu werden. Das hat mich schließlich so genervt, dass ich das Studium an den Nagel gehängt und mich für den Journalistenberuf entschieden habe.

Das klingt aber ein bisschen unromantisch ...
Doch, ja, aber insgesamt habe ich ein sehr romantisches Leben. (lacht)

Gab es denn in dieser frühen Zeit wenigstens mal ein Erlebnis, bei dem Sie doch wussten: »Wow, das ist der Beruf, den ich bis zum Ende meines Lebens machen will!«?
Ich erinnere mich an kein Schlüsselerlebnis, aber es gab damals bei VWD mal eine Einladung vom Ölkonzern BP nach London in die Zentrale. Die wollten uns dort weismachen, dass ihre Benzinpreise zu niedrig seien, um die wahnsinnig hohen Roholeinstandskosten zu decken. Das war reine Augenwischerei. Ich bin in die Redaktion zurückgekommen und habe das genau so beschrieben – wie man versucht, uns in der Zentrale von BP zu verscheißern. Niemand hat mir gesagt, das darfst du hier nicht schreiben. Bloß BP hat sich wahnsinnig aufgeregt. Und da habe ich schon gemerkt: Das macht mir Spaß. Man kann auch gegen mächtige Instanzen abweichende Meinungen vertreten.

> *Man kann auch gegen mächtige Instanzen abweichende Meinungen vertreten.*

Hatten Sie Vorbilder?
Die Orientierung an Vorbildern braucht man nicht, denn die kochen auch nur mit Wasser. Ich habe einige persönlich kennengelernt, die als »große Journalisten« gehandelt wurden. Und man könnte lange darüber reden, wie klein die bei näherer Betrachtung waren oder sind. Vieles, was einem als großer Name begegnet, bricht bei näherer Betrachtung schnell zusammen und erweist sich als Mythos. Dazu empfehle ich jedem angehenden Journalisten ein spannendes Buch, die Biografie von Fritz J. Raddatz. Das ist ein unglaublich spannendes, ehrliches und enthüllendes Buch. Er schreibt über die Hamburger Mediengesellschaft. Das sind wunderbare Anekdoten, die einem die Augen öffnen.

Sie hatten also keine Vorbilder und sind mehr oder weniger durch Zufall Journalist geworden. Wie konnten Sie dennoch so erfolgreich werden, was ist Ihr Erfolgsgeheimnis?
Zum einen muss man im Prinzip eine innere Haltung zu dem Beruf und dem, was man aus dem Beruf macht, gefunden haben. Und dann spielen Zufälle eine große

Rolle, die sind nicht zu unterschätzen. Durch Zufälle gerät man in bestimmte Situationen und es eröffnen sich bestimmte Chancen.

Haben Sie dafür ein Beispiel aus Ihrer eigenen Karriere?

Die Kolumne, die ich jetzt im stern schreibe, ist solch ein Zufallsprodukt. Beim Vertragsabschluss beim stern kam mir im Gespräch mit dem dafür zuständigen Vorstandsmitglied des Verlags Gruner + Jahr die spontane Idee: Eigentlich würde ich ganz gerne einen wöchentlichen Kommentar schreiben. Da meinte der Vorstand: »Klar, können Sie haben.« Für den Verlag kostete es ja nichts zusätzlich. Also wurde das in meinen Vertrag reingeschrieben und ich habe den »Zwischenruf« angefangen. Es war nicht abzusehen, was daraus wird. Wenn Sie so wollen, war es ein Zufall, dass mir die Idee in dieser einen Sekunde durch den Kopf gegangen ist. Hätte ich ein Jahr später versucht, so etwas zu etablieren, hätte der Verlag wahrscheinlich gesagt: Schreib doch mal gelegentlich, aber nicht jede Woche. Und dann hätte ich nur gelegentlich einen Kommentar geschrieben und mein Leben wäre heute ein anderes. Nicht grundlegend anders, aber doch anders.

Wie erklären Sie sich die große Wirkung Ihres »Zwischenrufs«?

Er erscheint regelmäßig und ist in einem bestimmten Stil geschrieben, was in der umgebenden Presse merkwürdigerweise seltener geworden ist. Es gab früher mehr Kolumnisten, heute gibt es im Bereich des politischen Journalismus nur noch sehr wenige. Dadurch erhält man auf einmal eine besondere Aufmerksamkeit, die anfangs gar nicht zu erwarten war.

Was macht denn einen richtig guten Kommentar aus?

Eine Haltung. Die Fähigkeit, sie sprachlich zu formulieren und sich am eigenen Denken zu orientieren. Und den Mut zu haben, es so zu sehen, obwohl alle anderen es anders kommentieren. Den Mut aufzubringen, das zu schreiben, was man ganz persönlich denkt. Es passiert mir heute immer noch, obwohl ich schon ein alter Knabe bin, dass ich mich frage: »Siehst du das wirklich richtig oder nehmen die anderen das in einem bestimmten Sinne wahr?« Aber ich habe noch nie einen Kommentar bereut. Kurzum: Es kommt beim Kommentieren darauf an, sich selbst und dem eigenen Urteil zu vertrauen – nicht dem Urteil von anderen.

Wie bildet man sich am besten ein eigenes Urteil?

Das ist anscheinend gar nicht so einfach. Kollegen, die an Journalistenschulen im Fach Kommentar unterrichten, erzählen mir immer wieder Folgendes: Sie sitzen den jungen Leuten gegenüber und sagen: »Schreiben Sie mal auf, was Sie denken.« Und die fragen zurück: »Was soll ich denn dazu denken? Man kann das so oder so sehen.« Klar kann man das so oder so sehen. Früher wurden auch sehr viel mehr abwägende Leitartikel geschrieben. Kollegen fanden darin eine Kunst, in einem Artikel so viele Argumente aller Seiten wie möglich darzustellen und es am Ende dem Leser zu überlassen, was er daraus liest. Ich denke aber, man muss durch Nachdenken seine eigene Meinung zu den Dingen entwickeln. Und es darf nie so sein, dass man immer dem folgt, was die anderen denken oder was einem die eigene politische Orientierung nahelegt. Dann ist man verloren.

Sie sind offenbar von Natur aus ein Freigeist, aber haben Sie diese Unabhängigkeit auch irgendwo erlernt?

Eine der Errungenschaften meiner Ausbildung und meiner Arbeit bei der Nachrichtenagentur Reuters war, das ich dadurch einen wirklich brillanten Teil des angelsächsischen Journalismus erlebt habe – die Unabhängigkeit. Da gab es zum Beispiel ein Stylebook, darin wurde genau vorgeschrieben, wie man vermeidet, in einer Nachricht zu kommentieren oder zu manipulieren, wie man also über den Dingen steht. Der wichtigste Wert war Unabhängigkeit. Reuters arbeitete rund um den Globus und konnte es sich einfach nicht erlauben, dass in irgendeiner Hauptstadt jemand saß, der sich dort mit den Mächtigen einlässt. Das hätte die Glaubwürdigkeit der Agentur beschädigt. Das war für mich eine Schule des Denkens und der Unabhängigkeit.

Auch privat haben Sie ja relativ unabhängig gelebt. Tagsüber berichteten Sie ganz seriös über Wirtschaftsthemen, abends lebten Sie »in einer Wohngemeinschaft ohne jeden Privatbesitz, es gab Haschisch satt, freien Sex und Rock 'n' Roll bis morgens um vier.« So haben Sie selbst es mal beschrieben. War das nicht ein krasser Spagat?

Das war der totale Spagat! Und das war nicht nur Spaß. Denn damals ist die Studentenbewegung, die vorher ziemlich einheitlich war, in unterschiedliche Fraktionen und Kleinstparteien zerfallen. Manche davon hatten Berührungen mit dem Terrorismus, das war in Frankfurt sehr eng verzahnt. Ich habe auch eine ganze Reihe von Figuren gekannt, die in den Terrorismus rübergegangen sind.

Wen zum Beispiel?

Beispielsweise Wilfried Böse, der die Air-Force-Maschine nach Entebbe entführt hat, die Juden unter den Passagieren selektiert hat und dort von einem israelischen Kommando erschossen worden ist. Oder den späteren Adjutanten des Terroristen Carlos, der zahlreiche internationale Anschläge verübte. Oder Hans-Joachim Klein, der die OPEC-Konferenz überfallen hat. Ich selbst war bei Straßenkämpfen dabei, ich habe auch eines Nachts im amerikanischen Generalkonsulat Scheiben eingeworfen und bin entkommen. Ich habe mal Plakate der Black Panther, der amerikanischen Schwarzenpartei, geklebt. Da sind uns in der Frankfurter Innenstadt auf einmal Polizisten mit gezogener Pistole hinterhergerannt. »Halt, stehen bleiben oder ich schieße!« Da bin ich um eine Ecke gerannt und über eine Mauer gesprungen. Wahnwitzig.

Sie haben sich also auf der Schwelle zum Terrorismus bewegt?

Nahe dran, die Grenzen waren tatsächlich fließend. Aber meine journalistische Arbeit parallel zum Studium hat mich davor bewahrt, in dieses Milieu abzugleiten. Ich stand im Beruf, mitten im Leben, ich hatte mit Menschen zu tun, die ihrem

Beruf nachgingen. Und ich habe natürlich Vorurteile verloren, weil ich Umgang mit Leuten aus der Wirtschaft hatte. Ich stellte fest: Das sind keine »Schweine«, das sind auch keine »Ausbeuter« und keine »Figuren«, wie das dann genannt worden ist. Die Welt ist viel komplizierter. Ich habe irgendwann den Strich unter diese Sponti-Geschichte gezogen und mir gesagt: Jetzt konzentrierst du dich auf diesen Beruf, der ist spannend genug.

Vorhin haben Sie gesagt, dass diese Lebenserfahrung für Ihren Erfolg im Journalismus wahnsinnig wichtig war. Heute wird jungen Journalisten, die sich irgendwo bewerben, wahnsinnig viel abverlangt: gutes Abi, möglichst viele Fremdsprachen, ein Auslandsaufenthalt, Praktika. Wäre ein Lebenslauf wie der Ihre heute überhaupt noch möglich?

Ich glaube schon. Und von diesen ganzen Bewerbungsvoraussetzungen halte ich auch nix. Ich weiß, dass das in vielen Redaktionen nicht so eine große Rolle spielt, wie man vielleicht annehmen würde. Ich habe viele Journalisten eingestellt. Das Abiturzeugnis war mir immer wurscht, und nicht nur mir. Jeder weiß, unter welchen Bedingungen ein Abitur gemacht wird und was für eine Drei oder Vier in Mathematik verantwortlich sein kann. Im Beruf ist die Mathenote später völlig unerheblich. Für mich ist es immer wichtig gewesen, welchen Eindruck ein Mensch gemacht hat. Was hat er bisher getan, was bringt er mit, wie wirkt er? Kann er schon Artikel zeigen, die er geschrieben hat? Es kommt auf den Menschen an, nicht auf die Zeugnisse. Außerdem ist der Beruf des Journalisten ja nicht reguliert. Da gibt es nicht den einen Weg, den jeder gehen muss, wie zum Beispiel beim Anwalt. Journalismus ist ein Beruf mit vielen Zugängen.

Welchen Zugang würden Sie denn empfehlen?

Ich würde immer davon abraten, ein Journalistik- oder Publizistik-Studium zu absolvieren, weil die Theorie, die man dort lernt, nach meinem Eindruck für den Beruf später nicht viel taugt. Ich empfehle ein Fachstudium, denn damit kann man auf zwei Beinen stehen. Man kann mit einem Fachstudium Journalist werden oder in dem Bereich arbeiten, den man gelernt hat. Man kriegt auch Dinge mit, die man im ganzen Leben gebrauchen kann. Nach dem Studium schließt man am besten eine Journalistenschule an oder ein Volontariat, also eine Redakteursausbildung in einem Medienunternehmen. Oder man versucht, gleich nach dem Abitur ein Volontariat zu bekommen. Dieser Weg ist der kürzere. Er hat

> *Hinter der Bühne kann Merkel hinreißend sein: ironisch, witzig, schlagfertig.*

allerdings den Nachteil, dass man die sachliche Erfahrung des Studiums nicht dabei hat. Man ist dafür aber gleich mittendrin. Übrigens ist das Volontariat in Wahrheit in weiten Teilen eine Selbstausbildung. Das ist aber gar nicht schlecht. Man lernt, was andere machen, man beschäftigt sich selbst mit der Frage: »Wie kann ich auf kleinem Raum ein relativ komplexes Thema zu Papier bringen?« oder aber: »Wie schreibe ich eine große Reportage, was muss ich unterwegs alles erfahren?« Das ist unglaublich lehrreich.

Was muss man als Magazinjournalist können, was man als Tageszeitungsredakteur vielleicht nicht können muss?
Im Prinzip gibt es da keine Unterschiede. Die Grundlagen sind identisch. Der Magazinjournalist ist, sofern er nicht direkt von einer Journalistenschule zu einem Magazin kommt, nicht als Magazinjournalist auf die Welt gekommen. Das Handwerkszeug, das ich beim Magazin beherrschen muss, ist das gleiche, das ich bei der Zeitung oder beim Fernsehen beherrschen muss.

Was genau verstehen Sie unter »Handwerkszeug«?
Man muss alle journalistischen Formen beherrschen. Man muss kurz und lang schreiben können, das ist eine Denkübung. Denn kurz zu schreiben ist sehr viel schwieriger als lang zu schreiben, man muss sich nämlich überlegt haben, was das Wesentliche an der Geschichte ist. Worauf will ich hinaus? Einen Zwanzigzeiler muss man genauso gut schreiben können wie eine Reportage über 20 Seiten. Man muss ein Interview können, lang und kurz. Man muss kommentieren können. Bei einem Magazin baut man dann das, was man sowieso schon mitbringt, in eine bestimmte Richtung aus.

Was fasziniert Sie auch nach mehr als 20 Jahren immer noch am stern, auch im Vergleich zum SPIEGEL und FOCUS?
Zuerst einmal arbeitet der stern sehr viel mehr als andere Magazine mit der Optik, mit einer Mischung von Text und Foto. Außerdem ist der stern ein sehr offenes System, die Betätigung in einem Ressort ist nicht unbedingt die Verbannung in ein Ressort. Das heißt, ein Politikredakteur darf theoretisch auch mal eine Kulturgeschichte schreiben. Dann sind die Möglichkeiten des Recherchierens, ähnlich wie bei anderen großen Magazinen, sehr gut. Du kannst für eine Recherche überall hinfahren oder -fliegen und dir Zeit dafür nehmen. Diese Möglichkeiten bestehen bei einer normalen Tageszeitung nicht immer, weil die finanziellen Mittel begrenzter und der Zeitdruck sehr viel größer sind.

Was wollten Sie eigentlich als Kind werden?
Flugzeugkapitän. Um die Welt zu fliegen, rauszukommen aus der eigenen Enge, das fand ich ganz toll. Dieser Wunsch ist ja auch als Journalist ein bisschen in Erfüllung gegangen.

Wie ist die Bundeskanzlerin hinter den Kulissen?
Hans-Ulrich Jörges antwortet in dieser Videobotschaft:
(Jetzt mit dem Smartphone öffnen, z. B. mit der kostenlosen App »Scanlife«.)

Die Modegöttin

»Vor dem Glamour kommt harte Arbeit«

CHRISTIANE ARP

Chefredakteurin, VOGUE

Sie sitzt immer in der ersten Reihe, wenn Stardesigner wie Karl Lager-feld oder Michael Kors ihre neuen Kollektionen präsentieren – egal ob in Paris, New York, Mailand oder Berlin. Von ihrem Urteil hängt es ab, welche Mode zum Trend wird und welche Kreationen in der Versenkung verschwinden. Sie arbeitet mit den bekanntesten Topmodels der Welt zusammen und selbst Heidi Klum kocht Kaffee für sie. Sie ist die Chefredakteurin der deutschen VOGUE. Christiane Arp wurde 1961 im niedersächsischen Stinstedt geboren. Sie studierte Modedesign in Hamburg, aber das Schreiben über und Inszenieren von Mode faszinierte sie noch mehr als das Modemachen. Schon während des Studiums begann sie deshalb ihre journalistische Laufbahn. Christiane Arp arbeitete für die Brigitte, den stern und die Amica. 2002 wurde sie von der VOGUE engagiert, die sie seit März 2003 als Chefredakteurin leitet.

Wie lange brauchen Sie morgens, um Ihr Outfit auszuwählen?
Zwischen sieben Minuten und einer Stunde. (lacht)

Sie scheinen die Qual der Wahl zu haben. Wie viele Meter misst Ihr Kleiderschrank in der Breite?
Ich habe ein großes Zimmer für meine Kleider und noch ein Archiv …

> *Wenn du etwas kannst,*
> *verleiht das Selbstbewusstsein.*

Ein Archiv?
Darin bewahre ich Kleider auf, an denen ich hänge, die ich aber vielleicht gar nicht mehr anziehe. Dennoch finde ich das Design toll oder die Verarbeitung, das Handwerk. Darunter sind sogar auch solche Kleidungsstücke, die ich für mich noch nie richtig fand, sie aber trotzdem gern besitzen möchte, weil sie einzigartig oder besonders gut gemacht sind. Manchmal entdecke ich auch ein bestimmtes Teil im Ausverkauf, finde grauenvoll, dass dieses schöne Kleidungsstück dort gelandet ist, und kaufe es für mein Archiv.

Sie retten dieses Kleidungsstück sozusagen vor der Entwürdigung durch den Schlussverkauf …
Genau! Genau so sehe ich das. (lacht)

Haben Sie eine Lieblingsfarbe?
Für mich persönlich? Wenn Sie irgendjemanden hier in der Redaktion fragen, würde die- oder derjenige wahrscheinlich sagen: Schwarz. Aber es kommt darauf an …

Worauf?
Bei der Mode, die wir im Heft zeigen, ist das anders. Bei jeder Farbe wirken Bilder anders. Hauttöne verändern sich. Deswegen habe ich gelernt, komplett offen zu sein für Farben. Aber mich selbst sieht man wahrscheinlich am meisten in Schwarz. Ich habe aber keine schwarze Wohnung, die ist ganz licht und leicht. Rot finde ich eine großartige Farbe, auch wenn ich sie selten trage. Aber wenn ich mich danach fühle, würde ich morgen ein rotes Kleid anziehen.

Wie würden Sie Ihren Stil insgesamt beschreiben?
Ich möchte nie wegen meiner Kleider erkannt werden. Ich will immer zuerst als Christiane wahrgenommen werden und nicht über ein Label. Ich fände es furchtbar, wenn nicht ich ein Kleid tragen würde, sondern das Kleid mich.

Christiane Arp trägt bei unserem Gespräch in der VOGUE-Redaktion in München einen klassischen schwarzen Blazer in Kombination mit einer schwarzen Boyfriend-Hose aus Leder und rustikale Bikerboots. An ihren Hals schmiegt sich ein eleganter Pelzschal. Klassisch, minimalistisch, klare Linien.

Kann man sich mit unbekannten Labels überhaupt gut anziehen?
Sicher. Stil hat nichts mit einem Label zu tun.

Also kann auch jemand mit H & M-Kleidung Stil haben?
Natürlich. Stil hat man, oder man hat ihn nicht. Geschmack kann man erlernen.

Wie schult man denn am besten seinen Geschmack, insbesondere wenn man später Modejournalistin werden möchte?
Du musst dir ganz viel angucken, viel über die Hintergründe wissen. Du darfst dich nicht bloß auf die zehn Labels fokussieren, die gerade hip sind. Aber man muss auch alles andere kennen. Irgendwann zu wissen, warum das eine Design besser ist als das andere, kann man nur, wenn man alles gesehen hat. Man bekommt also erst einen sicheren Geschmack, wenn man sehr viel und die Unterschiede kennt.

Empfehlen Sie also, sich systematisch Modewissen anzueignen?
Absolut. Viele der renommierten Modefirmen definieren sich stark über ihre Tradition, ihre DNA. Ich glaube tatsächlich, dass es das richtige Fundament ist, zu wissen, woher alles kommt. Nicht was »ist«, ist wichtig, sondern was »war«, um zu wissen, was morgen kommt. Das, was ich heute sehe, basiert auf etwas, das eine lange Geschichte hat. Jemand, der sich ernsthaft mit Mode beschäftigten will, sollte wissen, woher ein bestimmtes Kleidungsstück kommt oder wo ein Stil seinen Ursprung hat. Deswegen rate ich, sich in Bibliotheken und Archiven einzunisten und ganz viel anzugucken – nicht nur digital, sondern auch haptisch.

Woran erkennen Sie, ob eine Modenschau gelungen ist oder nicht?
Es fängt – abgesehen von der gezeigten Mode – ganz simpel schon damit an, dass man nicht zwei Stunden warten muss, bis die Show endlich anfängt. Auch

---

SPITZNAME: »Nane«, so nennen mich meine Patenkinder.
ABI-NOTE: Ich glaube 2,6.
WAS WOLLTEN SIE ALS KIND WERDEN? Bäuerin. Und auch wenn ich etwas ganz anderes geworden bin, habe ich immerhin mal ein Fotoshooting auf einem Bauernhof gemacht – mit Karl Lagerfeld, Diane Kruger und einer Kuh.
WOMIT HABEN SIE IHR ERSTES GELD VERDIENT? Äpfel pflücken.
WAS IST IHRE GRÖSSTE STÄRKE, GRÖSSTE SCHWÄCHE UND GRÖSSTE ANGST? Meine größte Stärke: dass ich immer noch finde, dass ich nicht gut genug bin. Meine größte Schwäche: dass ich immer noch finde, dass ich nicht gut genug bin. Meine größte Angst: Irgendwann festzustellen, dass ich etwas bereue.
ÜBER WAS HABEN SIE IHREN ERSTEN ARTIKEL GESCHRIEBEN? ???

das Ambiente ist wichtig. Die Models sollten nicht auf riesigen Podesten laufen, das verändert aus Sicht des Zuschauers die Proportionen. Auch die Musik spielt eine Rolle. Alles, was von der Mode ablenkt, ist falsch. Die Mädchen müssen also auf den Schuhen laufen können. Man merkt auch einem Model an, ob es sich in den Kleidern wohlfühlt. Gut, es gibt auch ein paar Mädchen, die sehen großartig aus, egal was sie anhaben. Mit solch einem herausragenden Mädchen würde ich immer eine Show aufmachen. Die Shows sollten auch nicht zu lang sein. Irgendwann, selbst wenn es die tollste Kollektion ist, haben Sie genug gesehen. Das Auge wird müde.

Sie begegnen ständig den berühmtesten Designern der Welt. Schwebt jemand wie Karl Lagerfeld über den Dingen oder ist »König Karl« nahbar?
Karl Lagerfeld ist jemand, der ganz volksnah ist. Meine Assistentinnen werden von ihm mit Küsschen begrüßt. Er ist in keinerlei Weise jemand, der ausgrenzt. Ganz im Gegenteil. Ich schätze es sehr, mit ihm zu arbeiten. Wir haben ja zum Beispiel gemeinsam eine Ausgabe zum 30-jährigen Jubiläum von VOGUE gestaltet. Wir sind ein gutes Team, vielleicht auch, weil wir beide aus Norddeutschland sind. Aber er arbeitet nicht nur mit Chefredakteuren. Karl arbeitet mit Menschen, die er für talentiert hält – egal ob Redakteurin oder Stylistin.

Mit welchen anderen Stardesignern haben Sie engeren Kontakt?
Das gehört bei uns ja sozusagen zum Alltag. Christopher Bailey von Burberry, Tomas Maier von Bottega Veneta oder Michael Kors. Mit manchen von ihnen bin ich regelrecht groß geworden. Christopher Bailey zum Beispiel war Assistent, als ich auch Assistentin war.

Wie ist es mit solchen Stardesignern zu arbeiten und wie kommen die auf ihre Ideen?
Tatsächlich ist es ein großes Privileg, mit diesen Menschen zusammenzuarbeiten, denn sie sind unglaublich inspirierend – in allem! Die großen Modedesigner leben nicht in einem Vakuum, wie man sich das immer so vorstellt, sondern interessieren sich für ALLES.

Tauchen nur Sie als Chefredakteurin in diese Glamour-Welt ein oder erleben das auch »normale« Redaktionsmitglieder?
Es ist wichtig, eines zu verstehen: Vor dem Glamour kommt harte Arbeit. Ich glaube, dass wir alle nichts gegen »Glamour« haben, so wie wir hier sitzen. Aber um das zu machen, was wir machen, muss man eine Ausbildung gemacht haben und fundiertes Handwerk gelernt haben. Der rote Teppich ist ein ganz kleiner Ausschnitt aus unserem Alltag. Meistens ist dieser Teil ja auch ganz toll. Aber Red Carpet ist ja nicht der Kern dessen, warum wir das hier tun.

Nein? Aber viele junge Mädchen, die später mal zur VOGUE wollen, fühlen sich doch gerade vom roten Teppich magisch angezogen, oder?

Ja, aber der Glamour-Faktor wird von jungen Menschen stark überbewertet, das ist nur die Oberfläche. Aber das darunter ist doch das Entscheidende. Deshalb muss erst einmal alles weg, was Hülle ist. Jemand, der Moderedakteurin werden will, sollte dies werden, weil er Design liebt, weil er diese spezielle Magie von Kleidern spürt, weil er es faszinierend zu sehen findet, wie ein Kleid jemanden verändern kann, wenn er es anzieht. Solche Momente zu kreieren – das ist es, was echte Moderedakteure wollen. Natürlich ergibt sich daraus das Privileg, auf die Schauen zu gehen, zu denen man nur auf Einladung durch den Designer kommt. Und bei VOGUE hast du das Privileg, die schönsten Kleider auch wirklich ins Studio zu bekommen, um sie zu fotografieren. Und du arbeitest mit den besten Leuten in der Branche zusammen.

Das heißt also, dass nicht nur Sie zu Modenschauen und Fotoshootings gehen, sondern auch die anderen Redaktionsmitglieder ...
Das wäre anders gar nicht machbar! Allein auf der Berliner Fashion Week ist unsere Redaktion mit fünf, sechs Leuten vertreten. Egal ob für das Mode-Ressort oder für Beauty oder Kultur – unsere Leute sind alle permanent unterwegs.

Wie viel Ihrer Arbeitszeit verbringen Sie persönlich denn auf Reisen und wie viel hier in München?
Prozentual kann ich das gar nicht genau sagen. Es gibt bestimmte Phasen, in denen die internationalen Schauen stattfinden. Eine dieser Phasen fängt zum Beispiel Mitte Januar an und ich komme dann erst Anfang März aus Paris zurück. Dann gibt es eine längere Strecke, während der ich in der Redaktion bin. Und auch dann bin ich nicht nur die Chefredakteurin, sondern auch Moderedakteurin und arbeite mit meinem Team an Produktionen. Ich denke nämlich, dass wir alle, die wir irgendwann den Vorzug haben in leitender Position zu sein, trotzdem nicht die erste große Liebe vergessen

> *Du darfst dich nicht bloß auf die zehn Labels fokussieren, die gerade hip sind.*

sollten. Und das waren bei mir immer das Styling und die Produktion. Genau wie unser Art Director, der immer noch Layouts selber macht oder der Textchef, der auf Reportagereisen geht und selbst schreibt. Es ist ganz wichtig, an der eigentlichen journalistischen Tätigkeit festzuhalten.

Was genau macht Ihnen denn an Ihrer Arbeit am meisten Spaß? Sind es die Schauen, die Treffen mit den Designern ...
VOGUE. VOGUE macht mir am meisten Spaß. Ich kann wirklich nicht sagen, es ist das, das oder das. Es ist alles zusammen. Und dass ich den unglaublichen Luxus habe, in allen Bereichen gleichzeitig tätig sein zu können.

Bevor Sie zur VOGUE kamen, haben Sie das Moderessort beim stern geleitet. Sie haben also auch ein klassisches Nachrichtenmagazin kennengelernt. Was sind

denn die größten Unterschiede zwischen der Arbeitsweise im klassischen Nachrichtenjournalismus und einem Lifestyle- und Modemagazin?

Es fängt mit dem Erscheinungsrhythmus an. Wenn ein Heft wie die VOGUE einmal im Monat rauskommt, hat man einfach mehr Zeit, über bestimmte Dinge nachzudenken, Ideen auch noch mal zu verwerfen. Wenn man wie der stern wöchentlich arbeitet, ist es dieser »One Shot«. Man arbeitet in einem ganz engen Produktionsrahmen, du musst liefern. Du kannst nicht sagen: »Ich hab das jetzt geschrieben, lies es dir mal durch, aber es ist eigentlich Mist. Lass mich das bitte noch einmal machen.« Diese Chance hast du beim stern oder anderen großen Nachrichtenmagazinen wegen des engen Zeitplans kaum. Bei uns hingegen kann man bis zu einem gewissen Zeitpunkt noch sagen: nee. Neu! Das sehe ich als großen Luxus an. Und ich fühle mich auch hier mehr zu Hause, weil ich dieses Momentum von Emotionalität pflegen kann. Das ist ganz wichtig für das, was ich tue. Das sind Launen. Wir alle unterliegen Launen.

> *Es reicht nicht, dass dir die Welt erzählt, dass es ein toller Job ist. Du musst ihn selber toll finden, sonst wirst du nie gut sein.*

Als extrem launisch gilt Ihre Chefredakteurskollegin bei der amerikanischen VOGUE, Anna Wintour. Sie ist die Vorlage des Films »Der Teufel trägt Prada«. Grundlage für den Film war ein von einer ehemaligen Mitarbeiterin verfasster Roman, indem sie als mit Taschen und Mänteln um sich werfende Schreckensherrscherin der Modewelt beschrieben wird. Muss man als Chefredakteurin eines Mode- und Lifestylemagazins vielleicht tatsächlich strenger sein als anderswo, weil man einen Haufen von Hyperkreativen dirigieren muss?

Ich glaube grundsätzlich, dass wir in Redaktionen eher in Monarchien als in Demokratien leben. Am Ende muss eine Entscheidung getroffen werden und die kann dann auch sehr rigoros sein. Letztlich ist dies die Aufgabe eines jeden Chefs – auch wenn die Entscheidungen manchmal vielleicht nicht unbedingt populär sind. Gleichzeitig funktioniert dieser Job nur mit wahnsinnig viel Leidenschaft, sodass es zwangsläufig zu Konflikten kommt. Es gibt einen Dokumentarfilm über die Entstehung einer Ausgabe der US-VOGUE, »The September Issue«. Darin gibt es diese wunderbare Szene, zwischen Anna Wintour und ihrem Creative Director Grace Coddington. Grace hatte eine aufwendige Geschichte produziert und kämpfte für einige Aufnahmen, die nicht im Layout eingeplant waren. Das kann ich total verstehen. Da stehst du im Studio, siehst dieses tolle Mädchen in einem Traum-Outfit und siehst das perfekte Foto vor dir. Und dann gehst du mit diesen Fotos in die Redaktion und aus irgendeinem Grund gefällt der Chefredakteurin genau dieses Foto nicht – und wenn es nur das Muster des Kleides ist. Du fühlst dich so unverstanden, zweifelst an deinem Geschmack, an allem. Da wirkt dann die andere Seite, die Chefredaktion, manchmal unverständlich oder autoritär. Nachher im Kontext mit dem gesamten Heft macht vielleicht genau diese Entscheidung aber wieder Sinn und am Ende, ganz am Ende, dienen wir unserem Leser. Auch bei mir würden meine Mitarbeiter wahrscheinlich sagen, dass es Situationen gibt, in denen ich einsame Entscheidungen treffe.

Die Christiane Arp, die wir erleben, hat ganz und gar nichts mit der kühlen, fast furchterregenden Chefredakteurin aus dem Film »Der Teufel trägt Prada« gemeinsam. Zwar erscheint sie mit ihrem streng gebundenen Dutt und der groß-rahmigen schwarzen Brille ein wenig streng, aber zwischendurch lässt sie immer wieder ein warmes und einnehmendes Lächeln aufscheinen. Gelegentlich nimmt sie auch die Brille ab, sodass ihre polarblauen Augen ihre ganze Wirkung entfalten. Catherine Deneuve, die Grande Dame des französischen Films, grüßt von einem Foto hinter Christiane Arps Schreibtisch. Neben Deneuve hängen Bilder von Nirvana-Sänger Kurt Cobain und einem namenlosen Hündchen. Auf dem Tisch herrscht kreatives Chaos, es türmen sich Bücher, Magazine und Fotos von den neuesten Meisterwerken der Modewelt. Noch ist allerdings unklar, welche Kleider es von Arps Schreibtisch aus ins Heft schaffen werden. An der Wand die sogenannte Layout-Wand, darauf sind die ersten Entwürfe der Heftseiten für die kommende Ausgabe im Kleinformat zu sehen. Bis die neue VOGUE in den Druck gehen kann, ist es noch ein weiter Weg.

Gibt es bei der VOGUE regelmäßige Redaktionskonferenzen, wie etwa bei klassischen Nachrichtenmagazinen?
Nein, so ganz klassisch festgelegte Konferenzen haben wir nicht – das läuft stärker über individuelle Absprachen. Bei uns gibt es eine andere Notwendigkeit. Bei einem wöchentlichen Erscheinungsrhythmus oder bei einer Tageszeitung sehe ich die Bedeutung einer permanenten Abstimmung im großen Kreis. Dort muss jeder immer wissen, wo das andere Ressort gerade ist. Das gibt es bei uns in dieser strikten Form nicht. Bei uns gibt es nur alle zwei, drei Monate eine große Konferenz, in der wir grundsätzlicher über das Heft sprechen und am Anfang der Saison über das, was wir bei Modeschauen gesehen haben.

> *Es macht einfach Spaß zu merken, dass man am Puls der Zeit ist.*

Muss ein Redakteur bei der VOGUE andere Fähigkeiten mitbringen als ein stern-Redakteur? Ist es hier zum Beispiel wichtiger, einen Blick für Trends zu haben, als gut schreiben zu können?
Wir brauchen beides. VOGUE ist nicht nur ein optisches Erleben. VOGUE ist seit jeher nicht nur Mode-, sondern auch Gesellschaftsmagazin. Unser Anspruch ist ein Nonplusultra an Qualität – in jeder Facette. Darum können wir aus unserer Perspektive eigentlich jedes Thema ins Heft bringen und sind trotzdem glaubwürdig. In den 40er-Jahren beispielsweise war die US-Ausgabe von politischer Kriegsberichterstattung geprägt. Das heißt, für uns ist Journalismus genauso wichtig wie exzellente Fotografie. Wir brauchen beides, um uns in diesem 360-Grad-Radius bewegen zu können. Das macht den Mythos VOGUE aus.

Dieser Mythos wird auch in Ihrem Werbeslogan zum Ausdruck gebracht: »Before it's fashion, it's in VOGUE.« Was genau macht die VOGUE im Vergleich zu anderen Magazinen aus?

Zunächst gehört es zur Tradition der VOGUE, dass wir uns seit Bestehen immer mit den Besten der Besten auseinandersetzen. Unsere oberste Maxime ist Qualität. Und um das Nonplusultra an Qualität zu liefern, brauchen Sie die Besten aus jedem Bereich und ziehen genau diese Leute auch an. Das heißt, wir schließen immer wieder Allianzen. Und über unsere guten Kontakte erfahren wir sehr früh von neuen Talenten. Wenn zum Beispiel jemand wie Karl Lagerfeld sagt, schauen Sie sich diesen Fotografen oder diesen jungen Designer einmal an, weiß ich, dass ich darauf vertrauen kann.

Durch den »Mythos VOGUE« haben Sie Zugang zu dem gesamten Business, alle Türen öffnen sich. Sie entdecken vieles, bevor alle anderen es entdecken. Unsere Leser, aber auch die Branche, können sich darauf verlassen, dass wir als Erste die Geschichte haben. Dieser Maxime sind schon meine Vorgängerinnen weltweit gefolgt – und dieser Maxime folgen wir. Daher stammt unser Slogan.

Sie verlassen sich also nicht nur auf Ihre persönliche Intuition, sondern sehr stark auch auf das Urteil anderer Brancheninsider?

Beides. Wir haben nun mal Zugang zu diesem internationalen Netzwerk. Es ist ja nicht nur der Stardesigner, der Sie auf jemanden aufmerksam macht, sondern es ist auch der Fotograf, der Ihnen erzählt: »Mein Assistent macht sich gerade selbstständig, guckst du dir mal seine Bilder an?« Sie kennen diesen Assistenten, weil er schon mal bei Fotoproduktionen mit dabei war. Also gucken Sie sich natürlich seine Bilder an. Und wenn Sie dann das richtige Gefühl haben, geben Sie ihm eine Chance.

> *Vertrauen kommt nicht durch ein Outfit oder eine Studiennote, das basiert auf Menschenkenntnis.*

Gibt Ihnen das Setzen von Trends auch ein Gefühl von Macht?

Es macht einfach Spaß zu merken, dass man am Puls der Zeit ist. Das ist der Kick. Ja. Irgendwann zu merken, dass man einen Hype kreiert hat, ist ein Kick. Das weiß man nicht vorher, das weiß man erst danach.

Können Sie ein Beispiel für einen Hype nennen, den Sie kreiert haben?

Ich saß vor gut drei Jahren mit zwei Mitarbeiterinnen hier unten in unserem Café, wir diskutierten und ich war komplett genervt von den bisherigen Titelideen. Als ich spontan sagte: »Lasst uns doch ein reines Heidi-Klum-Heft machen«, guckten mich alle nur an und sagten: »Du tickst doch nicht ganz richtig!« Originalton! Heidi war nie ein Runway-Model, sondern durch »Germany's Next Topmodel« in erster Linie ein TV-Star. Das war ein echtes Politikum. Alle sagten: »Sie ist kein VOGUE-Model.« Ich habe weiter nachgedacht und dann entschieden: »VOGUE hat die Macht, jemanden zu einer VOGUE-Frau zu machen. Tun wir es einfach.«

Dann haben wir sie angerufen und gefragt: »Können wir uns treffen?« Sie hat sich sofort Zeit genommen und wir haben losgelegt.

Und ist Heidi Klum dem Prädikat »VOGUE-Model« gerecht geworden?
Es gibt kaum eine professionellere Frau als Heidi Klum. Superprofi. Es hat unglaublich Spaß gemacht, mit ihr zu arbeiten. Sie ist pünktlich, kommt vor dir schon ans Set und kocht dir den Kaffee. Außerdem ist sie wirklich lustig.

War das Heft mit ihr ein Erfolg?
Wir machten ein Schwarz-Weiß-Cover, etwas, was man mit Heidi Klum sonst eher nicht machen würde. Aber sie sah sensationell aus. Es stand nur »Heidi by VOGUE« auf dem Titel, sonst gar nichts. Das hat überrascht. Der Verkauf des Magazins hatte ein Plus von über 30 Prozent. Viele Tausend Leute, die sonst nicht die VOGUE kaufen, haben das am Kiosk gesehen und gekauft. So ein Erfolg lässt Sie als Chefredakteurin gut schlafen. Vorher hatte ich ein echtes Staatsgeheimnis daraus gemacht. Ich wollte, dass die Modebranche den Überraschungseffekt erst am Kiosk erlebt. Natürlich waren sich die Geister nicht einig, viele haben gesagt »Wie kann die VOGUE Heidi machen?« – aber alle haben sich das Heft angeguckt. Da hatten wir das richtige Gefühl, es war genau der richtige Zeitpunkt für das Thema, der perfekte Moment. Aber dafür gibt es kein Rezept.

> *Wir Deutschen tun uns grundsätzlich ein bisschen schwer mit Mode.*

Studiert haben Sie ja an der Fachhochschule in Hamburg. Was waren die wichtigsten Dinge, die Sie dort für den Modejournalismus gelernt haben?
Ich sehe zum Beispiel, ob ein Kleid gut geschnitten ist oder nicht. Und ich kann an jeder Frau ein Kleid passend machen. Weil ich weiß, wie das Kleid funktioniert. Ich habe irgendwann einmal Schnitttechnik und nähen gelernt. Ich weiß, woher eine bestimmte Kragenform kommt. Das alles ist wichtig. Auch wenn Ihnen jemand sagt, das brauche man alles gar nicht – das beste Fundament bleibt das Handwerk. Ich habe mich wirklich wie ein Fachidiot über lange Jahre ausschließlich mit dem Thema Mode beschäftigt. Und das umfasst nicht nur die Mode selbst, sondern ab einem gewissen Punkt auch Kunst und natürlich auch Geschichte. Außerdem halte ich Reisen für eine wirklich gute Lebensschule. Das war mir immer sehr wichtig, weil es unglaublich inspirierend ist.

Haben Sie eine Reiseempfehlung? Wo kann man sich zum Beispiel nach dem Abi besonders gut inspirieren lassen?
Japan ist ein großartiges Land, dort werden Tradition und Handwerk besonders verehrt. Vieles, was wir heute im modernen Design sehen, ist von der Geschichte Japans beeinflusst. Darüber hinaus bin ich auch ganz viel in Afrika gereist, weil das Licht dort ganz speziell ist und Licht in meinem Leben eine große Bedeutung hat.

Stellen Sie sich bitte vor, Sie wären noch mal 19. Was würden Sie heute studieren?
Religionswissenschaften. Denn ich glaube, wenn man die Religionen versteht, versteht man die Welt. Im Augenblick verstehe ich sie nicht. Kunstgeschichte wäre auch ein Fach, dass ich gerne studieren würde.

Und wenn Sie Ihr Studium konkret auf das Ziel ausrichten wollten, irgendwann einmal Redakteurin bei der VOGUE zu werden?
Kostümgeschichte, Kunstgeschichte und Design sind sicherlich richtige Studienfächer. Wenn jemand schreiben will, dann sollte er schreiben, schreiben, schreiben. Und sicher auch alles sehr bewusst lesen. Von der kurzen Nachricht bis zur 1000-Seiten-Biografie.

Wann haben Sie gespürt, dass Sie im Bereich Mode und Lifestyle beruflich aktiv werden möchten?
Ich glaube, als ich mit 19 Jahren das Praktikum in der Redaktion »Nicole« vom Verlag Gruner + Jahr in Hamburg angefangen habe. Das war dieser Moment, in dem ich wusste, dass ich Zeitschriften machen möchte. Ich wusste, dass Mode etwas ist, das mich unglaublich interessiert. Genau wie mich Kunst und Philosophie interessiert haben. Zu diesem Zeitpunkt kam ich vom Land in die Großstadt Hamburg und mit 19 hat man nach dem Abitur noch die Illusion, dass einem die Welt offensteht.

Steht einem die Welt denn nicht offen?
Nein, man stellt mit brutaler Härte fest, dass es nicht so ist. Nur, weil man sein Abitur hat, heißt das leider noch gar nichts. Und sich dann damit auseinanderzusetzen, dass man mit der Berufswahl eine Entscheidung trifft, die dann eigentlich für das ganze Leben gilt – fatal. Finde ich. Wie kann ich mit 19 wissen, was mich heute mit 50 interessiert?

Sie haben mit ihrer Lebensentscheidung offenbar goldrichtig gelegen. Was hat Sie als 19-Jährige so sicher gemacht, dass Sie Ihre Passion gefunden haben?
Ich bin jeden Abend relativ glücklich eingeschlafen. Das fand ich eine gute Voraussetzung. Ich habe nicht zuerst studiert und bin dann zu einer Zeitschrift, sondern habe erst ein Praktikum gemacht. Angefangen hat das Praktikum für drei Wochen und danach habe ich während des Studiums weiter bei der »Nicole« gearbeitet. Es war eine sehr kleine Redaktion – ein Segen, weil ich so alles kennenlernen konnte. Dort habe ich relativ schnell gemerkt, wie sehr mich Mode interessiert und auch das Handwerk.
»Nicole« war eine Strickzeitschrift, die damals sehr erfolgreich war. Und ich fand es toll zu sehen, wie ein Heft von der ersten bis zur letzten Sekunde entsteht. Daran habe ich schon gemerkt, dass meine Interessen über die Mode hinausgehen. Dass mich auch das Danach interessiert, die Fotografie, die Magie von Bildern. Und dann irgendwann habe ich gedacht: »Ich studiere erst einmal Mode und schaue, was ich damit mache.«

Was haben denn Ihre Eltern dazu gesagt, als Sie Ihren Entschluss äußerten, Mode-design zu studieren? Dieser Studiengang klingt ja nicht gerade nach einem Brot-beruf ...

Gott sei Dank haben meine Eltern gesagt: »Wenn du damit glücklich wirst, dann musst du das machen!« An ihrer Unterstützung gab es nie einen Zweifel, obwohl sie keine richtigen Einblicke in die Branche hatten. Und jetzt sehen meine Eltern, dass mich die Arbeit für VOGUE erfüllt.

Für Sie war also das erste Praktikum ein entscheidender Schritt in den Traumberuf Journalismus. Was war rückblickend die wichtigste Erkenntnis, die Sie dort gewonnen haben?

> *Letztendlich glaube ich keinem Lebenslauf, ich glaube nur jemandem, der vor mir sitzt.*

Zu wissen, dass jeder wichtig ist, egal, in welcher Funktion er ist. Wie sollte ein Fotoshooting funktionieren ohne den Fahrer, der den Bus fährt oder die Frau, die beim Bügeln hilft? Ohne sie würde das Foto nicht so werden, wie es ist. Gleichzeitig habe ich im Praktikum gelernt, dass man ganz offen sein muss und sich selber nichts vormachen darf. Es reicht nicht, dass dir die Welt erzählt, dass es ein toller Job ist. Du musst ihn selber toll finden, sonst wirst du nie gut sein.

Sollte man als junge Praktikantin auch besondere Opferbereitschaft zeigen und in einer »heißen Phase« auch in der Redaktion bleiben, wenn man eigentlich fürs Kino verabredet ist? Opferbereitschaft?

Ich würde das nicht Opferbereitschaft nennen, sondern Leidenschaft. Und ich glaube, dass sich diese Frage irgendwann nicht mehr stellt, wenn man wirklich in diesem Beruf arbeiten will. Wir alle sind irgendwann mal nicht ins Kino gegangen oder zu einer Verabredung oder dem Geburtstag der Eltern, weil etwas Wichtiges in der Redaktion zu tun war. Gerade wenn man jung ist, darf man nach der ganz großen Erfüllung im Job suchen, das ist ein guter Motor. Mit zunehmendem Alter relativiert sich das Gleichgewicht zwischen Karriere und Privatleben.

Nehmen Sie bei der VOGUE eigentlich auch Schülerpraktikanten?

Ab und an, ja. Ich finde wichtig, dass schon 15- oder 16-Jährige die Gelegenheit bekommen festzustellen, ob einem ein Job Spaß macht. Studenten bleiben zum Praktikum mindestens ein Jahr, damit es sinnvoll und effizient ist.

Was muss man tun, um genommen zu werden?

Man kann uns eine E-Mail schreiben. Daraus muss eine echte Affinität hervor-gehen für das, was wir machen ...

Wie stellt man diese Affinität am besten unter Beweis?

Das kann ich nicht pauschal beantworten. Letztendlich glaube ich keinem Lebens-lauf, ich glaube nur jemandem, der vor mir sitzt.

Was maile ich Ihnen denn dann, wenn nicht den Lebenslauf?
Es schadet natürlich nicht, den Lebenslauf mitzuschicken. Auf den Punkt gebracht muss in der Mail stehen: »Ich finde VOGUE einzigartig. Kann ich kommen?«

Diese zwei Sätze reichen, und dann folgt ein »Casting«?
Leider können wir nicht jeden nehmen, weil sich so viele bewerben. Von 100 Bewerbungen sagen wir sicher 95 ab. Aber die restlichen fünf laden wir zum Bewerbungsgespräch ein.

Spielen Schul- oder Studiennoten bei Ihrer Auswahl eine Rolle?
Nein, überhaupt nicht. Wenn jemand von mir ein Einser-Abitur hätte haben wollen, säße ich nicht da, wo ich heute sitze. Mich hat auch nie jemand nach Zeugnissen gefragt ...

Welche Abinote haben Sie denn?
Ich glaube 2,6. Das Studium habe ich dann mit 1,0 abgeschlossen. Aber auch nach dieser Note hat niemand gefragt. Ich glaube, ich habe erst Jahre später mein Diplom abgeholt, weil mein Vater es irgendwann doch mal sehen wollte. (lacht)

Ist es wichtig, einen »kreativen« Studiengang zu belegen, um hier ein Praktikum zu bekommen?
Es muss gar nicht unbedingt ein Studium sein. Eine meiner besten Assistentinnen war Floristin. Ich wusste aber, dass dieses Mädchen etwas hatte, das ich mochte. Nämlich Geschmack. Und Stil.
Kein Abitur, kein Studium und kein Zeugnis sagen Ihnen, ob jemand es hat oder nicht. Sie müssen sich vorstellen, unsere Assistenten beschaffen all das, was Sie später in der VOGUE sehen. Jeder Schnürsenkel, jede Schleife, jede Spange ist bewusst ausgesucht. Der erste Filter sind diese Menschen. Nicht ich. Das heißt, ich muss mich auf jemanden verlassen können, der nicht bloß die teuersten Teile bringt, sondern geschmackssicher entscheiden kann.

Ob jemand Stil und Geschmack hat – erkennen Sie das schon an seiner Kleidung beim Bewerbungsgespräch?
Wenn jemand hier sehr gut gekleidet aufschlägt, dann weiß ich, dass er sich soviel Mühe gegeben hat, weil davon auszugehen ist, dass ich darauf Wert lege. Und deswegen versuche ich, das komplett auszublenden.

Worauf achten Sie denn dann?
Ich achte darauf, wie sich jemand benimmt. Was jemand sagt, warum er genau hier arbeiten möchte. Ich vertraue auf mein Gefühl. Redakteur sein heißt unter anderem ja auch Geschichten, die teilweise sehr kostspielig sind, eigenverantwortlich zu produzieren. Das heißt, ich muss mich darauf verlassen können. Dieses Vertrauen kommt nicht durch ein Outfit oder eine Studiennote, das basiert auf Menschenkenntnis.

Haben Sie eigentlich damals als Praktikantin schon gespürt, dass Sie das Zeug haben, irgendwann einmal Chefredakteurin von Deutschlands wichtigstem Mode-magazin zu werden?
Nein. Hätten Sie mich vor zwölf Jahren gefragt, hätte ich gesagt: »Ich kann das nicht.«

Ein überdurchschnittliches, extremes Selbstbewusstsein war es also offenbar nicht, was Sie in diese Position gebracht hat. Was hat Sie denn von den vielen anderen unterschieden, die vielleicht auch gerne den »Thron« bei der VOGUE bestiegen hätten?
Da müssen Sie diejenigen fragen, die mich für diese Position engagiert haben. Ich selbst hätte tatsächlich immer gesagt, dass ich das nicht kann. Zweifeln war für mich immer Motor und Motivation, besser zu sein. Nach neun Jahren Chefredaktion gibt es mittlerweile sicher ein paar gute Hefte, auf die ich auch stolz bin. Aber nicht alle Hefte waren gut. Diese Selbstkritik muss man sich bewahren.

Sie sprechen von Ihrer Sorge, es »nicht zu können«. In welchen Momenten ist denn Ihr Selbstbewusstsein gewachsen?
Auf der Schule und an der Universität lernen Sie nicht, ein 1A-Chefredakteur zu sein. Dort habe ich aber das ganze Handwerk gelernt. Als ich dann meinen ersten Redakteursjob bekam, habe ich erst gemerkt, wie viel ich schon weiß. Als ich dann Ressortleiterin wurde, habe ich gedacht »Ob ich das wohl hinkriege? Mal schauen ...« und irgendwie ging es dann.
Und als ich erstmals ein Heft mitentwickelt hatte, dachte ich: »Meine Vision? Was ist das?« Und irgendwie habe ich auch das hingekriegt. Am Ende geht es also um die Frage: kannst du es oder kannst du es nicht? Und wenn du etwas kannst, verleiht das Selbstbewusstsein.

Wie lange hat es bei der VOGUE gedauert, bis Sie feststellten: »Ich kann es!«?
Als ich hier anfing, war Angelica Blechschmidt Chefredakteurin und ich war ihre Stellvertreterin. Angelica hat eine sehr gute, qualitativ hochwertige VOGUE gemacht. Aber es wäre nicht meine gewesen. Ein Gefühl, dass ich etwas anders machen würde, hatte ich schon. Aber das Gefühl: »Ich kann das!« – das gab es nicht. Überhaupt nicht.

Wie haben Sie denn reagiert, als Sie gefragt wurden, ob Sie Chefredakteurin werden wollen?
Ich sprang nicht auf den Tisch und dachte »Yippie ya yay, jetzt habe ich es geschafft!« Sondern ich bin nach Hause gegangen und habe mir Bedenkzeit ausgeboten. Hier trägt man so eine große Verantwortung – für eine Weltmarke und für die Mitarbeiter. Und ich wollte nie nur wegen einer Visitenkarte irgendwo arbeiten. Ich wollte immer nur da arbeiten, wo es sich richtig anfühlt. Also fragte ich, ob ich das Heft so machen darf, wie ich denke, dass es richtig ist, und sagte schließlich »Ja«.

Was genau meinten Sie mit »richtig«?
Ganz genau wusste ich das auch noch nicht, ich hatte es ja noch nie gemacht. Du holst nicht so einen Blueprint aus der Tasche und sagst: »So, das ist die VOGUE, wie ich sie mir vorstelle, wie Christiane Arp sie gern machen würde.« Aber ich hatte das große Privileg, dass ich ausprobieren durfte. Ich habe damals entschieden, das Heft langsam zu verändern. Ich wollte nicht mit einer Ausgabe sagen: »Das ist jetzt meine VOGUE.« Ich wollte beim Machen lernen und irgendwann merken, dass es sich gut anfühlt.

Bringen wir noch einmal Ihre Erfolgsgeheimnisse auf den Punkt: Es sind Ihre handwerklichen Fähigkeiten, die Sie sich auf der Hochschule angeeignet haben, Ihre Fähigkeit zur kritischen Selbstreflexion, Ihr Streben nach Perfektion ...
... und vor allem die Leidenschaft für das Thema. Was ich mache, ist nicht nur ein Job. Würde ich morgen die VOGUE verlassen, würde mich trotzdem alles weiter interessieren, was damit zu tun hat. Ich liebe die Magie von Fotografie. Ich finde, dass Schönheit und die Definition von Schönheit einige der interessantesten Themen überhaupt sind.

Haben Sie für sich schon eine endgültige Definition von Schönheit gefunden?
Nein. Die Suche ist doch das Tolle. Schönheit, wäre sie nur schön, wäre langweilig. Schönheit braucht viele verschiedene Gesichter. Deshalb liebe ich Fotografie. Ich finde es großartig, jemanden zu beobachten, der diesen magischen Moment erkennt. Den niemand sieht. Nur der Eine, der abdrückt. Dieser Moment, der nie wieder kommt. Mich fasziniert, wie ein besonders schönes Bild einen Leser dazu bringt, mit der Hand über die Heftseite zu streichen – und er eigentlich nicht erklären kann, warum er es tut. Alles, was wir anfassen wollen, das mögen wir.

Ist es besonders dieser Sinn für das Magische, der Sie von anderen unterscheidet?
Ich glaube, dass ich mir meine Emotionalität erhalten habe und dass diese Emotionalität immer der wichtigste Kompass für mich ist. Ganz am Ende interessiert mich nur noch, was ich fühle. Und dafür würde ich auch anderen sagen: »auch wenn du nicht daran glaubst, ich glaube daran, lass es uns versuchen. Wenn wir scheitern, zahle ich den Preis.«

Emotionalität hat ja auch mit dem zu tun, wovon Sie vorhin sprachen, nämlich der Menschenkenntnis. Ist es eine Ihrer Schlüsselqualifikationen, die Mitarbeiter zu finden und für Sie arbeiten zu lassen, die das bestmögliche Ergebnis liefern?
Ja, das was ich Emotionalität und Leidenschaft nenne, muss ich auch bei meinen Mitarbeitern erkennen können. Das sind Initialzündungen. Und ich brauche Mitarbeiter, die mich verstehen. Auch wenn das Heft schon viel Arbeit gemacht hat und durch viele Hände gegangen ist, kann es trotzdem passieren, dass ich komme und sage: »Nein, es gefällt mir nicht.« Sie müssen dafür sorgen, dass die Menschen verstehen, warum Sie etwas tun. Dass es nichts Persönliches ist, dass es am Ende nur darum geht: ist es ein gutes Heft oder ist es kein gutes Heft?

Apropos Emotionalität. »Die Deutschen« gelten ja nicht gerade als besonders emotional, auch im Bezug auf die Mode. Hat es die deutsche VOGUE dadurch auch schwerer als die französische oder die italienische?

Wenn man das macht, was wir hier machen, muss man begreifen, dass man ein »Role Model« ist. Für eine Gesellschaft, für eine Frau. Wir als Chefredakteure, ob meine italienische oder meine amerikanische, britische, französische Kollegin – wir alle sind Role Models. Und wir alle machen das Heft so, wie wir unser Land sehen. Schauen Sie sich mal die französische VOGUE an, die hat in ihrem Logo als einzige VOGUE im Logo Paris stehen und nicht France. Da ist das eben mehr oder minder nur eine einzige Stadt, für die dieses Heft gemacht wird. Meine amerikanische Kollegin hingegen macht ein Heft für den gesamten Kontinent. Da sitzen die Leser nicht nur in New York oder Kalifornien, sondern auch in Nebraska und Idaho. Das heißt, sie muss grundsätzlich ein ganz anderes Heft machen als wiederum meine italienische Kollegin oder ich. Jeder hat eine andere Aufgabe. Aber tatsächlich denke ich, dass wir es am Modestandort Deutschland immer noch schwerer haben als alle anderen.

Woran genau liegt das?

Wir neigen dazu, uns mit den anderen Modenationen zu vergleichen. Dabei wollen wir doch nicht so sein wie alle anderen – warum sollten wir auch? »Me too« ist nie gut. Ich glaube, dass wir uns in Deutschland selbstbewusst auf das besinnen müssen, was wir haben und was wir können. Wir sind gute Handwerker. Wir können alles toll herstellen, warum sollten wir nicht auch toll Kleider machen können? Die Zukunft wird also zeigen, dass es gutes Modedesign in Deutschland gibt. Wir haben

> *Auch wenn Ihnen jemand sagt, das brauche man alles gar nicht – das beste Fundament bleibt das Handwerk.*

mit Berlin eine tolle Stadt, in der viel wachsen kann. Aber wir Deutschen tun uns grundsätzlich ein bisschen schwer mit Mode. Weil wir Angst haben vor Schönheit. Weil wir nicht denken, dass es nicht legitim ist, einfach zu genießen.

Wie erklären Sie sich diesen kulturellen Unterschied?

Begründet in unserer Geschichte. Genießen ist für Deutsche etwas ganz Schwieriges. Und wenn wir über Statussymbole reden, dürfen wir zwar ein teures Auto fahren, aber wir dürfen nicht eine luxuriöse Tasche haben, weil das profan wäre. Aber warum? Die Tasche begleitet mich jeden Tag 24 Stunden. Da ist mein Leben drin. Also kann doch auch meine Tasche etwas Besonderes sein. Wir Deutschen vergessen übrigens gerne, uns etwas Gutes zu tun, Schönheit zuzulassen. Für uns selber. Morgens in den Spiegel gucken, ganz profan, und wahrnehmen, dass man gut aussieht. Was ist falsch daran? Der Tag wird eher besser als schlechter. Unser Umgang mit der Schönheit, mit uns selbst und mit der Mode könnte manchmal ein bisschen leichter sein.

Ist Deutschland mit der Berlin Fashion Week auf dem Weg, so eine Leichtigkeit herbeizuführen?
Ja, wir sind da auf einem guten Weg. Am Anfang war es ganz viel Idealismus, heute ist es viel mehr Überzeugung, dass wir das schaffen können. Und vieles ist im Entstehen. Ich veranstalte im Rahmen der Fashion Week zum Beispiel regelmäßig den VOGUE-Salon und bereite eine Bühne für junge Designer, an deren Talent ich glaube. Schließlich hatte ich auch immer jemanden, der an mich geglaubt hat, der mir irgendwann die Bühne bereitet und den Vorhang aufgemacht hat.

Viele Nachwuchsjournalisten entdecken das Internet als Bühne für ihre Arbeit. Würden Sie jungen Leuten empfehlen, vielleicht sogar schon als Schüler einen Blog zu eröffnen und sich so mit Mode zu beschäftigen?
Jede Form, sich mit Mode auseinanderzusetzen, ist ein guter Weg. Blogs können tatsächlich eine gute Möglichkeit sein, um sich auszuprobieren. Das ist eine Plattform für junge Menschen. Ich habe allerdings etwas dagegen, wenn Blogger mit Journalisten verglichen werden, die ihren Job seit Jahren mit entsprechendem fachlichen Hintergrund machen. Vielen – auch viel beachteten Blogs – fehlt es schlicht an Expertise und damit auch an Glaubwürdigkeit. Um zu zeigen, dass beides zusammen geht, haben auch wir auf VOGUE.de einen Stilblog eröffnet. In vielen Blogs geht es doch vor allem um das dabei sein, um den Platz in der ersten Reihe. Wir sind ohnehin immer dabei. Also warum das nicht auch bloggen? Und gleich nach der Show den Designer fragen: »Bitte sag mir einen Satz zu der Show!« Im Blog können wir unser Netzwerk und unsere exklusiven Zugänge noch einmal auf andere Weise ausspielen als im Heft. Unseren Blog macht eine junge Redakteurin. Sie kann hier sprachlich anders arbeiten, es ist schneller und auch ein bisschen roher. Insofern finde ich die Möglichkeiten von Blogs gut. Und wenn man sich damit als Nachwuchsjournalist eine Bühne schaffen kann – na klar!

Was ist Ihr allerwichtigster Tipp für den Weg in den Traumberuf Journalismus?
Hör auf dich, ob es wirklich das Richtige ist, was du da gerade machst. Verlass dich auf dein Bauchgefühl!

Wie entsteht ein VOGUE-Trend?
Christiane Arp antwortet in dieser Videobotschaft:
(Jetzt mit dem Smartphone öffnen, z. B. mit der kostenlosen App »Scanlife«.)

Der Intellektuelle

»*Der Kluge stellt alles infrage*«

FRANK SCHIRRMACHER

Herausgeber, Frankfurter Allgemeine Zeitung

Die Frankfurter Allgemeine Zeitung gilt als einflussreichste Tageszeitung Deutschlands – Dr. Frank Schirrmacher ist ihr einflussreichster Kopf. Er schreibt einen Bestseller nach dem anderen, seine Bücher »Methusalem-Komplott«, »Minimum« und »Payback« verkauften sich mehr als eine Million Mal. Er ist der Schöngeist unter Deutschlands Starjournalisten. Und er hat seinen Weg in den Traumberuf Journalismus auf der Überholspur zurückgelegt: Mit nur 26 Jahren wurde Dr. Frank Schirrmacher Feuilleton-Redakteur der FAZ, mit 34 Jahren wurde er ihr jüngster Herausgeber aller Zeiten.

Herausgeber der FAZ zu werden ist schwer genug, das schon mit 34 zu schaffen, grenzt an ein Wunder. Was hat Sie zu einem Ausnahmejournalisten gemacht?
»Es gibt im Leben eine Initialzündung, die ist wichtig«. Dieser Satz stammt von einem Mann, den ich sehr bewundert habe. Er stammt von Siegfried Unseld, dem Gründer des Suhrkamp Verlags. Ich las den Satz als Schüler schon mal, heute weiß ich, dass es die Wahrheit ist. Wenn die Initialzündung, von der Unseld spricht, richtig angelegt ist, dann ist alles andere eine Kettenreaktion.

In welchem Alter kommt es normalerweise zu dieser Initialzündung?
Die kann selbst mit 30 noch passieren!

Und wann zündete es bei Ihnen?
Ich denke im Alter zwischen 15 und 17 Jahren. Da gibt es ja solche Urentscheidungen. Und bei mir gab es die Urentscheidung, wen ich toll fand, was ich toll fand und wie ich leben wollte.

Wen fanden Sie denn toll?
Das waren herausragende Leute, die aus dieser Welt der Schreibenden kamen. Jean-Paul Sartre etwa, der Romancier, Dramatiker, Philosoph und Publizist. Es faszinierte mich, was Schriftsprache auslösen kann. Ich bewunderte auch Autoren, die mit ihrer investigativen Arbeit Skandale enthüllten.

> *Wenn Sie von einer Sache überzeugt sind, dann werden Sie davon geleitet.*
> *Das ist wie ein Magnet.*

Und die Initialzündung reicht aus, um eine Karriere wie Ihre hinzulegen?
Absolut. Die größte Wirkung auf den Werdegang hat so ein Lebensplan. Nein, nicht Plan, sondern Wunsch. In diesem pubertierenden Alter bis 18, 19 sollte man sich klarmachen, was man sich vom Leben wünscht. Man sollte diese Zeit nicht ungenutzt lassen. Später kann man das ja alles noch mal revidieren. Aber das, was jemand in diesem Alter wirklich will, das kriegt er. Das habe ich so oft erlebt. Es klingt jetzt vielleicht komisch, aber es gibt Leute, die mit 16 oder 18 sagen »Ich will einfach nur ganz reich werden!« – und die werden reich.

Wie konkret war Ihr Lebenswunsch denn definiert?
Es war nicht so, dass ich sagte »Ich will irgendwann Herausgeber der FAZ werden«. Aber ich hatte schon meine Gurus, meine Vorbilder, an denen ich mich orientierte: Fritz J. Raddatz (früherer Feuilletonchef der ZEIT), Marcel Reich-Ranicki (früherer Literaturchef der FAZ) oder Joachim Kaiser (Musikkritiker der Süddeutschen Zeitung). Wenn mir damals jemand gesagt hätte, dass ich die alle mal kennenlernen werde und sogar Nachfolger von Reich-Ranicki werde – das hätte ich natürlich nicht geglaubt. Aber genau das wollte ich.

Sie selbst haben sich immer auch als »Glückskind« bezeichnet. Worin bestand die-
ses Glück? Sind Sie mit einer besonderen Gabe gesegnet?
Ich neige nicht zum Pessimismus, was mein eigenes Leben angeht. Glückskind
heißt in diesem Zusammenhang auch, dass mir niemand Steine in den Weg gelegt
hat. Und ich habe in meiner Laufbahn auch einige glückliche Umstände erlebt.
Mit 30 wurde ich gerade Literaturchef, da fiel die Mauer. Das ist ein journalistisches Geschenk sondergleichen.

Sind Sie denn mit einem besonderen »handwerklichen« Talent ausgestattet, konn-
ten Sie schon als Schüler besser schreiben als alle anderen?
Ja. Deutsch war immer auch mein Lieblingsfach.

Welche Note hatten Sie?
Eins.

Zu Ihrem Erfolgsrezept gehören also die »Initialzündung«, Glück und Talent. Dar-
über hinaus schreibt die Zeitung taz Folgendes über Sie: »Er hat Instinkt für den
richtigen Moment, er ist schneller, geschickter, konsequenter und mitunter bruta-
ler als die anderen.« Würden Sie dem zustimmen?
Mit solchen Zuordnungen tue ich mich schwer. Es ist doch schon schwer genug,
sein eigenes Leben oder seine Psyche auf eine Formel zu bringen. Deshalb erscheinen mir diese Etikettierungen von Journalisten vermessen. Ich glaube, die Grundlage von allem, so banal das klingt, ist Interesse. Das ist das Entscheidende. Interesse ist fast etwas Erotisches, man kann sich total in etwas versenken, wenn man
etwas verstehen will. Dabei geht es ja vor allem um das Interesse am Menschen.
Das Schlimmste ist Desinteresse, Ödnis und dergleichen. Wenn Sie also eine Kate-
gorie wollen, die ich mir auch zuschreibe und die ich auch von anderen erwarte,
dann ist das Interesse.

> *Besonders sein Interesse an Literatur ist unbändig. Als Student saugt Schirrma-*
> *cher Bücher förmlich auf, vor allem die von Thomas Mann, Ernst Jünger, Gottfried*
> *Benn, Stefan George, Franz Kafka (über den er später promoviert) und Joachim*
> *Fest. Letztgenannter erlangt mit seiner Biografie über Adolf Hitler Weltruhm. Fest*
> *bietet Schirrmacher später auf Empfehlung eines Professors ein Praktikum bei*
> *der FAZ an und stellt damit die Weichen für Schirrmachers Werdegang. Schirrma-*
> *cher beerbt Fest sogar als Herausgeber. Er habe sich in der Literatur Vaterfiguren*
> *zusammengesucht und von diesen Figuren sein Selbstbewusstsein abgeleitet, sagt*
> *Schirrmacher. Ein Selbstbewusstsein, das wirkt wie der Treibsatz in einer Rakete.*

Interesse ist das Eine, Sie haben aber auch Ihren Willen angesprochen. Glauben
Sie, dass Ihr Wille wesentlich größer war als der von anderen?
Ja, sicher. Wille spielt immer eine Rolle. Wobei, man sollte sich das von außen nicht
vorstellen wie einen Kampf um Futtertröge oder so. Es ist anders: Wenn Sie von
einer Sache überzeugt sind, dann werden Sie davon geleitet. Das ist wie ein Mag-

net. Und dann sind Sie plötzlich irgendwo. Natürlich müssen Sie da auch kämpfen, das ist schon klar. Aber Sie kämpfen natürlich besser, wenn Sie davon überzeugt sind, dass Sie es auch besser machen.

Zunächst muss man ja erst mal die Gelegenheit bekommen, sein Können unter Beweis zu stellen. Sie sind über ein Praktikum zur FAZ gekommen, dass Ihnen Ihr damaliger Professor Dolf Sternberger vermittelt hat, ein bekannter Politikwissenschaftler. Wie gewinnt man solche Förderer oder Mentoren?
Ich bin ihm an der Uni aufgefallen.

Wie genau sind Sie denn aufgefallen?
Wir interessierten uns für die gleichen Dinge. In diesem Fall für Stefan George und den Jugendstil. Damals war das nicht so in, und da fiel das halt auf.

> *Es geht um das tolle Gefühl, das Wertvollste von den Menschen zu bekommen, das sie heute haben – Aufmerksamkeit.*

Ist das jetzt nicht etwas untertrieben? In einem Porträt über Sie ist über Ihre Studienzeit zu lesen: »Bei seinen Professoren machte er sich einen Namen als Vorzeigestudent und Ausnahmetalent. Bei einem seiner Literaturprofessoren zählte er schnell zu den Freunden des Hauses. Vor allem beeindruckte der Student Frank Schirrmacher schon damals mit seiner Begeisterungsfähigkeit und Neugier, die viele ansteckt.«
Interesse, es geht immer nur darum, ob man sich für etwas brennend interessiert. Und diese ganze Welt des Journalismus hat mich schon sehr frühzeitig interessiert. Schon mit 17 habe ich mich um ein Volontariat, also eine Redakteursausbildung, bei der Frankfurter Rundschau beworben und wurde natürlich abgelehnt. Das weiß ich noch. Ich bekam einen ganz bösen Absagebrief, »studieren Sie erst mal zu Ende« und so weiter. Auch der SPIEGEL hat mich abgelehnt, alle haben mich abgelehnt.

Haben Sie da an sich gezweifelt?
Nein, ich konnte ja sagen, dass ich noch sehr jung war. Später wäre das anders gewesen. Ich wollte auch mal an die Henri-Nannen-Journalistenschule, daran erinnere ich mich noch sehr genau. Im Bewerbungsverfahren bekam ich die Aufgabe, eine Reportage zu schreiben: »Ein Tag im Standesamt.« Ich machte einen Termin im Standesamt, ging da hin – und schob das Schreiben immer weiter vor mir her, weil ich das Thema so schrecklich fand und mir nichts einfiel. Aber ich war mir ganz sicher, dass ich das noch in den letzten 48 Stunden schaffe. Und natürlich schaffte ich es nicht. Ich habe dann auch überhaupt nichts abgeschickt. Aber selbst das hat mich jetzt nicht dazu gebracht zu denken, dass ich es nie schaffe. Ich hatte eher das Gefühl, dass die Journalistenschule dann offenbar nicht der richtige Weg für mich wäre. Insofern würde ich auch jedem raten immer zu hinterfragen, ob man etwas wirklich will.

Noch mal zurück zu den Mentoren. Haben Sie sich denn bewusst einen Ratgeber und Förderer gesucht?
Ja, durchaus. Zum Beispiel der FAZ-Herausgeber Joachim Fest, mein Vorgänger. Den bewunderte ich aus der Ferne schon ungelogen, seitdem ich 14 war. Da kam seine Hitler-Biografie raus. Ich habe nicht alles verstanden, aber ich war damals schon total von seinem Stil, seiner Art zu schreiben, beeindruckt. Und ich wollte ihn auch einfach mal kennenlernen. So entwickeln sich solche Dinge. Oder auch Siegfried Unseld, der Gründer des Suhrkamp Verlags. Ich fand den total interessant, weil ich seine Autoren bewunderte. Dann wollte ich wissen »Wie ist der so?« Und dann kommt wieder das Glück ins Spiel.

Inwiefern?
Das Glück besteht darin, auf echte Persönlichkeiten zu treffen, die ein wahnsinniges Interesse an ganz jungen Leuten haben. Sozusagen das Gegenteil der Frankfurter Rundschau. Siegfried Unseld hat einen 16-Jährigen eben nicht rausgeschmissen, sondern die Begegnung wie eine Börse, eine Wette betrachtet. Das war nicht nur rein altruistisch. Denn es könnte ja unter hundert 16-Jährigen irgendwo ein neuer Hesse oder ein neuer Brecht sein. Das war ich natürlich nicht, aber es hätte ja sein können. Darum hatten diese Leute eine gewisse Offenheit. Ich glaube, den größten Fehler, den man als 16-Jähriger begehen kann, ist, in diesem Punkt zu bescheiden zu sein und zu sagen »Ich bin noch so jung und soll gar nicht«. Wenn es ein 16-Jähriger schafft, hier bis zu mir vorzudringen, kann der sicher sein, dass ich ihm eine Chance geben würde, wenn ich von ihm überzeugt bin.

Wenn Ihnen also ein 16-Jähriger eine wahnsinnig überzeugende E-Mail schreibt – würden Sie den als Praktikanten nehmen?
Nicht nur das. Ich suche ja auch das Internet nach Talenten ab. Wir haben ja eine Reihe von Bloggern und Autoren, die ich gewonnen habe, aus allen Altersstufen.

Abi-Note: 1,0
Womit haben Sie Ihr erstes Geld verdient? Mit Artikeln für eine professionelle Schülerzeitung.
Über was haben Sie Ihren ersten Artikel geschrieben? Über die Frage, ob der NS-Kriegsverbrecher Rudolf Heß freikommen soll oder nicht. Das war damals eine Debatte. Ich war dagegen.
Was ist Ihr wichtigster Tipp für den Einstieg in den Journalismus? Schreiben lernt man nur durchs Schreiben. Und beim Schreiben müssen Sie wissen, dass es mit einem Artikel möglich ist, Menschen zu verändern – ihre Sichtweise auf die Welt zu verändern. Ob es über einen Hartz-IV-Empfänger ist oder über einen Superstar. Das ist ein unglaubliches Geschenk, wenn man es richtig macht.

Wenn jemand bis zu mir durchdringt, also auch physisch, dann ist der schon mal hochinteressant für mich.

Dann verraten Sie unseren Lesern doch direkt mal Ihre E-Mail-Adresse für die Bewerbung ...
Das mache ich gerne: f.schirrmacher@faz.de

Als Sie selbst noch Praktikant bei der FAZ waren, da mussten Sie ja auch durch besondere Fähigkeiten auf sich aufmerksam machen. Was haben Sie damals besonders gut gemacht?
Das kann man doch von sich selbst nicht sagen. Aber ich erzähle Ihnen mal, was mir Reich-Ranicki riet. Ich will verstehen, warum Kirschen am Baum hängen. Jetzt suche ich die Erklärung und finde nach langem Rätseln die Antwort. Nun habe ich die eine Antwort. Der Kluge stellt diese Antwort sofort infrage und überlegt, ob es nicht noch eine andere gibt. Dies ist ein ganzes einfaches Prinzip. Es geht also gar nicht um die Antwort an sich, sondern um die Grundhaltung, alles zu hinterfragen. So arbeiten wir hier übrigens. Es zählt jedes Argument, egal ob links oder rechts. Hauptsache, es ist ein gutes Argument. Das führt dazu, dass Sie auf neue Ideen kommen.

Wie ein Ideenlabor wirkt auch Schirrmachers Büro, das mit seinem warmen Licht, edlem Teppich und großen Bücherregalen so anmutig ist wie eine Bibliothek. An der Wand hängt ein Ölgemälde von Bernhard Heisig, einem Vertreter der Leipziger Schule. Er malte vor allem große, historisch-politische und gesellschaftliche Panoramen. Heisig war dafür bekannt, seine Bilder immer wieder zu überarbeiten und zu verändern. Auch Frank Schirrmacher liebt es, Bilder zu verändern. Die Bilder in den Köpfen der Menschen. Seine Kunst ist die des ständigen Hinterfragens. Hier, von diesem Schreibtisch aus, entstehen die Artikel und Debatten, mit denen Schirrmacher maßgeblich das intellektuelle Leben in der Bundesrepublik prägt. In seinem Buch »Das Methusalem-Komplott« prognostiziert er die unaufhaltsame Überalterung unserer Gesellschaft und entwickelt Modelle für die Lösung der damit verbundenen Probleme. In »Payback« zeigt Schirrmacher, dass das Internet nicht nur ein Segen, sondern auch ein Fluch ist. In unserem rasanten Informationszeitalter würden viele Menschen nicht mehr unterscheiden können, was wichtig ist und was nicht. »Das Internet vermanscht unser Hirn«, schreibt er.

Ihre Bücher treffen immer den Nerv der Zeit und werden zu Bestsellern. Wie finden Sie die Themen, mit denen Sie bundesweite Debatten anstoßen? Haben Sie dafür eine konkrete Technik?
Man macht sich viel zu wenig bewusst, inwieweit Journalismus, jedenfalls so wie ich ihn kenne, schon lange vor dem Internet, ein Phänomen von Netzwerken ist. Zu Journalismus gehört eine gewisse Offenheit. Im Laufe der Zeit bauen Sie sich Netzwerke auf von Menschen, die über Dinge diskutieren. Zusammen mit Lektüre führt dies zu Prozessen der Reflexion. Durch meine Funktion in dieser Zeitung

habe ich außerdem das Privileg, eigentlich an jeden heranzukommen, der mich interessiert, und mit ihm zu diskutieren. So kann ich mir ein Meinungsbild entwickeln.

Waren Sie schon als Schüler immer der Klassensprecher, der Debatten anstoßen wollte?

Ich war überhaupt kein Klassensprechertyp, ich stand eher immer etwas quer. Ich war auch in keiner Organisation oder so was. Die Debatten spielten sich im Freundeskreis ab. Und es gab eben Autoren, die mich fasziniert haben. Zum Beispiel Ivan Illich, den ich persönlich erlebt habe. Der war groß, wahnsinnig charismatisch. Der hatte mit seinen Ideen die ganze grüne Bewegung eigentlich schon vorweggenommen. Der sagte zum Beispiel auch Dinge wie »schafft die Schulen ab!«, das war ein richtiger Typ. Ich wollte seine Vorträge hören und habe zu ihm auch den direkten Kontakt gesucht.

> *Ich glaube, den größten Fehler, den man als 16-Jähriger begehen kann, ist, zu sagen »Ich bin noch so jung und soll gar nicht«.*

Dass Sie in diesem Land Debatten anstoßen und Meinungen beeinflussen können, bedeutet auch eine gewisse Macht. Genießen Sie dieses Gefühl?

Wenn einem der Job nicht Spaß machen würde, dann würde man ihn nicht machen. Aber dieser Spaß hat mit Macht im klassischen Sinne nicht viel zu tun. Ich schreibe ja nicht einen Börsenkurs hoch oder runter. Es geht um das tolle Gefühl, das Wertvollste von den Menschen zu bekommen, das sie heute haben – Aufmerksamkeit. Das ist die begrenzteste Ressource. Und Sie schaffen es, dass deren wertvollstes Organ, das Gehirn, sich eine Weile mit Ihren Gedanken auseinandersetzt und dann eigene Gedanken dazu denkt. Das ist nicht Macht, das ist das Gefühl einer Kollaboration zwischen Ihnen und den anderen. Und das macht Riesenspaß. Ich kann durchs Schreiben etwas auslösen und das ist die größte Befriedigung, die ich mir vorstellen kann.

Ist es das, was Ihnen am Journalismus am meisten Spaß bereitet?

Absolut. Aber jeder kann für sich die Frage anders beantworten, was er im Journalismus will. Es gibt Menschen, die wollen in den Journalismus, weil sie ihr Gesicht vor der Kamera zeigen möchten. Es gibt Menschen, die wollen in den Journalismus, weil sie viel reisen wollen. Es gibt Menschen, die wollen in den Journalismus, weil sie die großen Stars treffen wollen. Eins sollte man allerdings nicht vergessen. Auch wenn man noch so nah an die handelnden Akteure der Politik herankommt, ist der Journalismus nicht das Forum, um dort selber mitzuspielen. Das finde ich ganz schlimm, das sind Machtspiele. Als Journalist bin ich nur der Beobachter. Ich kann alles anschauen, ich komme so nah ran wie kein anderer, aber ich interpretiere es nur.

Apropos nah rankommen. Erinnern Sie sich an irgendein Gespräch, das für Sie ein besonders wertvolles journalistisches Erlebnis war?

Da gab es viele. Hier, wo Sie jetzt sitzen, saß ein Gott meiner Jugend, Nobelpreisträger Josef Brodski nach der Wende. Dann war hier das Gespräch zwischen Walser und Bubis. Unglaublich war auch die Begegnung mit Neil Armstrong. Ich glaube ich war der Erste, der ihn in einem Fernsehstudio interviewte. Da lernt man Demut, ein so bescheidener, freundlicher, fast ätherischer Mann. Die vielleicht faszinierendste Gestalt, wenn Sie das fragen, das ist zwar immer ungerecht, aber das Faszinierendste war eine bestimmte Begegnung mit dem französischen Staatspräsidenten François Mitterrand. Der war so echt und kam aus meiner Welt der Literatur. Das war unglaublich. Mitterrand besuchte zusammen mit Altkanzler Helmut Kohl den damals schon fast 100-jährigen Schriftsteller Ernst Jünger, der selber schon fast eine Legende war. Außer mir war nur noch der Dolmetscher dabei. Es war eine irre Situation, weil Jünger und Mitterrand sich gegenseitig übertrumpfen wollten, wen sie alles in ihrem Leben gekannt haben. Aber auf eine so faszinierende Weise. Und plötzlich waren das zwei kleine Jungen. Kohl guckte nur so ein bisschen zu, aber es war schon doll.

Wenn man schon in einem so jungen Alter eine herausragende Position erreicht wie Sie, hat man viele Bewunderer, aber auch Kritiker. Nachdem Sie mit 34 Jahren zum Herausgeber aufstiegen, erschien im SPIEGEL ein Artikel unter der Überschrift »Überflieger im Abwind«, in dem Ihnen Selbstinszenierung und fragwürdige Personalentscheidungen vorgeworfen wurden. Die Süddeutsche Zeitung betitelte Sie despektierlich als »Kindkaiser«. Wie sind Sie mit diesem starken Gegenwind umgegangen?

So etwas passiert immer, wenn jemand Junges eine verantwortungsvolle Position übernimmt. Der Autor des SPIEGELs hat sich später in einem netten Brief bei mir auch dafür entschuldigt. Das sind alles Machtkämpfe. Es herrscht auch eine Art Selektionsprinzip. Das muss man offenbar einmal überstehen.

> *Beim Schreiben müssen Sie wissen, dass es mit einem Artikel möglich ist, Menschen zu verändern – ihre Sichtweise auf die Welt zu verändern.*

War das also eine Art Feuertaufe für Sie?

Ja, auch wenn dieser Begriff vielleicht ein bisschen zu hoch gehängt ist. Es ging hier schon um eine Richtungsfrage. Ich kann doch nicht eine Position übernehmen und nichts ändern wollen. Und um diese Frage ging es. Dass ich da auch Fehler gemacht habe, ist überhaupt keine Frage. Aber da bin ich auch ganz gelassen und sage »Fehler machen immer beide.«

Diese Kritik an Ihnen kam besonders von außen. Glauben Sie, dass das auch mit Neid zu tun hatte?

Natürlich gibt es in der deutschen Medienlandschaft wahnsinnig viel Affekt, Neid, Missgunst. Es gibt aber auch wirkliche Ablehnung. Allein die FAZ an sich hat schon ein bestimmtes Image, nennen Sie es vielleicht bürgerlich oder konservativ. Und der Journalismus untereinander hat Schwierigkeiten, sich gegenseitig anzuerkennen. Ich kann nur raten, so etwas nicht ernst zu nehmen. Wenn man durch solche Kritik seine Identität verändern würde, wäre man sofort verloren. Jeder Journalist, jeder Politiker. Die Gefahr besteht darin, einen Journalismus zu bekommen, der sich nur noch an der Frage orientiert, wer am besten dasteht oder – was ich noch schlimmer finde – wer unauffällig ist. Außerdem muss man unterscheiden. Es gibt so ein paar Journalisten, die sind einfach auch der Repräsentant ihres Mediums und müssen für das Medium mitbezahlen. Im Guten wie im Schlechten. Sie profitieren davon, aber Sie kriegen auch die Schläge dafür. Das gilt für die FAZ und genauso für den SPIEGEL oder die Süddeutsche Zeitung.

Vorhin haben Sie schon die Lektüre angesprochen. Wie viele Stunden lesen Sie pro Tag?
Jetzt in der Zeit von mobilen Geräten und iPad lese ich dauernd. Die Frage ist, was Lesen ist. Mir ist das unlängst bewusst geworden, dass ist ja ein irres Phänomen, da stimmt der Kulturpessimismus ja gar nicht. Der moderne Mensch ist der lesende Mensch. Ich lese also dauernd digital. Wenn Sie jetzt aber nach dieser grundsätzlichen Fundamentallektüre in Buchform fragen – das kann nur noch abends und nachts passieren. Insgesamt lese ich etwa zwei bis vier Stunden pro Tag.

Lesen Sie mehr digital oder auf Papier?
Ich mag beides. Aber irgendwann wird das Papier das letzte Medium sein, in dem Sie nicht überwacht und nicht analysiert werden. Ich habe viele Bücher auf dem iPad. Da blättere ich rum und plötzlich erscheint ein unterstrichener Satz und es steht da: 728 Leser fanden diesen Satz interessant. Das wird mir ein bisschen unheimlich.

Wann finden Sie neben Ihrem anstrengenden Job als FAZ-Herausgeber eigentlich noch Zeit, Ihre Bücher zu schreiben?
Na ja ... ich bin halt nicht so schlafbedürftig.

Wie viel Stunden schlafen Sie denn pro Nacht?
Ungefähr fünf. Und Bücher schreibe ich ja auch in relativ großen Abständen. Und wenn Sie, was ich nicht tue, jeden Tag eine Buchseite schreiben, haben Sie am Ende des Jahres 365 Seiten. Das ist alles machbar, aber man darf es auch nicht übertreiben. Hätte ich mehr Zeit, würden mich vielleicht noch andere Projekte interessieren. Mich beschäftigt zum Beispiel die englische Fernsehserie »Downton Abbey«. Die kann ich nur jedem empfehlen, wirklich unglaublich. Und die hat auch ein Journalist geschrieben, Julian Fellowes. Das ist Kunst, diese Mischung, dass Sie es mit fiktiven oder halbfiktiven Mitteln schaffen, Menschen zum Nachdenken zu bewegen. Als Journalist kann man also jede Plattform nutzen, um

Geschichten zu erzählen. Und dieses Geschichtenerzählen ist etwas, wofür es einen Riesenbedarf gibt.

Wo Sie gerade vom Geschichtenerzählen sprechen. Können Sie sich vorstellen, nach Ihren Sachbüchern irgendwann auch noch einen Roman zu schreiben?
Genau das kann ich gerade nicht. Ich bin der Unfähigste, so etwas zu machen. Ich könnte keine fünf Zeilen zustande bringen. Man muss wissen, was man nicht kann.

Haben Sie es denn mal versucht?
Ja, mit ungefähr 16 Jahren. Ich erinnere mich auch noch an den ersten Satz ... irgendetwas mit einer Todesstrahlpistole. Es sollte ein Thriller werden und ging aber über den ersten Satz nicht hinaus.

Und das, obwohl Sie eine Eins in Deutsch hatten. Waren Sie auch sonst ein guter Schüler?
Ich war eher, was ja bei vielen passiert, ein wahnsinnig schlechter Schüler in der Phase, in der Jungs schlecht sind. Und dann passierte etwas, das ich bis heute nicht erklären kann: Ich wurde plötzlich gut, ohne mehr zu tun. Das kenne ich von vielen Freunden. Man weiß gar nicht, was passiert! Und dann habe ich ein gutes Abitur gemacht.

Wie gut?
Lassen wir das.

Sie wurden dann ja auch Stipendiat der Studienstiftung des deutschen Volkes. Was hat Ihnen das, außer Geld, noch gebracht?
Ich habe da sehr viele Kontakte geknüpft und vor allen Dingen sehr schnell gelernt, was ich alles nicht weiß. Da waren Leute in diesen Seminaren, die extrem gebildet waren, viel klüger als ich und wahnsinnig viel wussten. Das war inspirierend. Da waren Leute, die konnten sieben Sprachen ...

Wie viele Sprachen können Sie?
Drei. Französisch, Deutsch, Englisch. Das ist es auch schon. Aber ich finde es auch nicht so prickelnd, wenn Bildung zu so einer Ideologie wird: Geige spielen, fünf Sprachen, abends in die Zauberflöte ...

Sie haben ja auch im Ausland studiert, und zwar nicht an irgendwelchen Unis, sondern an solchen mit klangvollen Namen wie Cambridge und Yale. Würden Sie das empfehlen?
Yale war ja nur ein ganz kurzer Studienbesuch, in Cambridge habe ich richtig studiert und bin da heute noch Mitglied im Clare College. Ich kann ein Studium im Ausland wirklich nur dringend empfehlen. Der Name spielt gar keine Rolle. Wenn ich hier Leute einstelle, gucke ich übrigens auch nicht auf die Abiturnote.

Worauf gucken Sie denn?

Aufs Gespräch. Und ich gucke auf Brüche, die ich mir nicht erklären kann. Wenn jemand ganz schlechte Noten hat, würde mir das schon negativ auffallen. Oder wenn jemand sehr oft viel angefangen, aber nichts zu Ende gebracht hat.

Wären solche Dinge ein K.-o.-Kriterium?

Wenn jemand mir das nicht plausibel erklären kann, dann schon. Wenn jemand familiäre Probleme hat, wäre das natürlich erklärlich. Ein Bruch ist auch, wenn jemand wirklich ewig studiert hat.

> *Der Kluge stellt eine Antwort sofort infrage und überlegt, ob es nicht noch eine andere gibt.*

Manche verbringen ja auch nach dem Abi ein Jahr in Australien, wie bewerten Sie das?

Das ist gar nicht schlimm. Wenn jemand eine rein effizienzorientierte Ausbildung vorzuweisen hat, ist das schon wieder eher bedenklich. Wenn jemand ein Jahr aussteigt, zeigt er mit vielleicht, dass er das Selbstbewusstsein hat, dass er wieder andocken kann. Gerade in unserem Job kann man das überhaupt nicht verallgemeinern.

Im Journalismus glaube ich an die absolute Chance des Einzelnen, wir haben hier Leute, die haben noch nicht mal Abitur. Nehmen Sie den großen Kritiker Marcel Reich-Ranicki, der hat auch nicht studiert.

Heutzutage wird aber oft ein Studium vorausgesetzt. Haben Sie eine Empfehlung für eine gute Uni?

Was ich absolut faszinierend finde ist, was ich aus Stanford höre. Da gibt es einen Studiengang, der verbindet den gesamten Bereich von Kulturtechnik und Kultur mit Informatik. Wir sagen ja immer, es gebe entweder eine Monobegabung Mathematik oder eine Monobegabung Geisteswissenschaften. Das liegt aber vielleicht nur daran, dass wir die Angebote noch gar nicht hatten, das zusammenzuführen. Das ist so ein Studiengang, wo ich sagen würde, das ist absolute Zukunft. Das ist nach meiner Überzeugung, was wir brauchen. Im Grunde muss die nächste Generation ja sogar programmieren können, zumindest ahnen können, wie das geht. Und so was klingt für mich wahnsinnig spannend. Ich glaube auch an Universitäten, an Milieus, in denen einfach coole Leute sind, die einen sehr inspirieren. Das heißt nicht, dass man nicht auch in Deutschland so etwas findet.

Sie haben ja auch promoviert. Wie wichtig war dieser Doktortitel für Ihre Karriere?

Im Journalismus ist der Doktortitel unwichtig. Aber früher hieß es ja, Sie können an der Universität bleiben und da noch Professor werden. Diesen Gedanken hatte ich damals am Rande auch im Hinterkopf. Heute aber ist Professor zu werden manchmal etwas sehr Unattraktives. Es sind oft richtig schlecht bezahlte, selbstausbeuterische Berufe. Das ist geradezu ein Verbrechen an der Wissenschaft.

Sind Zeitungsredakteure nicht oft ähnlich schlecht bezahlt?

Da gibt es tatsächlich ein Problem. Redakteure der Süddeutschen Zeitung haben sogar gestreikt deswegen. Wir bekommen gerade einen unfassbaren Split in diese Gesellschaft rein: nicht nur zwischen gut bezahltem und schlecht bezahltem Redakteur. Sondern zwischen Redakteur aus der Vergangenheit und Redakteur der Zukunft. Wir sehen, dass die alte Generation gut versorgt ist und die neue Generation zum Teil mit dauernder Nichtfestanstellung, zum Teil mit untertariflicher Bezahlung kämpft. Es tritt damit eine Pauperisierung, eine, ich würde fast sagen, soziale Deklassierung des Journalistenberufs ein. Und das ist gefährlich. Es gibt jetzt im Ruhestand noch immer eine Generation von Redakteuren zum Beispiel beim öffentlich-rechtlichen Fernsehen, ARD und ZDF, die haben Pensionsansprüche von über 100 Prozent. Dagegen schauen Sie sich mal einen heute 25- oder 30-Jährigen an, der bis 40 gar nicht die Chance hat, überhaupt etwas für die Rente zu sparen.

Was raten Sie also? Sollte man sich besser einen anderen Traumberuf suchen?

Ich glaube, wer gut ist, muss sich das nicht bieten lassen. Das wiederum heißt aber nicht, dass diejenigen, die das erleben, nicht gut sind. Damit kommen die Medienunternehmen auch nicht durch. Junge Leute werden Mangelware und die Medien werden gute junge Leute brauchen. Etwas raten kann ich da also erst mal den Medien, nämlich, dass es so nicht weitergeht und sie aufpassen müssen, dass sie nicht eine ganze Generation verlieren. Der Rat an die jungen Leute ist: Jeder muss sich ganz genau anschauen, ob die Gesellschaft in der Lage ist, bestimmte Berufe zu honorieren, anzuerkennen oder nicht. Ich glaube schon, dass die großen Medien es noch schaffen. Aber ich weiß nicht, was es für die breite Masse bedeutet.

> *Wenn jemand ein Jahr aussteigt,*
> *zeigt er mir vielleicht,*
> *dass er das Selbstbewusstsein hat,*
> *dass er wieder andocken kann.*

Angenommen ich lasse mich von dieser düsteren Entwicklung nicht abschrecken. Was kann ich schon als Schüler tun, um mich auf den Einstieg in den Journalismus vorzubereiten? Würden Sie aus heutiger Sicht für die Schülerzeitung schreiben oder einen Blog eröffnen?

Ich würde dringend empfehlen, bei der Schülerzeitung anzufangen. Das schließt übrigens den Blog gar nicht aus. Ich glaube, wir werden nicht einen Ersatz von Medien feststellen. Zeitungmachen auf Papier ist aber etwas anderes als Zeitungmachen elektronisch. Diese Plattformen werden synchron existieren. Wir werden Leute haben, die nur die eine und nur die andere benutzen. Aber die Form der Kollaboration, die bei so einer Schülerzeitung passiert, eben auch in diesem Trägermedium Papier, ist anders, als wenn Sie hier in unsere Internetredaktion gehen. Ich kann Ihnen noch ein anderes Beispiel nennen. Eine Reihe von Medizininformatikern, die größten der USA, sagen: Nachdem jetzt die gesamte Medizintechnik digitalisiert ist, stellen wir fest, dass es Dinge gibt, die wir wieder lernen müssen. Wenn wir etwa ein Problem lösen wollen, sollten wir es mit der Hand schreiben. Denn zwischen Gehirn und Hand liegen Synapsen, die das Denken verbessern. Sie können also Probleme mit der Hand einfach besser lösen. Die Arbeit an einer Schülerzeitung, ich sage es einfach ganz platt, wird das Gehirn schärfen. Insofern sollte man alles immer sehen wie Jogging. Wie Trainingsprojekte. Versuchen Sie, es einfach besser zu machen.

Welche tägliche Lektüre empfiehlt der FAZ-Herausgeber?
Frank Schirrmacher antwortet in dieser Videobotschaft:
(Jetzt mit dem Smartphone öffnen, z. B. mit der kostenlosen App »Scanlife«.)

Der Onlinepionier

»Denen zeigen wir's!«

MATHIAS MÜLLER VON BLUMENCRON

Chef der digitalen Angebote, DER SPIEGEL

»Das Internet ist das Medium der Zukunft.« Heute würde diesen Satz wohl niemand mehr ernsthaft in Zweifel ziehen, aber Mathias Müller von Blumencron prophezeite schon zur Jahrtausendwende die Revolution des Journalismus durch das Internet. Im Jahr 2000 übernahm er als Chefredakteur die Leitung von SPIEGEL Online und baute das Portal zu der führenden Nachrichten-Website in Deutschland aus. Seit 2008 ist Müller von Blumencron zusammen mit Georg Mascolo SPIEGEL-Chefredakteur, seit 2011 zuständig für alle digitalen Angebote des Verlages. Dazu zählt neben SPIEGEL Online auch die digitale Ausgabe des SPIEGELs.

Sie haben ja beide Welten des SPIEGELs als Chefredakteur mitgestaltet – die gedruckte und die digitale. Wo hatten Sie mehr Spaß, an der Spitze des Magazins oder an der Spitze von SPIEGEL Online?

Das können Sie so nicht gegeneinanderstellen. Der gedruckte SPIEGEL ist das beste Magazin des Landes, Einfluss und Bedeutung des Blattes verlangen höchste Verantwortung und Kreativität. Es ist die ständige Arbeit an dem großen »Unternehmen Aufklärung«, das DER SPIEGEL war und ist, an den aktuellen und bewegenden Themen unserer Zeit. Sie konzipieren Titelgeschichten, stoßen Debatten an, bringen aufwendige Rechercheprojekte in Gang, an denen viele Redakteure mitarbeiten. Dabei müssen Sie einen sicheren Instinkt bewahren. Wenn Sie die Geschichte nachher nicht veröffentlichen, weil sie nicht mehr in die Welt passt, dann haben Sie nicht nur viel Zeit und Geld verschwendet. Dann haben Sie auch Ihre Leute frustriert. An der digitalen Welt fasziniert mich, dass sie über den hochaktuellen Journalismus hinaus eine permanente konzeptionelle Herausforderung ist. Wir entwickeln die bedeutendste Nachrichtenseite des Landes ständig weiter. Stillstand gibt es nicht. Wir erweitern Themengebiete und Redaktion, denken uns neue Ressorts und Darstellungsmöglichkeiten aus. Es gibt keine bessere Plattform für die aktuelle Berichterstattung.

> *Jeder, der eine kluge Geschichte schreibt, der bewegt etwas.*

Klingt so, als müsse man sich für Internet und Technik begeistern, um hier zu arbeiten. Haben die Redakteure von SPIEGEL Online eigentlich eine spezielle Ausbildung für Onlinejournalismus absolviert?

Das wird Sie überraschen, aber wir haben bisher so gut wie niemanden eingestellt, der eine spezielle Onlineausbildung hat. Die Kollegen von SPIEGEL Online haben alle einen grundsoliden journalistischen Werdegang hinter sich. Sie haben entweder ein Volontariat bei einer führenden Tageszeitung absolviert, bei einem guten Fernseh- oder Radiosender gearbeitet oder sie waren auf einer der großen Journalistenschulen. Also entweder auf der Henri-Nannen-Schule in Hamburg, der Deutschen Journalistenschule in München oder der Georg von Holtzbrinck-Schule für Wirtschaftsjournalisten in Düsseldorf. Entscheidend ist das journalistische Handwerk, gar nicht so anders, als ich es selbst Ende der Achtzigerjahre an der Nannen-Schule gelernt habe. Wer handwerklich nicht Spitze ist, wem es an Talent, Leidenschaft und Einsatzbereitschaft mangelt, mit dem können wir in der Redaktion nichts anfangen.

Was sind denn diese Grundregeln?

Man muss Schreibtalent mitbringen, das Schreiben handwerklich beherrschen. Dazu kommt die Fähigkeit zur Recherche und eine gewisse Unerbittlichkeit dabei. Drittens braucht man eine sehr gute Allgemeinbildung, einen gewissen Hang zur Akribie und nicht zuletzt Persönlichkeit.

Gibt es denn keine besonderen Anforderungen, die speziell den Onlinejournalismus betreffen?

Doch, aber die lernen unsere Nachwuchsredakteure eigentlich erst, wenn sie bei uns sind. Wir betreuen die Kollegen intensiv, wir sprechen Aufgaben und Texte mit ihnen durch. Wir fördern sie mit Seminaren. Und dann ist da die ständige Alltagsarbeit, die beste Form der Lehre. Selbst erfahrene Kollegen brauchen bis zu einem Jahr, um in der Redaktion anzukommen, bis sie wissen, wie Journalismus bei SPIEGEL Online funktioniert. Es ist eben doch eine andere Form, Geschichten zu erzählen, die Wirklichkeit zu verarbeiten. Eine deutlich andere Form als bei der Tageszeitung.

Können Sie die Unterschiede mal anhand eines Beispiels erklären?

Nehmen Sie das Drama um die »Costa Concordia«. Zunächst vermelden Sie kurz und nachrichtlich, was Sie zu Beginn wissen – ein großes Kreuzfahrtschiff mit mehreren Tausend Passagieren ist aufgelaufen. Viel mehr haben wir noch nicht, die Nachrichtenagenturen müssen sich selbst noch orientieren, keine Informationen über Verletzte, Ertrunkene oder gar das Warum. Dennoch ist es ein Ereignis von so großer Brisanz, dass wir sofort mit einer Eilmeldung aufmachen. Und dann folgen ein paar Absätze Information und der Satz »In Kürze mehr bei SPIEGEL Online«. So fängt es an.

So fängt übrigens auch ein Radiosender an oder ein aktueller TV-News-Kanal. Dann kommen die konzeptionellen Überlegungen: Wie viele Themenstränge könnten sich möglicherweise aus dem Ereignis ergeben? Also: Wer kümmert sich um die nachrichtliche Fortschreibung? Ist der Korrespondent in Rom erreichbar und kann sich um den Kontakt mit Behörden und Rettern kümmern? Wer kann italienisch und scannt die italienischsprachigen Websites, die natürlich sehr nah dran sind? Wer recherchiert bei Ermittlern und der Küstenwache neue Erkenntnisse zur wirklichen Ursache? Und natürlich macht sich sofort mindestens einer unserer Reporter auf den Weg zum Unglücksort.

Was passiert noch in der Redaktion?

Die Bildredakteure kümmern sich um die neuesten Fotos, die Videokollegen bearbeiten die ersten Bewegtbilder und scannen Youtube, die Grafik erstellt eine Lagekarte, möglichst interaktiv. Ein Liveticker wird eingerichtet, weil sich die Meldungen überschlagen. Unser Social-Media-Team hält die Leser über Twitter auf dem Laufenden. An so einer Story haben sie schnell fünfzehn Leute sitzen, die recherchieren, schreiben, organisieren. Die Stücke kommen auf die Site, sobald sie fertig sind. Der Leser erlebt also eine kontinuierliche hochaktuelle und multimediale Berichterstattung, die sich ständig vertieft. Und nach ein paar Stunden gibt es die ersten bewertenden Analysen, sobald wir uns ein Urteil zutrauen.

In Zukunft werden wir übrigens zunehmend mit Live-Videos berichten. Die Rücktrittsrede von Christian Wulff etwa haben wir im Livestream auf SPIEGEL Online übertragen. Und bald können wir auch von vor Ort live bewegtes Bild direkt auf die Homepage übertragen.

Muss ein Redakteur bei SPIEGEL Online denn alles können – vom Text bis zur Grafik?
Nein, wir pflegen ein hohes Maß an Spezialisierung. Wir haben Textredakteure, Videoredakteure, Bildredakteure, technische Grafiker, Multimedia-Spezialisten. Jedes Ressort etwa hat einen eigenen Bildredakteur, der die Fotos heraussucht, die andere Kollegen dann in Fotostrecken zusammenbauen und betexten. Es gibt niemanden, der alles bis zur Perfektion beherrscht. Es gibt Leute, die können gut schreiben; Leute, die können gut recherchieren und Leute, die haben ein sehr gutes Auge für Bilder. Dazu kommen Grafiker und Videospezialisten. Meistens fällt das nicht zusammen. Das wäre ja sonst ein Wundertalent. Natürlich sollte ein Redakteur auch ein gutes Auge für Fotografie und Video mitbringen.

Was muss man als Onlineredakteur der Zukunft noch alles drauf haben, was ein Kollege einer Zeitschrift oder einer Tageszeitung nicht können muss?
Er sollte Experimentierfreude mitbringen, Lust dazu haben, Dinge, die am Horizont erscheinen, für die Arbeit als Journalist nutzbar zu machen – neue Technologien, neue Arbeitsweisen. Allerdings gilt das zunehmend auch für Redakteure gedruckter Produkte. Wir alle leben und arbeiten schließlich zunehmend in der digitalen Welt.

Sind deshalb die Redakteure von SPIEGEL Online viel jünger als die Kollegen vom gedruckten Heft?
Der Altersdurchschnitt ist niedriger, aber SPIEGEL Online ist ja auch viel jünger. Die meisten Kollegen sind in den letzten zehn Jahren dazu gestoßen, es ist eine sich rasch entwickelnde Redaktion. Das ist der Hauptgrund. Das Nachdenken über Neues gehört zum Alltag jedes Journalisten. Wir schreiben ständig über die Veränderungen dieser Welt. Nur liebt es eben nicht jeder, wenn sich die eigenen Arbeitsbedingungen verändern. Das ist auch verständlich. Wenn man ständig unter Zeitdruck arbeitet, will man wenigstens in der Redaktion eine solide Struktur haben. Aber unser Medium ist eben noch voll in der Entwicklung. Immer wieder eröffnen sich neue Möglichkeiten, den Leser zu erreichen, sich mit ihm auseinanderzusetzen. Nehmen Sie die Entwicklung der sozialen Netzwerke als neue große Dimension in den letzten drei Jahren. Allein Facebook hat jetzt weltweit über 800 Millionen Mitglieder, eine ungeheure Kommunikationsplattform, die wir genauso journalistisch nutzen wie Twitter. Nur ist das eben wieder etwas ganz anderes als die klassische Arbeit an einem langen Text. Wir bekommen derzeit ständig neue Werkzeuge an die Hand. Manche taugen etwas, wie Twitter. Von manchem lässt man am besten die Finger. Wenn ich allerdings grundsätzlich Neuerungen ablehne, dann wird es im 21. Jahrhundert in diesem wunderbaren Job schwer werden.

> *Die präzise Recherche kommt heute leider in vielen Redaktionen zu kurz.*

Sind die Onlineredakteure auch deshalb jünger, weil sie unter Zeitdruck noch belastbarer sind? SPIEGEL Online kennt ja keinen Redaktionsschluss, sondern berichtet in Echtzeit ...

Nein, das hat damit nichts zu tun. Jeder in diesem Gewerbe kennt Zeitdruck. Etwa wenn um 16 Uhr etwas Unvorhergesehenes passiert und um 18 Uhr Redaktionsschluss ist.

Und auf der anderen Seite kann keine Redaktion ständig Vollgas geben. So entsteht keine Qualität. Wenn Sie ein gehaltvolles Produkt machen, müssen Sie eine gute Mischung aus Aktualität und Hintergrundrecherche finden. Diese Redaktion ist kein Newsticker. Das Weitertragen von Nachrichten allein reicht lange nicht. Die Leser wollen die Welt verstehen. Sie wollen wissen: »Was bedeutet das für mich? Was wird sich durch dieses Urteil des Verfassungsgerichts zum Europarecht für mich verändern?« Oft müssen Sie abstrakte Vorgänge möglichst anschaulich erklären – und dennoch dabei flink sein. Dafür müssen Sie erst einmal herausfinden, was genau geschehen ist, dann müssen Sie es verstehen und dann können Sie es erst aufschreiben. Die präzise Recherche kommt heute leider in vielen Redaktionen zu kurz.

Durch die rasante Verbreitung von Smartphones gehen die Menschen zu jeder Zeit und an fast jedem Ort der Welt ins Internet. Früher hatte man einen Computer zu Hause, an dem man zweimal am Tag online gegangen ist. Ist die Verbreitung von Smartphones auch wieder eine kleine Revolution?

Das ist eine große Revolution. Während die Visits der führenden Nachrichten-Websites im letzten Jahr weniger schnell gestiegen sind, haben wir einen rasanten Zuwachs bei den Abrufen von Apps und Mobilseiten. Bei uns haben sich die mobilen Zugriffe im vergangenen Jahr verdreifacht. Dieser Trend wird auch dieses Jahr prägen. Noch längst nicht jeder hat ein Smartphone, und wer schon eines hat, nutzt es immer intensiver. Wir sehen da noch großes Wachstum. Nun sind auch

> SPITZNAME: Mit Sicherheit habe ich einen, aber da müssen Sie die Kollegen fragen.
> ABI-NOTE? 2,1
> WOMIT HABEN SIE IHR ERSTES GELD VERDIENT?
> Mit dem Ausfahren von Koffern auf einer Ferieninsel.
> WAS IST IHRE GRÖSSTE STÄRKE, GRÖSSTE SCHWÄCHE UND GRÖSSTE ANGST? Leidenschaft, Unabhängigkeit, Lust zum Experiment. Die größte Schwäche ergibt sich daraus, das ist Ungeduld. Möglicherweise auch eine gewisse Härte im Umgang mit den Kollegen. Angst habe ich nicht.
> ÜBER WAS HABEN SIE IHREN ERSTEN ARTIKEL GESCHRIEBEN? Warum Kernkraft eine apokalyptische Technologie ist.
> WAS IST IHR WICHTIGSTER TIPP FÜR DEN EINSTIEG IN DEN JOURNALISMUS? Lernt, mit wenig Schlaf zu leben.

noch die Tablets dazugekommen, die für den gedruckten SPIEGEL in digitaler Form eine neue und sehr interessante Chance bieten.

Sie haben vorhin die Klickzahlen angesprochen. Haben diese Zahlen Einfluss auf die Themen? Gibt es zum Beispiel einen Automatismus, der einen Artikel von der Startseite schmeißt, wenn er innerhalb einer Stunde nicht oft genug angeklickt wurde?
Nein. Es gibt überhaupt keinen Automatismus. Sie würden SPIEGEL Online nicht wiedererkennen, wenn ein Roboter die Seite allein nach der Statistik bauen würde. Die Leser würden sich erschrecken und sich beschweren. Um diese Seite so zu bauen, wie wir sie ausliefern, brauchen Sie höchstes Blattmachertalent. Und zwar nicht einmal am Tag, sondern ständig. Denn die Themenmischung verändert sich stetig, also müssen Sie die Gewichtung kontinuierlich justieren: Neues, Relevantes und natürlich auch Unterhaltendes.

Wie stark bringen Sie sich persönlich in die Themenauswahl ein?
Wenn mir ein Thema am Herzen liegt, dann möchte ich es schon in entsprechender Form präsentiert haben.

Wann ist das zum letzten Mal passiert?
Das passiert ständig. Es geht nicht nur darum, SPIEGEL Online konzeptionell weiterzubringen, sondern gemeinsam mit der Redaktion Ideen zu entwickeln und darauf zu achten, dass Themen in der erforderlichen Intensität und Qualität bearbeitet werden. Das macht diesen Job so reizvoll.

Dass sich DER SPIEGEL immer weiterentwickeln will, drückt sich auch im Redaktionsgebäude aus. Weil das frühere schlichte Redaktions-Hochhaus in der Hamburger Innenstadt in die Jahre gekommen und für die Redaktion zu eng geworden war, entschied sich der Verlag für einen Umzug an die Elbe. Hier in der HafenCity, einem der größten Städtebauprojekte Europas, treffen Tradition und Moderne aufeinander. Wo DER SPIEGEL sein neues Quartier errichtet hat, schützten einst historische Wallanlagen die Hansestadt vor Eindringlingen. Dass DER SPIEGEL, der sich als »Sturmgeschütz der Demokratie« versteht, ausgerechnet hier den Grundstein für sein neues Verlagshaus legte, ist sicher kein Zufall. Von außen markant ist ein zurückversetzter Gebäudeteil, wodurch die östliche Fassade wie ein umrahmtes großes Fenster wirkt. Innen beeindruckt ein riesiges Atrium die Besucher. Auf 13 Etagen arbeiten 1100 Mitarbeiter der SPIEGEL-Gruppe, zu der neben dem Magazin etliche Ableger in Rubriken wie Kultur, Wissen und Geschichte gehören sowie die Onlineredaktion, SPIEGEL TV und das Manager Magazin. Über Brücken können die Redakteure quer über die Etagen laufen. Im obersten Stockwerk hat Mathias Müller von Blumencron sein Büro. Mancher Tourist würde Eintritt bezahlen, um hier einen Kaffee trinken zu können. Durch die Panoramafenster hat man einen Blick über die gesamte Innenstadt und auf den Michel, das Wahrzeichen Hamburgs. Der Hausherr tritt aber alles andere als abgehoben auf. Mathias Müller von Blumencron gibt sich lässig und bescheiden, hanseatisch vornehm eben.

Sie haben mal gesagt »Eitelkeit ist eine Untugend in dieser Branche«, was haben Sie damit genau gemeint?

Die Redakteurstätigkeit mit ihrer Nähe zu Prominenz und Macht verleitet dazu, sich selber wichtiger zu nehmen, als man tatsächlich ist. Viele Journalisten arbeiten für Medien mit jahrzehntelanger Tradition, mit großer Reichweite. Dadurch bekommt ihre Stimme eine Tragweite, mit der sie behutsam umgehen sollten. Allerdings gibt es auch Kollegen, deren Eitelkeit ich schätze, weil daraus ganz besondere Werke entstehen. Wir lassen uns ja mehr auf Subjektivität ein, rücken den Autor, den Kolumnisten oder Blogger stärker in den Vordergrund. Darunter sind natürlich auch Menschen, die ein Stückchen stärker von ihrem Geltungsdrang beflügelt werden – das ist gut, solange das Ergebnis klug und originell ist. Insofern würde ich das nicht mehr so absolut sehen, wie ich das damals gesagt habe.

Wo wir gerade beim Thema Eitelkeit und Renommee sind. Noch vor ein paar Jahren schienen Onlineredakteure nicht so angesehen zu sein wie Zeitungs- oder Magazinredakteure. Hat sich das geändert?

Vor zehn Jahren waren sie noch die Underdogs des Journalismus. Aber als Underdogs angesehen zu werden, war für die Redaktion von SPIEGEL Online immer ein großer Ansporn. Die spöttelnden Kommentare gaben Motivation: »Denen zeigen wir's!« Mittlerweile sind wir erwachsen geworden. Die Redaktion genießt Respekt, den sie sich in vielen harten Jahren erarbeitet hat. An ihrem Werk orientieren sich Millionen Leser, darunter viele Journalisten. Heute bewerben sich bei dieser Redaktion viele talentierte und gute Leute, die wir in dieser Zahl vor zehn Jahren nicht hätten begeistern könnten. Wir haben etliche junge Kollegen von führenden Journalistenschulen eingestellt, besonders von der Henri-Nannen-Schule. Da ist in den Köpfen viel in Bewegung geraten. Viele sehen, welche Möglichkeiten ihnen das neue Medium gibt, welche Chancen sie bei SPIEGEL Online haben. Wir schicken Leute raus in die Welt, wir haben Korrespondenten in Washington, Moskau oder Islamabad. SPIEGEL-Online-Reporter waren in Libyen an der Front oder in Ägypten auf dem Tahir-Platz. Wir wollen uns nicht auf die Agenturen oder gar Twitter verlassen, wir sind im Prinzip bei jedem größeren Ereignis präsent. Das sind wir unseren Lesern schuldig. Und

> *Dafür ist Journalismus da: genau hingucken, kritisch, mit einem gehörigen Schuss Respektlosigkeit gegenüber den Mächtigen.*

wenn Sie wollen, arbeiten Sie mit einem VJ zusammen, also einem Videoreporter, und machen eine multimediale Reportage. Der Freiraum ist größer geworden, allerdings auch die Verantwortung.

Es heißt doch immer, heute würde im Journalismus bei den Reisekosten viel stärker gespart als früher ...

Reisekosten sind für uns kein begrenzender Faktor. Die Frage ist eher, ob die Zeit, die jemand unterwegs ist, im Verhältnis zum Ergebnis steht. Ist das Ereignis, von dem er berichtet, so relevant, dass er hinfahren muss? Es gibt noch einen weiteren Punkt, warum SPIEGEL Online wie ein Magnet auf junge Talente wirkt. Wir haben mittlerweile zehn Millionen Leser im Monat. Das sind natürlich Zahlen, die sie bei wenigen anderen Medien haben. Das spürt hier jeder Kollege. Jeder, der eine kluge Geschichte schreibt, der bewegt etwas.

Sie spielen auf die Rolle von SPIEGEL Online als Leitmedium im Internet an. Wenn Sie eine Geschichte auf der Startseite bringen, spricht sofort ganz Deutschland darüber. Ist Ihnen das nicht manchmal unheimlich?

> *Ich muss in diesen Job gehen und wissen, dass ich möglicherweise am Ende weniger Freunde habe als vorher.*

Vor einigen Jahren war uns das wirklich unheimlich, weil wir gelegentlich merkten, dass die Rezeption von SPIEGEL Online unseren eigenen Möglichkeiten und unserer Mannschaft vorauseilte. Wir fragten uns, ob wir hier unserer Verantwortung gerecht werden. Mittlerweile muss ich sagen: »Ja, das werden wir.« Wir haben funktionierende Strukturen gebildet, wir konnten Ressorts verstärken und wir haben die entsprechende Fachkompetenz – auch durch die Vernetzung mit der Printredaktion. Wir sind stärker, relevanter, zielsicherer und akkurater in der Berichterstattung geworden.

Wie sieht denn die »Vernetzung« mit der Printredaktion genau aus?
Es gibt ein Zusammenspiel, einen ständigen und intensiven Austausch. Aber keine gemeinsamen Konferenzen oder gar einen gemeinsamen Newsroom. Denn wir erarbeiten zwei völlig unterschiedliche Produkte, die beide mindestens 150 Prozent Energie jedes Kollegen erfordern. Um das führende Nachrichtenmagazin dieser Republik zu betreiben, erfordert es die besten Journalisten, die besten Talente und deren vollen Einsatz. Genauso ist es bei SPIEGEL Online. Das sind eben zwei Objekte, die beide ihre volle Berechtigung haben, und die wir sehr gut auseinanderhalten können. Das Blatt hat andere Geschichten, pflegt andere Formen, bohrt noch tiefer als SPIEGEL Online. Das Verhältnis von Print und Online beim SPIEGEL ist ganz anders als bei einer Tageszeitung, wo eine optimale Onlineseite dem Papierprodukt in vieler Hinsicht überlegen ist.

Da sprechen Sie einen spannenden Punkt an. Man hätte ja erwarten können, dass eine Tageszeitung, die viel näher an der Aktualität ist, das führende Onlineportal aufbaut und nicht ein wöchentlich erscheinendes Magazin. Wie hat SPIEGEL Online es geschafft, die Tageszeitungen mit ihren Onlineangeboten auszustechen?
Wir haben sie gar nicht ausgestochen, sie haben sich eine Zeit lang selbst ins Aus gestellt. Viele Verlage haben nach der Jahrtausendwende noch den Zusammen-

bruch der New Economy gefeiert und ihre Onlineaktivitäten radikal zusammengestrichen. Viele Tageszeitungen atmeten beim Platzen der Internetblase auf und meinten, dass es mit diesem Spuk jetzt vorbei sei. Jetzt könne man sich endlich wieder den ernsten Dingen des Lebens widmen. In Wirklichkeit war nichts vorbei. Es war ein fataler Trugschluss.

Wie haben Sie persönlich denn diesen Aufbruch ins Internetzeitalter erlebt? Gab es ein spezielles Erlebnis, bei dem Sie wussten, dass es den Journalismus komplett verändern würde?
Wenn es ein Schlüsselerlebnis gab, dann war es der 11. September 2001. Spätestens an diesem Tag und in den nachfolgenden Wochen wurde den meisten Kollegen klar, wie wichtig ein schnelles und dennoch vielschichtiges Medium wie das Internet ist. Jedem in dieser Redaktion war damals innerhalb weniger Minuten bewusst, dass wir Weltgeschichte erleben. Die Menschen draußen in der Innenstadt standen in Trauben vor den vielen Fernsehgeschäften, die es damals noch gab. Es gab auch noch keine Smartphones und so guckten die Leute in den Schaufenstern, was in New York passierte. Und bei SPIEGEL Online gab es die kontinuierlichste Form der Berichterstattung. Wir waren deutlich schneller als die Tageszeitungen und in der Berichterstattung deutlich tiefgründiger als das Fernsehen.

Die Medienwelt ist also ständig im Umbruch. Glauben Sie, dass es den gedruckten SPIEGEL in zehn oder zwanzig Jahren noch geben wird?
Ja, mit Sicherheit. Ich pflege keine Vorhersagen über die nächsten fünf Jahre abzugeben, schon gar nicht über die nächsten zehn Jahre. Aber bei einer Sache bin ich mir sicher: Den gedruckten SPIEGEL wird es in zehn Jahren noch geben, weil Papier ein äußerst praktischer Träger ist. Die Erfahrung der vergangenen Jahrzehnte zeigt, dass eine neue Medienform die schon vorhandenen Medienformen verändert, aber nicht überflüssig macht. Das Radio hat die Zeitung nicht ersetzt, das Fernsehen nicht das Radio und das Internet nicht das Fernsehen oder gedruckte Produkte. Ich bin fest davon überzeugt, dass Papier als Form bleibt und seine eigene Ästhetik weiterentwickelt. Es wird aber so sein, dass der digitale SPIEGEL sich schon deutlich mehr als jetzt vom gedruckten unterscheiden wird.

Was kann ich schon als Schüler tun, um mich auf eine Karriere als Onlinejournalist vorzubereiten?
Erst einmal überhaupt journalistisch arbeiten – das Schreiben üben, das Finden von Themen, die Recherche. Das kann man nirgendwo besser tun als bei einer Schülerzeitung. Danach geht es mit Praktika in Lokalzeitungen weiter. Ich halte sehr viel von gutem Lokaljournalismus.

Was war Ihr spannendstes Praktikum?
Ich habe eine spannende Zeit bei der Hamburger Morgenpost erlebt, während der Journalistenschule. Damals war Wolfgang Clement noch Chefredakteur, das Blatt galt sogar unter Studenten als coole Postille. Ich habe auch leidenschaftlich foto-

grafiert. Jeden Tag mit Block und Kamera unterm Arm loszuziehen, Geschichten einzufangen und dann abends in der Bar zu sitzen und die Morgenpost mit seiner eigenen Story offeriert zu bekommen, manchmal auch auf dem Titel – das war das Größte.

Also waren auch Sie ein bisschen von Eitelkeit getrieben ...
Na klar! (lacht)

Wann wussten Sie, dass Sie Journalist werden wollen? Gab es einen Schlüsselmoment, in dem Ihnen das bewusst geworden ist?
Es gab für mich kein Erweckungserlebnis. Ich bin in den 70er-Jahren zur Schule gegangen, das war eine hochpolitische Zeit. Es verging kaum ein Tag, an dem nicht vor dem Schuleingang politische Flugblätter verteilt wurden. Von den vielen Gruppen, die sich mit der Verbesserung der Lebensverhältnisse auf diesem Planeten in mehr oder weniger idealistischer Weise auseinandergesetzt haben. Die RAF mordete, in den Straßen brannten Barrikaden, es gab ständig hitzige Debatten. Dann kam die Umweltbewegung. Natürlich waren wir bei den Großdemonstrationen gegen Atomkraft in Brokdorf dabei. Wir haben auch gegen den Bau der Startbahn West am Frankfurter Flughafen protestiert. Insofern haben wir natürlich die Medien konsumiert, die sich damit auseinandersetzten, vor allem den SPIEGEL. Mich hat der SPIEGEL-Journalismus von Anfang an fasziniert. Etwa die Aufdeckung der illegalen Lauschaktion gegen den Nuklearexperten Klaus Traube.

Was genau hat Sie denn am SPIEGEL-Journalismus so fasziniert?
DER SPIEGEL war für mich das Blatt, das zeigt, wofür Journalismus da ist: genau hingucken, kritisch, mit einem gehörigen Schuss Respektlosigkeit gegenüber den Mächtigen. Die Schreibe hat mich fasziniert, diese packende Art der Unmittelbarkeit. Und immer wieder war DER SPIEGEL überraschend mit zuweilen schrägen Geschichten. All das hat mich sehr beeindruckt.

Entstand schon damals der Wunsch, irgendwann für DER SPIEGEL zu arbeiten?
Ich komme ja aus Hamburg, und natürlich fuhr man am SPIEGEL-Haus vorbei und dachte sich: »Hier wird's also gemacht. Hier wird gekocht. Hier entsteht dieses großartige Blatt.« Da fing man an zu träumen. Aber in der Schulzeit habe ich noch gar nicht für eine Schülerzeitung geschrieben, sondern bin erst während des Studiums journalistisch aktiv geworden.

Wie sah Ihre Zukunftsplanung nach dem Abi aus?
Nach dem Abitur war ich, wie viele, auf der Suche. Erst habe ich Betriebswirtschaft in St. Gallen studiert, aber sofort gemerkt, dass das nicht mein Ding ist. Ich habe mir damals geschworen, nie Manager zu werden. Dann habe ich mit Jura begonnen, die richtige Entscheidung. Mich haben besonders die Grundlagen des Rechts interessiert, Rechtsphilosophie, das Konzept von Gerechtigkeit. Auch die Verwicklung der Juristen im Dritten Reich war eine Sache, mit der ich mich lange beschäftigt habe.

Haben Sie auch etwas gelernt, das Ihnen später im Journalismus methodisch geholfen hat?

Auf jeden Fall! Ein Jurastudium halte ich für eine extrem gute Vorbereitung. Man lernt, sehr strukturiert an Sachverhalte heranzugehen. Man muss die juristische Wirklichkeit hinter der tatsächlichen Wirklichkeit sehen. Man muss menschliches Verhalten genau analysieren, einordnen, subsumieren, wie wir Juristen das nennen. Außerdem stößt man als Journalist an allen Ecken und Enden auf juristische Zusammenhänge – Verfassungsrecht, Verwaltungsrecht, Europarecht oder Strafrecht. Nicht schlecht, wenn man davon ein bisschen mehr versteht. Aber muss man Jura studiert haben, um ein guter Journalist zu sein? Überhaupt nicht.

Nach dem ersten juristischen Staatsexamen zog es Mathias Müller von Blumencron nach Asien. Seine Großeltern hatten lange in China gelebt, seine Mutter wurde dort geboren. Als die Großeltern nach Deutschland zurückgekehrt waren, prägten chinesische Reliquien das Haus, Kunst, Bücher, man spielte Mah-Jongg, ein altes asiatisches Brettspiel. Daraus entstand nach dem Examen der Gedanke, auf demselben Weg nach China zu gehen wie die alten Handelsreisenden. Mathias Müller von Blumencron reiste auf dem Landweg von Pakistan über Tibet nach Hongkong. Mehrere Monate war er in Gegenden unterwegs, in denen über Jahrzehnte kaum ein Westler eingedrungen war. Er beschrieb sie so eindringlich, dass seine Geschichten im ZEIT-Magazin, der WELT und anderen Blättern gedruckt wurden. Hier nahm seine journalistische Karriere ihren Lauf.

Nach Ihrer Rückkehr aus Asien haben Sie nach einem Jahr Ihr Rechtsreferendariat abgebrochen. War Ihnen da schon klar, dass Sie Ihre eigentliche Berufung, den Journalismus, gefunden hatten?

Ich habe es abgebrochen, weil ich mich parallel zum Referendariat bei der Henri-Nannen-Schule beworben und das große Glück hatte, dass ich dort angenommen wurde.

Während das zweite juristische Staatsexamen wie eine berufliche Lebensversicherung erscheint, schlägt man mit dem Besuch einer Journalistenschule ja eher eine unsichere Laufbahn ein. Hat Sie dieses Risiko nicht gestört?

Ich war kein Mensch, dem das Abenteuer fernlag. Insofern habe ich gesagt: »Das mach ich jetzt!« Die Nannen-Schule ist einer der besten Einstiege, die man in diesen Job bekommen kann.

Wie wichtig war die Nannen-Schule für Ihre Karriere?

Die Nannen-Schule, das war damals Wolf Schneider. Und Wolf Schneider war ein sehr wichtiger Mentor für mich. Er hat uns sicherlich auf eine eher raue Art in den Journalismus eingeführt. Aber er stand mit ganzer Seele hinter all seinen Schülern, die er sich ausgewählt hatte. Sein Ehrgeiz war es, aus diesen Leuten die besten Journalisten des Landes zu machen. Und das ist ihm häufig gelungen. Das bedeutete für uns vor allem eine intensive Arbeit am Text. Und ich wollte schreiben. Das war klar, ich wollte kein Fernsehen machen und kein Radio. Ich wollte schreiben.

Was hat Wolf Schneider Ihnen noch beigebracht?
Wie man mit Rückgrat in diesen Job geht. In der Recherche, in Interviews, aber auch gegenüber seinen Ressortleitern und Chefredakteuren. Ich muss in diesen Job gehen und wissen, dass ich möglicherweise am Ende weniger Freunde habe als vorher. Ich darf nicht mit dem Gefühl beginnen, ich spare bestimmte Bereiche aus. Es muss schon ein ausgeprägtes Bewusstsein dafür vorhanden sein, an diesem großen »Unternehmen Aufklärung« mitzuwirken, als das sich auch DER SPIEGEL versteht. Wenn ich das nicht habe, dann bin ich falsch in diesem Job. Außerdem hat er uns eine gewisse Rücksichtslosigkeit gegenüber uns selbst beigebracht.

> *Die Redakteurstätigkeit mit ihrer Nähe zu Prominenz und Macht verleitet dazu, sich selber wichtiger zu nehmen, als man tatsächlich ist.*

Worin bestand diese »Rücksichtslosigkeit«?
Es gab in der Nannen-Schule keinen Anfang und kein Ende. Wir kamen morgens in die Schule und haben unseren Tagesablauf, unsere Übungen, unsere Gespräche, unsere Gäste und so weiter bewältigt. Aber dann ging es weiter, bis tief in die Nacht hinein. Man hörte gar nicht mehr auf, in diesem Beruf zu leben, zu schwimmen, zu denken. Es ließ einen nicht mehr los, übrigens bis heute nicht. Man war begeistert, man war voller Leidenschaft und konnte sich eigentlich, solange die Augen nicht zufielen, nichts anderes vorstellen, als endlich in einer Redaktion zu arbeiten.

Das haben Sie ja geschafft und sitzen heute in der Chefetage des SPIEGELs ...
... was ich nie geplant hatte, mir auch nie vorgestellt habe, noch nicht einmal erhofft habe.

Das glauben wir Ihnen nicht so ganz. Sie haben doch vorhin noch erzählt, mit welch großen Augen Sie immer am SPIEGEL-Gebäude vorbeigefahren sind ...
Na gut. Es war vielleicht eine Idee. Aber es war kein Ziel in dem Sinne, dass es für mich nur diese eine Redaktion gab. Mein Ziel war immer, ein sehr guter Journalist zu werden und dafür alles zu geben.

Aber Sie haben sich durchaus auch zugetraut, irgendwann einmal Chefredakteur des SPIEGELS zu werden?
Daran habe ich nicht gedacht. Zunächst ging es darum, in diesem Beruf anzukommen und ihn gut zu machen. Für mich stand immer im Vordergrund, wirklich gute und relevante Geschichten zu bringen.

War das auch Ihr persönliches Erfolgsrezept, um es nach ganz oben zu schaffen?
Ich weiß nicht, ob es ein Erfolgsrezept ist. Aber ich glaube, es ist einfacher, wenn man an das denkt, was diesen Job ausmacht, und daran Freude, Erfüllung und Leidenschaft entwickelt, als wenn man an Karriere denkt. Das ist ja nicht nur im Journalismus so. Wer in einen Job reingeht und denkt »Ich will hier mal Boss werden«, der hat den falschen Ansatzpunkt.

Aber es gibt ja viele tolle Schreiber und Rechercheure in Ihrem Haus, die alle viel Freude und Leidenschaft mitbringen. Welche Qualitäten braucht man noch, um es nach ganz oben zu schaffen?
Es gibt verdammt viele gute Schreiber und Rechercheure in diesem Haus und die gab es auch damals schon. Deswegen bin ich mit einer großen Ehrfurcht zum SPIEGEL gekommen. Ich dachte, dass sie mich hier nicht lange behalten werden. Aber dann ist es eben doch anders gekommen. Und das verdanke ich auch meinen damaligen Ressortleitern. Es gab eine ganze Reihe von jüngeren Leuten, die damals anfingen, auch von der Nannen-Schule. Es war kurz nach der Wiedervereinigung. Die Auflage war stark gestiegen, die Redaktion brauchte Verstärkung, und es wurde ein ganzer Schub von jungen Kollegen eingestellt. Ich gehörte dazu. Mein Ressort hatte damals den Ruf, eine Strafkolonie des deutschen Journalismus zu sein. Schon nach ein paar Tagen merkte ich, dass dieser Ruf nicht gerechtfertigt war. Im Gegenteil. Es war extrem produktives Arbeiten. Anregend, kreativ, offen und inspirierend.

Aber welche Eigenschaften haben Sie denn nun von den anderen jungen Kollegen unterschieden, die es nicht an die Spitze des SPIEGELs geschafft haben?
Ich glaube wirklich, dass sich solche Eigenschaften erst unterwegs herausbilden. Dass man irgendwann merkt: »Ja, ich möchte in diesem Job auch gestalten und Verantwortung übernehmen.« Das Entscheidende war für mich über lange und viele Jahre das eigentliche journalistische Werk, die Recherche und die Geschichte als Ergebnis. Was mich dann zum Weiterdenken gebracht hat, war die Erfahrung in Amerika. Ich war dort vier Jahre Korrespondent für den SPIEGEL, zwei Jahre in Washington und zwei Jahre in New York. Das war Ende der Neunzigerjahre, in der Zeit der amerikanischen Dominanz, der großen Kreativität in der amerikanischen Wirtschaft. Viele aus Europa und auch aus Deutschland guckten über den Atlantik und fragten sich: »Warum schaffen wir das nicht so?« Eine der Titelgeschichten, die wir damals machten, war »Alle schaffen Arbeit, nur wir nicht.« Das war eine beeindruckende Zeit. Ich erlebte die Amerikaner in ihrer Can-Do-Mentalität, in ihrem unternehmerischen Denken, in ihrem Credo, Dinge nicht nur zu beobachten und zu verwalten, oder in unserem Job nur zu beschreiben, sondern selber zu gestalten. Die Amerikaner gaben mir den Impuls, über neue Formen der Medien nachzudenken und sie in Gang zu setzen, natürlich ganz besonders im Internet. Insofern war ich extrem happy, als ich den Anruf bekam: »Machen Sie SPIEGEL Online!«

Was passiert im Newsroom von SPIEGEL Online?
Mathias Müller von Blumencron führt durch seine Redaktion in dieser Videobotschaft:
(Jetzt mit dem Smartphone öffnen, z. B. mit der kostenlosen App »Scanlife«.)

Dein Start in den Traumberuf Journalismus

Tipps für die Ausbildungs- und Studienwahl

Auf dem Weg in Deinen Traumberuf Journalismus hast Du nach dem Abi die Qual der Wahl: Viele Unis, Fachhochschulen, Journalistenschulen und studienbeglei-tende Programme werben damit, Dich zu einem guten Journalisten auszubilden.

Die folgenden Seiten sollen Dir bei der Orientierung helfen. Du findest einige bei-spielhafte Wege, wie Du nach dem Abitur den Sprung in den Journalismus schaf-fen kannst. Aber bitte beachte: Das sind vereinfachte Schaubilder, die längst nicht die ganze Vielfalt der Ausbildungskombinationen abbilden können. Bevor Du dich also entscheidest: Informiere Dich gut! Immerhin geht es um einen ganz entschei-denden Schritt in Richtung Berufsleben. Und um eine Station, in der Du wahr-scheinlich mehrere Jahre verbringst. Versuche also, Dich nicht in wenigen Stun-den oder Tagen festzulegen, sondern fange frühzeitig an. Wenn Du so willst, ist die Suche nach der richtigen Ausbildung ein bisschen so was wie ein erster Test Dei-ner journalistischen Talente:

Sei sorgfältig!

Das Internet ist der beste Startpunkt für Deine Suche. Die Hochschulen und Jour-nalistenschulen haben in der Regel ausführliche Informationen auf ihren Seiten zusammengestellt. Da steht oft ziemlich detailliert, was für Kurse Du belegen musst oder kannst. Ein heißer Tipp: Manche Journalistenschulen veröffentlichen Teile ihrer Auswahltests im Netz. Die Tests gelten als ziemlich hart – so kannst Du schon einmal sehen, was auf Dich zukommt und wie Du Dich gezielt vorbereiten kannst.

Sei hartnäckig!

Viele Journalistenschulen, Unis und Fachhochschulen haben die häufigsten Fra-gen von Bewerbern bereits zusammengefasst, in den sogenannten »Frequently Asked Questions« (FAQ). Wenn Dir da etwas unklar ist – hake per E-Mail oder Telefon nach. Außerdem stehen auf den Homepages oft Erfahrungsberichte von Absolventen. Die werden – oh Wunder! – ihre alte Ausbildungsstätte loben. Wenn man aber freundlich bei den Sekretariaten der Fachbereiche oder im Studieninfor-mationsbüro der Hochschule nachfragt, können Dir vielleicht auch Studenten als Ansprechpartner vermittelt werden, die gerade in der Ausbildung sind. Die kannst Du dann mal per Mail fragen, wie gut die Journalistenausbildung denn wirklich ist: Wie hoch ist der Praxisanteil? Wie gut sind die Dozenten? Oder auch: Ist neben der Ausbildung noch genug Zeit, um Praktika zu absolvieren oder als freier Mit-arbeiter in einer Redaktion Geld zu verdienen? Wie findet man am Studienort eine Wohnung?

Sei kreativ!

Suche nach ungewöhnlichen Informationsquellen! Wenn Du Journalisten kennst: Frage sie nach ihrem Weg in den Beruf, nach ihren Tipps für Nachwuchsjournalisten, nach weiteren Ansprechpartnern! Einige Redaktionen haben auf ihren Internetseiten Kurzlebensläufe von ihren Mitarbeitern – da siehst Du, wie es andere geschafft haben. Wenn irgendeine Organisation Infotage zum Einstieg in den Journalismus anbietet – nix wie hin! So kannst Du zum einen alle Fragen loswerden, zum anderen kriegst Du einen Eindruck, wie kompetent (und auch wie sympathisch) die Mitarbeiter dort sind.

Und, ganz wichtig:

Lass Dich nicht entmutigen!

Wenn Dir die Auswahl mal zu kompliziert erscheint oder die dritte Uni nicht auf Deine Fragen reagiert – blättere einfach noch mal durch die Interviews auf den vorherigen Seiten und lass Dich von Deutschlands Top-Journalisten neu inspirieren. Die Mühe lohnt sich!

Vier klassische Wege

in den
Journalismus

1) Fachstudium + Volontariat

Abitur

3 Jahre Bachelor, evtl. noch 2 Jahre Master

Fachstudium
(z. B. Wirtschafts-, Politik-, Jura-, Geschichts-, Biologie-, Medizinstudium an einer Uni oder Fachhochschule)

neben dem Studium

Praktika
in den Semesterferien
und
freie Mitarbeit

2 Jahre

Volontariat
(Ausbildung bei einem Zeitungs-/Zeitschriften-, Online-, Radio- oder Fernsehunternehmen)

Erster Job im Journalismus

Das spricht für diesen Weg:

• Mit Fachwissen volle Kraft voraus: Wer Ahnung hat von seinem Studienfach – gerne auch aus den Naturwissenschaften – und darüber unterhaltsame Artikel schreiben kann, dem stehen viele Türen offen.

• Perfekt für Individualisten. Das eine Praktikum hier, dann ein bisschen dort mitarbeiten, dann mal ein Semester auf die Uni konzentrieren, zwischendurch ins Ausland: Niemand schreibt vor, wann was zu tun ist.

• Vielleicht ist schon das erste Praktikum der Knaller. Dann ist relativ viel Zeit, die Kontakte während des Studiums auszubauen. Wer in einer Redaktion gut verwurzelt ist, hat gute Chancen auf eine Redakteursausbildung bei einer Zeitung, einem Radio- oder Fernsehsender (das sogenannte Volontariat).

Das spricht dagegen:

• Der Einstieg fällt nicht immer leicht. Viele Türen für Praktika und freie Mitarbeit öffnen sich leichter, wenn man gute Kontakte zu Redakteuren hat. Wer als normaler Student ankommt, muss am Anfang besonders hartnäckig sein und mit einigen Absagen rechnen.

• Die Theorie fehlt manchmal. Zu diesem Ausbildungsweg gehören keine Seminare, in denen man gezielt lernt, wie man richtig gut an Informationen kommt oder einen besonders spannenden Text schreibt.

• Weniger Feedback. Auf die ersten Textversuche schaut meist kein erfahrener Journalist. Mit ein bisschen Pech schleichen sich so Fehler ein.

• Die Bachelorhürde: Manche Studiengänge sind so vollgestopft, dass selbst in den Semesterferien kein Platz mehr für ein Praktikum bleibt. Einige attraktive Praktika sind dann nur im Semester möglich – das Studium kann sich so etwas verlängern.

2) Journalistikstudium + Volontariat

Abitur

3 Jahre Bachelor, evtl. noch 2 Jahre Master

Journalistik-studium

integrierte Praktika
oder
…

neben und nach dem Studium (je nach Studiengang)

… sogar **Volontariate**
(Ausbildung bei einem Zeitungs-/Zeitschriften-, Online-, Radio- oder Fernsehunternehmen)

Erster Job im Journalismus

Das spricht dafür:

• Praxis trifft Theorie: Viele Professoren waren vor ihrer Zeit an der Uni lange Zeit als Journalisten tätig. Sie wissen genau, was ihre Studenten für das Leben in den Medien brauchen.

• Alle ziehen an einem Strang: Die Mitstudenten wollen auch in die Medien. Das erhöht vielleicht die Konkurrenz – aber das kann ja durchaus motivieren.

• Übung macht den Meister: Meist wird vom ersten Tag an der Uni für Medien an der Hochschule produziert. Und das sind oft richtig professionell gemachte Zeitungen, Radiosender oder sogar Fernsehsendungen.

• Während man sich in anderen Studiengängen manchmal mühselig Platz für Praktika freikämpfen muss, sind die im Lehrplan der Journalistikstudiengänge meist eingeplant. Manche haben sogar ein einjähriges, verkürztes Volontariat integriert – dann unterbricht man sein Studium für diese Zeit und geht zu einem Medium. Danach kehrt man für seine Abschlussarbeit an die Hochschule zurück.

Das spricht dagegen:

• Der Praxisanteil variiert stark zwischen den Universitäten – manche Journalistikstudiengänge legen den Schwerpunkt auf die Theorie. Davon brauchst du als Journalist aber meist nicht so viel.

• Start mit Hindernissen: Weil so viele in die Studiengänge reinwollen, ist oft eine sehr gute Abiturnote und einige Praxiserfahrung nötig, bevor es überhaupt losgehen kann.

• Wer nur Journalistik studiert, setzt alles auf die Karte Medien. Mit einem Zweitfach wie Recht oder Wirtschaft kann man sich ein zweites Standbein aufbauen.

• Manche Studiengänge sind erst in den letzten Jahren aufgebaut worden – hier lohnt sich ein besonders genauer Blick darauf, was genau im Studium unterrichtet wird und wie praxisnah das Fach ist.

3) Fachstudium + Journalistenschule

Abitur

3 Jahre Bachelor

Fachstudium
(z. B. Wirtschafts-, Politik-, Jura-, Geschichts-, Biologie-, Medizinstudium an einer Uni oder Fachhochschule) **oder**
Journalistikstudium

neben dem Studium

Praktika
in den Semesterferien
und
freie Mitarbeit

je nach Modell 1,5 bis 4 Jahre

Journalistenschule
mit integrierten **Praktika**
(Manche Journalistenschulen bieten die Möglichkeit, sich direkt nach dem Abitur zu bewerben oder die Journalistenschule mit dem Studium gleichzeitig zu verbinden.)

Erster Job im Journalismus

Das spricht dafür:

• Mehr Praxis geht nicht: An Journalisten-schulen unterrichten meist nur erfahrene Redakteure. Die arbeiten hauptberuflich bei Zeitungen, dem Radio oder dem Fernsehen und kommen für die Seminare an die Schule.

• Mehr Praxis geht nicht, Teil 2: Schon wäh-rend der Ausbildung schreiben Journalisten-schüler für zahlreiche Medien. Das ist gut für die Mappe mit den Arbeitsproben und verschafft einem viele Kontakte.

• Gute Praktika ohne all zu viel Aufwand: Redaktionen vertrauen oft darauf, dass die Journalistenschulen für eine gewisse Qualität der Bewerber garantieren. So bekommt man leichter (oder: überhaupt) einen Platz bei renommierten Medien.

• Das Netzwerk unter den Ehemaligen von Journalistenschulen ist meist sehr ausgeprägt. Wer später als Redakteur von einer freien Stelle erfährt, sucht oft gezielt unter den Nachwuchskräften »seiner« Schule.

• Gut geplant ist halb gewonnen: Praktika und eventuelle Auslandsaufenthalte sind fest in den Lehrplan integriert.

Das spricht dagegen:

• Die Hürde ist hoch: An manchen Journalis-tenschulen liegen zum Anmeldeschluss körbeweise Bewerbungsunterlagen. Die Auswahltests sind hart, die Schulen nehmen meist nur jeweils 15 bis 20 Nach-wuchsjournalisten pro Jahr. Andererseits: Wer sich nicht bewirbt, hat schon verloren.

• Die Journalistenschulen unterscheiden sich ziemlich stark. Manche wollen nur Abitu-rienten, andere (fast) nur Leute mit einem abgeschlossenen Bachelorstudium. Andere setzen inhaltliche Schwerpunkte. Vor der Bewerbung muss man sich genau informieren.

• Einheitlicher Lehrplan: Manche Praktikums-stationen sind vorgeschrieben – etwa beim Verlag, der die Schule unterstützt. Wer einen ganz individuellen Weg gehen will, muss sich dem unterordnen.

• Bye, bye, Semesterferien: Praktika statt Sommerurlaub sind angesagt. Die Belastung ist an den Schulen in der Regel hoch.

4) Fachstudium + parallele Ausbildungsprogramme

Abitur

3 Jahre Bachelor, evtl. noch 2 Jahre Master

Fachstudium
(z. B. Wirtschafts-, Politik-, Jura-, Geschichts-, Biologie-, Medizinstudium an einer Uni oder Fachhochschule)

neben dem Studium

studienbegleitende Journalistenausbildungen
von polit./kirchl. Stiftungen (Seminare in den Semesterferien und verpflichtende Praktika)

Erster Job im Journalismus

Das spricht dafür:

• Große Freiheit: Im Semester wird studiert, wo und worauf man Lust hat. Und in den Semesterferien trifft man sich für zielgerichtete Journalismus-Seminare.

• Die Infos kommen kompakt und gebündelt: Eine Woche sitzt man zusammen in einer Tagungsstätte und feilt zum Beispiel Tag und Nacht an der perfekten Reportage. Da bleibt vieles hängen.

• Praktika mit Starthilfe: Wer zu einem bestimmten Medium will, findet dort meist einen ehemaligen Stipendiaten, der gerne bei der Bewerbung ein gutes Wort einlegt. Das gleiche gilt, wenn man irgendwo frei mitarbeiten möchte.

• Oft gibt es für die Stipendiatenprogramme monatlich eine finanzielle Unterstützung. Das hilft dabei, sich auf die Doppelbelastung Studium/Journalismus-Ausbildung konzentrieren zu können.

Das spricht dagegen:

• Manche Ausbildungsprogramme werden von partei- oder kirchennahen Stiftungen angeboten. Sie stehen meist ausdrücklich jedem offen. Aber die Dozenten und Verantwortlichen sind den jeweiligen Institutionen verbunden. Wer das nicht abkann, könnte sich unwohl fühlen.

• Das Teamgefühl entsteht oft nicht so leicht: Die Stipendiaten treffen sich mehrmals im Jahr in unterschiedlichen Zusammensetzungen. So lernt man viele Leute kennen – aber nicht so intensiv.

• Blick über den Tellerrand: Einige Programme erwarten, dass man sich neben Studium und Journalismus noch ehrenamtlich engagiert. Das ist eine gute Sache, kann aber beim engen Zeitplan eine mühselige Sache werden.

Bewerbungstipps für ein Praktikum oder eine freie Mitarbeit

Worauf es bei der schriftlichen Bewerbung und im Auswahlgespräch ankommt

Egal ob bei der Bewerbung für das erste journalistische Praktikum oder die erste freie Mitarbeit in einer Redaktion – ein paar »goldene Regeln« helfen bei der schriftlichen Bewerbung oder dem Bewerbungsgespräch.

10 Tipps für die schriftliche Bewerbung

1. Ordnung muss sein! Deine Unterlagen (Lebenslauf, Empfehlungsschreiben, Arbeitsproben etc.) solltest Du in einer ordentlichen Form verschicken, also bitte keine losen Blätter mit Eselsohren.
2. Formale Vorgaben beachten. Halte Dich auf jeden Fall an Einsendeschluss und Längenvorgaben.
3. Sei seriös! Im Briefkopf solltest Du eine seriöse E-Mail-Adresse verwenden. Absender wie partyanimal@gmx.de können den Empfänger stutzig machen. Falls Du ein öffentliches Facebook-Profil hast, rechne damit, dass immer mehr Personalabteilungen da mal vorbeischauen. Fotos von Deinem Kopf in einem Sangria-Eimer sollten also nur für Deine echten Freunde zugänglich sein.
4. Zu jeder Bewerbung gehört ein persönliches Anschreiben, auch wenn das nicht ausdrücklich gewünscht wird. Darin solltest Du denjenigen, der die Bewerbung erhält, namentlich ansprechen. Begründe in diesem Anschreiben, warum Du Dich gerade für diese Redaktion interessierst und erkläre kurz Deine Motivation für den Traumberuf Journalismus.
5. In der Kürze liegt die Würze! Derjenige, der Dein Schreiben liest, bekommt vermutlich Dutzende Bewerbungen pro Woche auf den Tisch und hat keine Zeit, einen ganzen Bewerbungsroman zu lesen. Die Herausforderung besteht also darin, auf maximal einer Seite einen ersten Eindruck von Deiner Person, Deiner Motivation und Deinen Fähigkeiten zu geben.
6. Klasse statt Masse. Falls Du bereits Arbeitsproben wie Artikel für die Schüler-/ Lokalzeitung oder Beiträge für Radio/TV vorweisen kannst, schick nicht alles, was Du hast, sondern nur zwei bis drei besonders gelungene Beispiele Deiner bisherigen Arbeit.
7. Vorsicht Technik! Wenn Du als Arbeitsprobe einen Radio- oder TV-Beitrag auf einer CD oder DVD mitschickst, prüfe vorher unbedingt, ob sich die Datei auch öffnen lässt. Außerdem solltest Du ein Dateiformat wählen, das auf jedem gän-

gigen Computer abspielbar ist. Die Dateien sollten übersichtlich und eindeutig benannt sein, das gleiche gilt für die Beschriftung der CD oder DVD.

8. Ordnung auch bei E-Mails. Falls Du Deine Bewerbung elektronisch einreichst, stelle in der Liste der angehängten Dokumente das Anschreiben nach vorne. Alle Dateien sollten eindeutig benannt werden (zum Beispiel: »Anschreiben-Nachname«, »Arbeitsprobe1-Nachname«, und so weiter).

9. Fehler vermeiden! Bevor Du Deine Bewerbung abschickst, gib Dein Anschreiben und alle weiteren Dokumente noch einmal einem Freund oder Kollegen zum Lesen. Fehler bei der Rechtschreibung, Interpunktion oder Grammatik sind die häufigsten K.-o.-Kriterien.

10. Nachhaken erlaubt! Wenn Du nach vier bis fünf Wochen immer noch keine Antwort auf Deine Bewerbung erhalten hast, kannst Du ruhig freundlich per E-Mail oder Telefon nachfragen, ob Deine Unterlagen angekommen sind und wann Du ungefähr mit einer Antwort rechnen kannst.

10 Tipps für das Bewerbungsgespräch

1. Vorbereitung ist alles! Beschäftige Dich im Vorfeld des Gesprächs intensiv mit Deiner Wunschredaktion. Was macht das Besondere dieser Redaktion aus? Warum möchtest Du ausgerechnet hier arbeiten? Wer führt das Bewerbungsgespräch mit Dir und welchen Hintergrund hat diese Person? Vielleicht kennst Du jemanden, der Dir Insider-Tipps geben kann. Ansonsten liefert auch Google oft brauchbare Infos über Deinen Gesprächspartner. Lies die Zeitung regelmäßig, bei der Du Dich bewirbst, oder schalte den Radiosender regelmäßig ein, bei dem Du Dich vorstellen willst.

2. Informiere Dich intensiv über das Tagesgeschehen. Journalisten stellen in Vorstellungsgesprächen gerne Fragen zu aktuellen Ereignissen, um zu prüfen, ob der Bewerber auf dem Laufenden ist.

3. Informiere Dich über aktuelle Entwicklungen im Medienbereich. Steht in Deiner Wunschredaktion gerade die Einführung eines neuen Ressorts oder einer neuen Sendung an?

4. Guck in die Glaskugel. Überlege im Vorfeld, welche Fragen Dir Dein möglicher Arbeitgeber stellen könnte – und überlege Dir ein paar intelligente Antworten.

5. Dress for success. Du musst nicht gleich mit Anzug und Krawatte oder im Designerkleid zum Gespräch gehen, aber ordentlich solltest Du schon auftreten. Zerrissene Jeans und Gammelpullis sind in der Regel No Gos. Dann fragt sich Dein Gegenüber vielleicht, wie Du die Redaktion nach außen repräsentieren würdest.

6. Stärken und Schwächen kennen. Denk darüber nach, warum Du besonders gut für das Praktikum oder die Mitarbeit geeignet bist und lasse es in das Gespräch mit einfließen. Allerdings solltest Du es bei allem nötigen Selbstbewusstsein mit dem Eigenlob nicht übertreiben.

7. Cool bleiben! Manch ein Chef wird versuchen, Dich mit provokativen Fragen aus der Reserve zu locken. Denn unter Druck zeigen viele Menschen ihr wahres Gesicht. Antworte also nicht reflexhaft, sondern freundlich und überlegt.

8. Nicht »rumeiern«. Wenn Du eine Frage nicht verstanden hast, dann sag: »Entschuldigung, ich habe die Frage nicht verstanden«. Wenn Du auf eine Frage mal keine Antwort weißt, dann sag »Es tut mir leid, aber dazu kann ich nichts sagen«.

9. Interesse zeigen! Überleg Dir im Vorfeld, welche Fragen Du Deinem möglichen Arbeitgeber stellen kannst. Denn Fragen untermauern Dein Interesse an dem Job.

10. Die Entscheidung. Falls Du eine Absage bekommst: Bitte telefonisch um ein Feedback. So kannst Du mögliche Fehler in Zukunft vermeiden oder Dich journalistisch gezielt weiterentwickeln. Falls Du eine Zusage bekommst: Herzlichen Glückwunsch und viel Erfolg!

Mini-Praktikumsknigge

Wie das Redaktionspraktikum zum Erfolg wird

Was ziehe ich an?

Kleider machen Leute. Orientiere Dich am besten daran, wie die Kollegen angezogen sind. Das siehst Du meistens schon beim Vorstellungsgespräch. Wenn alle im Anzug zur Arbeit kommen, solltest Du auch einen wählen. Wichtig ist aber auch, dass man sich in der Kleidung wohlfühlt. Gerade im Praktikum kann man schon mal Kompromisse machen. Soll heißen: Fühlst Du Dich im Anzug nicht wohl, kannst Du eventuell auch in Jeans, Hemd und Sakko kommen. Oder: Ist der Rock nicht angenehm, tut es ein Hosenanzug auch.

Wie stelle ich mich am besten vor?

Warte ich, bis ich vorgestellt werde, oder sollte ich von mir aus auf andere zugehen? Von jedem Kollegen kannst Du lernen. Also: Nutze alle Gelegenheiten, Dich in der Redaktion vorzustellen, rede mit allen Mitarbeitern, verstehe ihre Tätigkeiten und frage nach ihrem Werdegang.

Was ist besser: Erst einmal abwarten und beobachten oder gleich die Ärmel hochkrempeln nach dem Motto »Hier bin ich, was gibt es zu tun«?

Vorsicht und Höflichkeit sind die Devise. Wenn Du merkst, dass gerade eine angespannte Atmosphäre herrscht, frag die Kollegen zunächst, ob Du kurz stören darfst. Dann biete Deine Hilfe an oder frag, ob es etwas für Dich zu tun gibt.

Duzen oder Siezen?

Außer gegenüber anderen Praktikanten bleibt erst mal ein »Sie«, selbst wenn sich alle anderen in der Redaktion duzen. Im Arbeitsalltag wird sich schnell rausstellen, wie die Gepflogenheiten sind. Kollegen, die geduzt werden wollen, zeigen das auch meistens.

Wie verhalte ich mich in Redaktionskonferenzen?

Als Praktikant sollte man nicht direkt am ersten Tag den Aufmacherartikel kritisieren oder Kollegen ins Wort fallen. Gewinne ein Gefühl dafür, wie die Redaktion »tickt« und äußere beizeiten auch Ideen, wenn Du von ihrer Qualität überzeugt bist. Zeig Dich wach, aufgeschlossen und interessiert.

Was muss ich tun, damit ich nicht nur Kaffee koche und kopiere?

Kaffee kochen und kopieren gehören sicherlich mal dazu, gerade am Anfang. Mach Dich nützlich, wo und wann immer Du kannst. Wenn die Kollegen dann den

Eindruck gewinnen, dass Du jederzeit hilfsbereit und vielseitig interessiert bist, werden die Aufgaben mit der Zeit in der Regel auch verantwortungsvoller.

Wer ist für mich wichtiger: der Chefredakteur, der Ressortleiter oder die Sekretärin?

Grundsätzlich gilt: Jeder Deiner Kollegen hat den gleichen Respekt und die gleiche Höflichkeit verdient – vom Verlagschef bis zum Pförtner. Merke Dir möglichst viele Namen und grüße immer freundlich. Sozialkompetenz und Teamfähigkeit gehören zu den Schlüsselqualifikationen im Journalismus. Außerdem kannst Du von jedem Kollegen etwas lernen. Die Sekretärin, die schon seit 30 Jahren in der Redaktion arbeitet, kennt viele Erfolgsgeheimnisse – und verrät Dir vielleicht ein paar davon.

Wie gehe ich am besten mit Kritik um?

Wenn Dein erster Artikel von oben bis unten »verrissen« wird, brich nicht gleich in Tränen aus oder verlass wütend den Raum. Das ist nicht nur unprofessionell, sondern auch unangemessen. In jedem Feedback steckt die Chance auf persönliche Weiterentwicklung. Wann sonst hast Du die Möglichkeit, Deine Selbstwahrnehmung zu überprüfen und gegebenenfalls zu korrigieren? Die Basis für jedes Feedback-Gespräch sind Offenheit, Sachlichkeit und aktives Zuhören. Gerade im Journalismus fällt es manchmal schwer, Kritik nachzuvollziehen, denn die Wahrnehmung eines Artikels, TV- oder Radiobeitrags ist natürlich auch ein Stück weit subjektiv. Der eine bevorzugt einen sachlichen Schreibstil, der andere einen blumigen. Wenn Du Kritik kassierst, bitte um möglichst konkrete Beispiele. Am Ende Deines Praktikums solltest Du Deinen wichtigsten Ansprechpartner um ein Abschlussgespräch bitten.

Wie kann ich mir während des Praktikums ein Netzwerk aufbauen?

Versuche mit den Kollegen, die Du besonders magst und, von denen Du am meisten gelernt hast, in Kontakt zu bleiben. Zum Beispiel kannst Du von Zeit zu Zeit eine E-Mail schreiben und sie über Deine weitere Entwicklung informieren oder sie zum Kaffeetrinken treffen. Du solltest auch keine Scheu haben, Deine Ansprechpartner auch über das Praktikum hinaus um Rat zu bitten. Meistens geben die »alten Hasen« sehr gerne ihre Erfahrungen weiter, wenn man sie freundlich fragt.

Wie sage ich »Good Bye«?

Eine Verabschiedung mit Stil rundet dein Praktikum erfolgreich ab. Zum Ausstand ist eine kleine Geste der Dankbarkeit durchaus angebracht. Bring doch zum Beispiel einen Kuchen am letzten Arbeitstag mit. Schließlich hat man im Normalfall in den vorherigen Wochen sehr viel gelernt. Damit Deine Kollegen auch von Deinem Abschiedskuchen erfahren, verschickst Du am besten eine Rundmail mit einer Einladung für eine bestimmte Uhrzeit, zu der nicht zu viel in der Redaktion los ist, also nicht kurz vor den Redaktionsschluss. In einer kleinen Ansprache kannst Du nicht nur »Tschüss« sagen, sondern auch »Danke«.

Ausbildungs-verzeichnis

BURDA JOURNALISTENSCHULE

Ausbildung zum Redakteur

(BADEN-WÜRTTEMBERG)
Hubert-Burda-Platz 1, 77652 Offenburg
Telefon: 07 81/84 35 77
info@hubert-burda-media.com
www.hubert-burda-media.de

....

Abschluss: Jungredakteur
Ausbildungsinhalte/Ausbildungsaufbau:
Journalistische Grundlagen in verschiedenen Medienformaten, nachrichtliches und multimediales Arbeiten, Einführung in die Zeitschriftenentwicklung, Tätigkeit in Redaktionen (u. a. Bunte, InStyle, Elle, Freundin, Freizeit Revue, Mein Schöner Garten, Focus, Playboy, Chip, TV Spielfilm, Cinema, Super Illu), Abschlussprojekt, Hospitanz in Zweitredaktion; Einsatzorte Berlin, Hamburg, München, Offenburg
Auslandsaufenthalt vorgesehen: möglich

Gründungsjahr der Institution: 1988 in Kooperation mit der DJS in München. Seit 2001 als eigenständige Einrichtung.
Anzahl Schüler insg.: 30
Ausbildung wird angeboten seit: 1988

Besonderheiten: Jeder Jahrgang entwickelt ein eigenes Magazin, dass von Hubert Burda Media an den Markt gebracht wird.

Zugangsvoraussetzungen: Abgeschlossene Berufsausbildung und/oder Studium, sechswöchiges Praktikum in einer Burda-Redaktion. Vier Wochen Praktikum in Tageszeitungs-, Online- oder Presseagentur-Redaktion. In Ausnahmefällen können fehlende Zugangsvoraussetzungen durch einen Aufnahmetest ersetzt werden. In Ausnahmefällen reicht auch Abitur.
NC: keiner
Bewerbungsverfahren: Interessenten bewerben sich um ein sechswöchiges Praktikum einer Burda-Redaktion ihrer Wahl (mit Vermerk auf Wunsch nach einem Volontariat). Die Redaktionen wählen im Frühjahr aus ihren Praktikanten der vergangenen 12 Monate ihre Volontäre.
Neu aufgenommene Bewerber pro Jahr (Jahrgangsgröße): 30
Anzahl Bewerber pro Jahr: keine präzise Aussage möglich. Die Volontäre rekrutieren sich aus den Praktikantenjahrgängen. Auswahl erfolgt durch die Redaktionen.
Aufnahmequote: siehe Anzahl Bewerber pro Jahr

Ausbildungsbeginn: 1. Oktober
Ausbildungsdauer: 2 Jahre
Bewerbungsfrist: 30. April (Praktikumsbewerbung)
Gebühren: keine, stattdessen 1.700 Euro brutto Vergütung pro Monat

Bewerbungstipp des Schulleiters: *Bewerbung mit Arbeitsproben. Bitten Sie um einen Vorstellungstermin. Lesen Sie das Magazin bei dem Sie volontieren möchten aufmerksam und über einen möglichst langen Zeitraum. Informieren Sie sich über die Historie des Blatts, des Hauses Burda und über die Ihres zukünftigen Chefredakteurs.*

Prominente Absolventen: k. A.

DEUTSCHE JOURNALISTENSCHULE

Ausbildung zum Redakteur (Kompaktklasse)

(BAYERN)
Hultschiner Straße 8, 81677 München
Telefon: 0 89/2 35 57 40
post@djs-online.de
www.djs-online.de

....

Abschluss: Zertifikat über Ausbildung zum Redakteur
Ausbildungsinhalte/Ausbildungsaufbau: Print, Hörfunk, Fernsehen und Crossmedia und zwei jeweils dreimonatige Praktika (1. bei Tageszeitung oder tagesaktueller Onlineredaktion, 2. bei Zeitschriften, beim Rundfunk oder beim Fernsehen), Online-Journalismus und crossmedialer Journalismus, Handwerk in verschiedenen Medienformaten
Auslandsaufenthalt vorgesehen: nein, aber auf Eigeninitiative möglich

Gründungsjahr der Institution: 1949
Anzahl Schüler insg.: 45
Ausbildung wird angeboten seit: 1949
Besonderheiten: Mentorenprogramm: alle DJS-Schüler haben während der Ausbildung einen erfahrenen Kollegen an der Seite; Alumni-Netzwerk: mehr als 1.200 Absolventen sind Mitglied im Förderkreis und spenden für Stipendien, Ausrüstung etc.

Zugangsvoraussetzungen: allgemeine oder fachgebundene Hochschulreife oder abgeschlossene Berufsausbildung, abgeschlossenes Studium nicht notwendig, aber empfohlen, breites Wissen, Höchstalter 28 Jahre

NC: keiner
Bewerbungsverfahren: 1. Bearbeitung von einem von vier Reportagethemen, 2. Upload von Lebenslauf, Reportage und Rechercheweg für Reportage – Beurteilung durch drei Journalisten, 3. Testphase (Wissenstest, Bildertest, Schreibprobe und persönliches Gespräch) für die ca. 150 Besten
Neu aufgenommene Bewerber pro Jahr (Jahrgangsgröße): 15
Anzahl Bewerber pro Jahr: ca. 2.000
Aufnahmequote: 8,5 Prozent

Ausbildungsbeginn: Anfang November
Ausbildungsdauer: 16 Monate
Bewerbungsfrist: 1. Dezember
Gebühren: keine

Bewerbungstipp des Schulleiters: *Lesen Sie einschlägige Lehrbücher über Reportage, lassen Sie Ihre Bewerbungsreportage vom erfahrenen Journalisten gegenlesen. Für den 2. Teil der Aufnahmeprüfung: Lesen Sie Zeitung, Magazine, hören und sehen Sie Nachrichten und politische Magazine und informieren Sie sich über, politische, wirtschaftliche, kulturelle und gesellschaftliche Ereignisse. Seien Sie im Auswahlgespräch »authentisch« – d. h., nicht zu dick auftragen, aber auch nicht zu kleinmütig sein. Machen Sie deutlich, dass Sie für den Beruf des Journalisten »brennen«!*

Prominente Absolventen: Günter Jauch, Sandra Maischberger, Volker Herres (ARD-Programmdirektor), Ulrich Wilhelm (BR-Intendant), Kurt Kister (Chefredakteur SZ), Andreas Petzold (Chefredakteur Stern)

....

AXEL SPRINGER AKADEMIE

Ausbildung zum Redakteur

(BERLIN)
Axel-Springer-Straße 65, 10888 Berlin
Telefon: 0 30/25 91-7 88 00
info@axel-springer-akademie.de
www.axel-springer-akademie.de

Abschluss: Redakteur
Ausbildungsinhalte/Ausbildungsaufbau:
Crossmedia-Schwerpunkt, Arbeit in der
Redaktion der WELT KOMPAKT,
zwei Monate Praktikum bei BILD.DE,
im 2. Jahr Ausbildung in der Wunsch-
redaktion, Crash-Kurs an der Columbia
School of Journalism in New York
Auslandsaufenthalt vorgesehen: nein

Gründungsjahr der Institution: 2007
Anzahl Schüler insg.: 80
Ausbildung wird angeboten seit: 2007

Besonderheiten: Deutschlands innova-
tivste Journalistenschule

Zugangsvoraussetzungen: Talent und
Leidenschaft! Redaktionspraktikum
von Vorteil, entscheidend Bewerbungsreportage (ca. 3.600 Zeichen inklusive
Leerzeichen) über Wahlthema
NC: keiner
Bewerbungsverfahren:
1. Online-Bewerbung mit fertiger Bewerbungsreportage,
2. Eignungstest für die besten 200,
3. persönliches Gespräch für die besten 80
**Neu aufgenommene Bewerber pro Jahr
(Jahrgangsgröße):** 40 pro Halbjahr

Anzahl Bewerber pro Jahr: mehr als 1.000
Aufnahmequote: circa 4 Prozent

Ausbildungsbeginn: 1. Januar und 1. Juli
Ausbildungsdauer: 2 Jahre
Bewerbungsfrist: 1. Juni des Vorjahres
Gebühren: keine, stattdessen 1.200 Euro
Vergütung pro Monat

Bewerbungstipp des Schulleiters:
*Lesen Sie Zeitung! Print, online, als App –
egal wie, aber saugen Sie alles auf!
Wenn Sie wirklich für den Beruf des
Journalisten brennen, schaffen Sie es!*

Prominente Absolventen: k. A.

BAUER MEDIA ACADEMY – JOURNALISTENSCHULE

Ausbildung zum Redakteur oder Layouter

(HAMBURG)
Burchardstraße 11, 20077 Hamburg
Telefon: 0 40/30 19-24 68
bauer-media-academy@bauermedia.com
www.bauer-media-academy.com

....

Abschluss: Redakteur (Print, Foto), Layouter

Ausbildungsinhalte/Ausbildungsaufbau: 4-wöchiger Theorieblock pro Semester, zwei Einsätze à 6 Monate in einer Stammredaktion, 4 Hospitanzen in weiteren Redaktionen (Print, Online, Tageszeitung) der Bauer Media Group, Einblicke in kaufmännische Verlagsthemen

Auslandsaufenthalt vorgesehen: nein

Gründungsjahr der Institution: 2011
Anzahl Schüler insg.: ca. 60
Ausbildung wird angeboten seit: 2011

Besonderheiten: Einzige verlagsgebundene Journalistenschule mit drei Ausbildungsgängen in Deutschland

Zugangsvoraussetzungen: journalistisches Talent, Begeisterung für unsere Objekte, hohe Lern- und Leistungsmotivation, breites Interesse, Redaktionspraktikum
NC: keiner
Bewerbungsverfahren:
1. Online oder Print Bewerbung mit journalistischer Aufgabe,
2. persönliches Gespräch,
3. Praktikum in einer Redaktion der Bauer Media Group

Neu aufgenommene Bewerber pro Jahr (Jahrgangsgröße): 30
Anzahl Bewerber pro Jahr: k. A.
Aufnahmequote: circa 8 Prozent

Ausbildungsbeginn: 1. Juli
Ausbildungsdauer: 2 Jahre
Bewerbungsfrist: 30. April des gleichen Jahres
Gebühren: keine, stattdessen monatliche Vergütung

Bewerbungstipp des Schulleiters:
Beschäftigen Sie sich mit unserem Unternehmen und unseren Produkten, lesen Sie allgemein viel und seien Sie über aktuelle Geschehnisse in der Medienwelt gut informiert. Wenn Sie uns zudem von Ihrer Leidenschaft und Motivation überzeugen, haben Sie die besten Chancen auf einen Ausbildungsplatz.

Prominente Absolventen: k. A.

....

HENRI-NANNEN-SCHULE

Ausbildung zum Redakteur

(HAMBURG)
Stubbenhuk 10, 20459 Hamburg
Telefon: 0 40/37 03-23 76
hsn@guj.de
www.journalistenschule.de

....

Abschluss: keiner
Ausbildungsinhalte/Ausbildungsaufbau:
Journalistisches Handwerk in verschie-
denen Medienformaten, Schwerpunkte:
Recherche, Textformate, Multimedia-
Produktion
Auslandsaufenthalt vorgesehen:
Rarchereise in Israel und Palästina

Gründungsjahr der Institution: 1979
Anzahl Schüler insg.: 20
Ausbildung wird angeboten seit: 1979

Besonderheiten: vier Seminarblöcke und
vier Praktika, alle jeweils 8–10 Wochen

Zugangsvoraussetzungen: journalistische
Erfahrung; abgeschlossenes Studium
hilfreich, aber nicht zwingend
NC: keiner
Bewerbungsverfahren: Online-Registrie-
rung, Schreiben von zwei Texten
(Reportage und Kommentar), Eignungs-
test für die 80 Besten (Allgemeinwissen,
Bildertest, Fragebogen, journalistische
Fähigkeiten), persönliches Gespräch
**Neu aufgenommene Bewerber pro Jahr
(Jahrgangsgröße):** 20
Anzahl Bewerber pro Jahr: 2.000
Aufnahmequote: circa 1 Prozent

Ausbildungsbeginn: alle eineinhalb Jahre
im Januar bzw. Juli
Ausbildungsdauer: 18 Monate
Bewerbungsfrist: 3-monatige Registrie-
rungsphase, aktuelle Termine siehe
Webseite
Gebühren: Keine Gebühren. Schüler erhal-
ten monatlich Beihilfe von 761 Euro.

Bewerbungstipp des Schulleiters:
*Beste Voraussetzungen haben Bewerber
mit: Leidenschaft, jounalistischen
Praktika, fundiertem Halbwissen, Fach-
studium (v. a. Wirtschaftswissenschaften,
Jura, Naturwissenschaft)*

Prominente Absolventen:
Peter Kloeppel (RTL), Mathias Müller
von Blumencron, Peter-Matthias Gaede,
Gabriele Fischer

....

KÖLNER JOURNALISTENSCHULE FÜR POLITIK UND WIRTSCHAFT

Politik- und Wirtschaftsjournalismus

(NORDRHEIN-WESTFALEN)
Im MediaPark 6, 50670 Köln
Telefon: 02 21/9 95 58 70
info@koelnerjournalistenschule.de
www.koelnerjournalistenschule.de

....

Abschluss: Journalist/in für Politik und Wirtschaft mit einem Bachelor of Science in VWL mit Nebenfach Politik an der Universität Köln
Ausbildungsinhalte/Ausbildungsaufbau: ab dem zweiten Semester Verbindung mit Bachelor-Studium VWL (Nebenfach Politik) an der Universität Köln, fünf vermittelte Praktika in Lokal-, Online-, Politik- und Wirtschaftsredaktionen
Auslandsaufenthalt vorgesehen: ja

Gründungsjahr der Institution: 1968
Anzahl Schüler insg.: ca. 70
Ausbildung wird angeboten seit: 1968

Besonderheiten: Studienreisen nach Berlin, Brüssel, Moskau und Shanghai im Rahmen der Ausbildung

Zugangsvoraussetzungen: Abitur, Höchstalter 24 Jahre, journalistische Vorkenntnisse nicht erforderlich
NC: keiner
Bewerbungsverfahren:
1. Bewerbung inklusive Motivationsessay,
2. zweitägiger Aufnahmetest (Bewerbungsgespräch, fünf schriftliche Tests) für die 50 Besten

Neu aufgenommene Bewerber pro Jahr (Jahrgangsgröße): 20
Anzahl Bewerber pro Jahr: ca. 100
Aufnahmequote: ca. 20 Prozent

Ausbildungsbeginn: Oktober
Ausbildungsdauer: 4 Jahre
Bewerbungsfrist: 31. März jeden Jahres
Gebühren: 2.000 Euro Studiengebühren pro Semester (können in Abhängigkeit vom Elterneinkommen ermäßigt bzw. erlassen werden)

Bewerbungstipp des Schulleiters:
Vorteile hat, wer sich vor seiner Bewerbung mit dem spezifischen Ausbildungsprofil unserer Journalistenschule auseinandergesetzt und sich in den Wochen vor unserem Aufnahmetest täglich über aktuelle Entwicklungen in Politik und Wirtschaft informiert hat.

Prominente Absolventen:
Henning Krumrey (Wirtschaftswoche), Dirk Kurbjuweit (SPIEGEL), Elisabeth Niejahr (ZEIT), Marion von Haaren (ARD)

....

RTL JOURNALISTENSCHULE FÜR TV UND MULTIMEDIA

Ausbildung zum Redakteur

(NORDRHEIN-WESTFALEN)
Picassoplatz 1, 50679 Köln
Telefon: 02 21/4 56-7 64 00
info@rtl-journalistenschule.de
www.rtl-journalistenschule.de

....

Abschluss: Zertifikat über Ausbildung
zum Redakteur
Ausbildungsinhalte/Ausbildungsaufbau:
Sechs Monate Unterricht (vier Blöcke) an
der Journalistenschule: Journalistisches
Handwerk, Praxis des Fernsehjourna-
lismus, Onlinejournalismus, Webvideo,
Web 2.0 und Social Media, 16,5 Monate
redaktionelle Praktika innerhalb und
außerhalb der RTL Gruppe
Auslandsaufenthalt vorgesehen: ja,
Auslandspraktika möglich

Gründungsjahr der Institution: 2001
Anzahl Schüler insg.: 30
Ausbildung wird angeboten seit: 2001

Besonderheiten: k. A.

Zugangsvoraussetzungen: Erste praktische
Erfahrungen im Medienbereich, allgemeine oder fachgebundene Hochschulreife, gute Kenntnisse in mindestens
einer Fremdsprache, perfekte Deutschkenntnisse, sicherer PC-Umgang
NC: keiner
Bewerbungsverfahren:
1. Online-Bewerbung mit Bearbeitung
einer Textaufgabe (eine Reportage
und drei TV-Anmoderationen zu vorge-

gebenen Themen), 2. Lebenslauf und
einminütiges Vorstellungsvideo
der 150 Besten, 3. Auswahltage für die
75 Besten in Köln (Reportage-Aufgabe,
persönliches Gespräch)
**Neu aufgenommene Bewerber pro Jahr
(Jahrgangsgröße):** 30 alle zwei Jahre
Anzahl Bewerber pro Jahr: 500
Aufnahmequote: 6 Prozent

Ausbildungsbeginn: alle zwei Jahre
Ausbildungsdauer: 2 Jahre
Bewerbungsfrist: ab Frühjahr 2014,
im 2-Jahres-Rhythmus
Gebühren: keine, stattdessen 800 Euro
Vergütung pro Monat (zzgl. 13. Monats-
gehalt)

Bewerbungstipp des Schulleiters:
*Die Bewerber sollten über das aktuelle
Zeitgeschehen gut informiert sein und
in der Lage sein, ihre Motivation für den
Beruf des Fernsehjournalisten deutlich
darlegen zu können.*

Prominente Absolventen:
Katty Salié (Moderatorin aspekte, ZDF),
Pia Schrörs (Asien-Korrespondentin RTL),
Martin Gradl (Redaktionsleiter RTL
Punkt 6/9)

....

Sportjournalismus / Sportmanagement

(BADEN-WÜRTTEMBERG)
Tübinger Straße 12–16, 70178 Stuttgart
Telefon: 07 11/9 25 43-0
info@media-gmbh.de
www.media-gmbh.de

Abschluss: Bachelor of Arts
Studieninhalte/Studienaufbau:
Medien, Kultur und Gesellschaft, Sport-
journalismus, Medien- und Sportrecht,
Journalistische Grundlagen und Arbeits-
techniken, Kommunikationsforschung,
Sportmedienproduktion, Reportage,
Redaktion, Produktionsplanung, Hörfunk,
Internet-TV, Visuelle Kommunikation,
Projektmanagement, Medienenglisch,
Sportmanagement
Auslandssemester vorgesehen: möglich

Gründungsjahr der Institution: 1993
Träger: privat
Anzahl Studierende an der Hochschule insg.:
80
Studiengang wird angeboten seit: 2012

Besonderheiten: Lernen in kleinen
Studiengruppen, reale Praxisprojekte,
Arbeiten in den akademie-eigenen
Studios, studentische Radio- und
Fernsehsendungen, enger Kontakt mit
der Branche, erfahrene Branchenprofis
und Hochschulprofessoren als
Dozenten

Zugangsvoraussetzungen: allgemeine
Hochschulreife, Fachhochschulreife oder

Berufsausbildung mit 3 Jahren Berufs-
erfahrung
NC: keiner
Bewerbungsverfahren: Bewerbung mit
Motivationsschreiben und individuelles
Aufnahmegespräch
Neu aufgenommene Bewerber pro Jahr
(Jahrgangsgröße): max. 20
Anzahl Bewerber pro Jahr: k. A.
Aufnahmequote: k. A.

Studienbeginn: Wintersemester und
Sommersemester
Regelstudienzeit: 9 Semester (Teilzeit-
studium)
Bewerbungsfrist: 31. August
Gebühren: 21.500 Euro, zzgl. 150 Euro
Einschreibegebühr

Bewerbungstipp des Studiengangleiters:
Bewerbung mit Beispielarbeiten und
Praktika von Vorteil
Prominente Absolventen: k. A.

AKADEMIE DER MEDIA

TV-Producing / TV-Journalismus

(BADEN-WÜRTTEMBERG)
Tübinger Straße 12–16, 70178 Stuttgart
Telefon: 07 11/9 25 43-0
info@media-gmbh.de
www.media-gmbh.de

Abschluss: Bachelor of Arts
Studieninhalte/Studienaufbau:
Medien, Kultur und Gesellschaft, TV-
Journalismus, Journalistische Grundlagen
und Arbeitstechniken, Kommunikations-
forschung, Reportage, Redaktion,
Produktionsplanung und Producing,
Hörfunk, Internet-TV, Visuelle Kommu-
nikation, Projektmanagement,
Medienenglisch, Regie
Auslandssemester vorgesehen: möglich

Gründungsjahr der Institution: 1993
Träger: privat
Anzahl Studierende an der Hochschule insg.:
80
Studiengang wird angeboten seit: 2007

Besonderheiten: Lernen in kleinen
Studiengruppen, reale Praxisprojekte,
Arbeiten in den akademie-eigenen
Studios, studentische Radio- und
Fernsehsendungen, enger Kontakt mit
der Branche, erfahrene Branchenprofis
und Hochschulprofessoren als
Dozenten

Zugangsvoraussetzungen: allgemeine
Hochschulreife oder Fachhochschulreife
NC: keiner

Bewerbungsverfahren: Bewerbung mit
Motivationsschreiben und individuelles
Aufnahmegespräch
**Neu aufgenommene Bewerber pro Jahr
(Jahrgangsgröße):** max. 20
Anzahl Bewerber pro Jahr: k. A.
Aufnahmequote: k. A.

Studienbeginn: Wintersemester und
Sommersemester
Regelstudienzeit: 6 Semester
Bewerbungsfrist: 31. August
Gebühren: 23.000 Euro inkl. MacBook Pro
und Software, zzgl. 150 Euro Einschreibe-
gebühr

Bewerbungstipp des Studiengangleiters:
*Bewerbung mit Beispielarbeiten und
Praktika von Vorteil*
Prominente Absolventen: k. A.

DUALE HOCHSCHULE BADEN-WÜRTTEMBERG
MEDIENCAMPUS RAVENSBURG

Unternehmenskommunikation und Journalismus, BWL-Medien- und Kommunikationswirtschaft

(BADEN-WÜRTTEMBERG)
Oberamteigasse 4, 88214 Ravensburg
Telefon: 07 51/1 89 99 27 90
suchy@dhbw-ravensburg.de
www.dhbw-ravensburg.de

Abschluss: Bachelor of Arts
Studieninhalte/Studienaufbau: Krisen-kommunikation, Corporate-TV, Event-Kommunikation, Social Media, Investor Relations, Online-Journalismus, CSR, TV-Produktion, Formatentwicklung, Hör-funk, Marketing, Informationsmanage-ment, Medienforschung, BWL-VWL-Fächer
Auslandssemester vorgesehen: ja

Gründungsjahr der Institution: 1977
Träger: öffentlich
Anzahl Studierende an der Hochschule insg.: 27.000 an allen DHBW-Standorten
Studiengang wird angeboten seit: 2011

Besonderheiten: eigenes HD-Fernseh-studio, Hörfunkstudio m. CampusRadio, Dozenten u. a. vom ZDF, Red Bull Media, Eurosport

Zugangsvoraussetzungen: schulische Qualifikation plus Ausbildungsvertrag mit einem dualen Partnerunternehmen. Schulische Qualifikation: allgemeine oder fachgebundene Hochschulreife, Fachhochschulreife und bestandene Eignungsprüfung, besonders qualifizierte Berufstätige mit oder ohne berufliche Fortbildung

NC: kein NC, stattdessen Personalauswahl durch das duale Partnerunternehmen
Bewerbungsverfahren: Bewerbung beim dualen Partnerunternehmen
Neu aufgenommene Bewerber pro Jahr (Jahrgangsgröße): max. 30
Anzahl Bewerber pro Jahr: k. A.
Aufnahmequote: k. A.

Studienbeginn: Oktober
Regelstudienzeit: 6 Semester
Bewerbungsfrist: 15. Juli
Gebühren: keine Gebühren

Bewerbungstipp des Studiengangleiters:
Initiativbewerbungen bei Medienunter-nehmen, Verlagen/Redaktionen oder Public Relations- bzw. Kommunikations-agenturen

Prominente Absolventen: k. A.

Musikjournalismus für Rundfunk und Multimedia

(BADEN-WÜRTTEMBERG)
Am Schloss Gottesaue 7, 76131 Karlsruhe
Telefon: 07 21/66 29-1 04
lernradio@hfm-karlsruhe.de
www.lernradio.de

....

Abschluss: Bachelor of Arts
Studieninhalte/Studienaufbau: Ausbildung zu qualifizierten Musikjournalisten für crossmediale Basisaufgaben in Radio/TV/Neue Medien, Pop und Klassik. Moderation, Beitragserstellung, trimediale Ausbildung, Sende-/ Produktionstechnik, Digitalschnitt Audio/Video.
Auslandssemester vorgesehen: nein

Gründungsjahr der Institution: 1971
Träger: staatlich
Anzahl Studierende an der Hochschule insg.: 550
Studiengang wird angeboten seit: 2007, BA 2011 akkreditiert

Besonderheiten: Eigenes Radioprogramm mit UKW-Sendefrequenz in Karlsruhe. Eigene TV-Produktion.

Zugangsvoraussetzungen: allgemeine Hochschulreife, Bestehen der Eignungsprüfung
NC: keiner
Bewerbungsverfahren: Schriftliche Bewerbung
Neu aufgenommene Bewerber pro Jahr (Jahrgangsgröße): max. 4

Anzahl Bewerber pro Jahr: k. A.
Aufnahmequote: k. A.

Studienbeginn: Wintersemester
Regelstudienzeit: 6 Semester
Bewerbungsfrist: 15. Juni
Gebühren: keine

Bewerbungstipp des Studiengangleiters: *Bewerbung mit Motivationsschreiben und künstlerischen Nachweisen, Praktika von Vorteil*

Prominente Absolventen: k. A.

....

HOCHSCHULE ANSBACH

Ressortjournalismus

(BAYERN)
Residenzstraße 6, 91522 Ansbach
Telefon: 09 81/4 87 72 34
info@hs-ansbach.de
www.hs-ansbach.de

....

Abschluss: Bachelor of Arts
Studieninhalte/Studienaufbau:
Journalistisches Handwerk in Print,
Online, Foto, Hörfunk,
TV und Crossmedia, Medienrecht
und -ethik, Interkulturelle und
non-verbale Kommunikation,
Kommunikationswissenschaft,
Englisch, PR/Öffentlichkeitsarbeit.
4. Semester Schwerpunktwahl:
Politik & Wirtschaft, Energie und
Umwelt, Medientechnik,
Biowissenschaften/Medizin,
Sport oder Kultur
Auslandssemester vorgesehen: möglich

Gründungsjahr der Institution: 1996
Träger: öffentlich
Anzahl Studierende an der Hochschule insg.:
200 (Studiengang Ressortjournalismus),
(Hochschule: 2.500)
Studiengang wird angeboten seit: 2008

Besonderheiten: k. A.

Zugangsvoraussetzungen: Allg. oder
fachgebundene Hochschulreife,
Fachhochschulreife, fachgebundene
Fachhochschulreife, Hochschulzugangsberechtigung für Absolventen einer

beruflichen Fortbildungsprüfung bzw.
für qualifizierte Berufstätige
NC: Ja
Bewerbungsverfahren: Online-Bewerbung
**Neue aufgenommene Schüler pro Jahr
(Jahrgangsgröße):** 60
Anzahl Bewerber pro Jahr: 650
Aufnahmequote: k. A.

Studienbeginn: Wintersemester
Regelstudienzeit: 7 Semester
Bewerbungsfrist: 15. Juli
Gebühren: 372 Euro pro Semester +
42 Euro Studentenwerksbeitrag

Bewerbungstipp des Studiengangleiters:
*Kenntnis des journalistischen Berufsbildes,
schnelle Auffassungsgabe, ausgeprägtes
Sprachgefühl und Beherrschung der
deutschen Sprache*

Prominente Absolventen: k. A.

....

HOCHSCHULE NÜRNBERG

Technikjournalismus

(BAYERN)
Keßlerplatz 12, 90489 Nürnberg
Telefon: 09 11/5 88 01 33
studienstart@ohm-hochschule.de
www.ohm-hochschule.de

Abschluss: Bachelor of Arts
Studieninhalte/Studienaufbau:
Journalistik sowie Technik- und Wissenschaftsjournalismus, journalistisches Praxis in Print, Online, Hörfunk und TV, Interkulturelle Kommunikation, Print-Layout, Web-Design und Pressefotografie, Technik-PR und Marktkommunikation, Public Relations und Public Affairs, Mathematisch-naturwissenschaftliche Grundlagen, Vertiefung in Maschinenbau, Energie-/Versorgungstechnik, Spezialisierung (Medizin-, Umwelt- oder Automatisierungstechnik); Fremdsprachen, Wahlfächer aus Technikmanagement sowie Technik und Gesellschaft, Politik
Auslandssemester vorgesehen: nein, aber möglich

Gründungsjahr der Institution: 1971
Träger: öffentlich
Anzahl Studierende an der Hochschule insg.: 10.500
Studiengang wird angeboten seit: 2009

Besonderheiten: Der Studiengang Technikjournalismus ist in Süddeutschland einzigartig und verbindet journalistische Ausbildung mit fundierten technischen Kenntnissen. Als Berufsfelder stehen den Absolventen sowohl Redaktionen als auch Stellen in der Unternehmenskommunikation offen.

Zugangsvoraussetzungen: Allgemeine oder fachgebundene Hochschulreife, alternativ berufliche Vorbildung
NC: keiner
Bewerbungsverfahren: Online-Bewerbung
Neu aufgenommene Bewerber pro Jahr (Jahrgangsgröße): 40
Anzahl Bewerber pro Jahr: 200
Aufnahmequote: circa 20 Prozent

Studienbeginn: Wintersemester
Regelstudienzeit: 7 Semester
Bewerbungsfrist: 15. Juli
Gebühren: 500 Euro Studiengebühren und 42 Euro Semesterbeitrag pro Semester

Bewerbungstipp des Studiengangleiters: *Interessierte sollten gleichermaßen technisches Interesse und die Fähigkeit zum sprachlichem Ausdruck mitbringen.*

Prominente Absolventen: k. A.

KATHOLISCHE UNIVERSITÄT EICHSTÄTT-INGOLSTADT

Journalistik

(BAYERN)
Ostenstraße 26, 85072 Eichstätt
Telefon: 0 84 21/93 16 98 oder 0 84 21/93 15 64
oder 0 84 21/93 15 54
journalistik@ku.de
www.journalistik-eichstaett.de

Abschluss: Bachelor of Arts
Studieninhalte/Studienaufbau: drei Teilbereiche: Medienfachkompetenz durch kommunikationswissenschaftliche Lehrangebote, journalistische Praxisausbildung in den hauseigenen Print-, Online-, Hörfunk- und Fernsehstudios sowie enge Kooperationen mit Medienunternehmen und erfahrenen Journalisten; gesellschaftliche Grundkompetenzen und Schwerpunktbildung durch eine große Breite an Modulen aus den Bereichen Politik und Gesellschaft, Kultur und Wirtschaft journalistisches Handwerk, Kommunikationswissenschaft, Politik, Kultur, Wirtschaft, journalistische Praxis (rund 1/3 der Studienzeit)
Auslandssemester vorgesehen: ja, Pflicht im 5. Semester

Gründungsjahr der Institution: 1980
Träger: öffentlich
Anzahl Studierende insg.: 4.900
Studiengang wird angeboten seit:
Diplom: 1983; B. A.: 2008

Besonderheiten: Medienhaus mit Lehrredaktion, digitalen Hörfunk- und Fernsehstudios; technische Ausstattung auf höchstem Niveau; crossmedialer Newsroom mit 13 Arbeitsplätzen

Zugangsvoraussetzungen: allgemeine Hochschulreife, zweimonatiges redaktionelles Praktikum (Print, Radio, TV-, Online)
NC: ergibt sich aus Bewerberfeld
Bewerbungsverfahren: Vergabe der Studienplätze nach Durchschnittsnote und Wartezeit
Neu aufgenommene Bewerber pro Jahr (Jahrgangsgröße): 50
Anzahl Bewerber pro Jahr: 250 bis 300
Aufnahmequote: 16 bis 20 Prozent

Studienbeginn: Wintersemester
Regelstudienzeit: 6 Semester
Bewerbungsfrist: 15. Juli
Gebühren: 450 Euro Studiengebühren und 44,50 Euro Semesterbeitrag pro Semester

Bewerbungstipp des Studiengangleiters:
Bescheinigung über Vorstudienpraktikum muss zum 15. Juli eingereicht sein; Praktikum kann bis Vorlesungsbeginn (Oktober) geleistet werden (vorl. Bescheinigung)

Prominente Absolventen: u. a. Andreas Klinner (Chef vom Dienst und Moderator von »Heute in Europa«, ZDF), Thomas Steinmann (Hauptstadtkorrespondent Financial Times Deutschland), Klaus Brodbeck (Hauptstadtstudiokorrespondent ZDF)

MHMK, MACROMEDIA HOCHSCHULE FÜR MEDIEN UND KOMMUNIKATION

Journalistik
(Kulturjournalismus und Sportjournalismus)

(BAYERN, BADEN-WÜRTTEMBERG, BERLIN, HAMBURG, NORDRHEIN-WESTFALEN)
Gollierstraße 4, 80339 München
Telefon: 0 89/54 41 51-0
info.muc@mhmk.org
www.mhmk.de
Weitere Standorte: Stuttgart, Köln, Hamburg, Berlin

Abschluss: Bachelor of Arts
Studieninhalte/Studienaufbau: nach zwei Semestern Auswahl der Fachrichtung: Kulturjournalismus, Politikjournalismus (in Planung), Sportjournalismus. Weitere Inhalte: Politik, Recht und Wirtschaft, journalistisches Handwerk in verschiedenen Medienformaten, Medienwissen, Technikkompetenz, Medien- und Kommunikationsdesign
Auslandssemester vorgesehen: ja

Gründungsjahr der Institution: 2006
Träger: privat
Anzahl Studierende an der Hochschule insg.: 1.900
Studiengang wird angeboten seit: 2007

Besonderheiten: Wechsel zwischen den verschiedenen Standorten (München, Stuttgart, Köln, Hamburg, Berlin) möglich, großes Praktikumsnetzwerk (Süddeutsche Zeitung, RTL Interactive, Kölner Stadtanzeiger, Express, Sport-Informations-Dienst). Master Studiengang Journalistik ist in Planung.

Zugangsvoraussetzungen: allgemeine oder fachgebundene Hochschulreife
NC: keiner

Bewerbungsverfahren: 1. Bewerbung mit Arbeitsproben (z. B. Artikel, Reiseberichte, Video- oder Audiobeiträge), 2. Eignungstest (Allgemeinwissen, Fachwissen, Kreativität, logisches Denken, Ausdrucksfähigkeit, Englisch, praktische Übung) und persönliches Gespräch
Neu aufgenommene Bewerber pro Jahr (Jahrgangsgröße): 15 bis 30 pro Standort (München, Stuttgart, Köln, Hamburg, Berlin)
Anzahl Bewerber pro Jahr: k. A.
Aufnahmequote: k. A.

Studienbeginn: Wintersemester
Regelstudienzeit: 7 Semester
Bewerbungsfrist: August
Gebühren: 4.450 Euro Studiengebühren pro Semester, außerdem einmalige Anmeldegebühr von 200 Euro

Bewerbungstipp des Studiengangleiters: *erste praktische Erfahrungen (z. B. Schülerpraktika in Redaktionen) sind von Vorteil*

Prominente Absolventen: k. A.

UNIVERSITÄT DER BUNDESWEHR MÜNCHEN

Wirtschaft und Journalismus

(BAYERN)
Werner-Heisenberg-Weg 39, 85577 Neubiberg
Telefon: 0 89/60 04-42 55
infowj@unibw.de
www.unibw.de

Abschluss: Bachelor of Arts
Studieninhalte/Studienaufbau: Verknüpfung wirtschaftswissenschaftlicher, journalistischer und kommunikationswissenschaftlicher Inhalte: Betriebs- und Volkswirtschaftslehre, Wirtschaftsrecht, Print- und Online-Journalismus, TV- und Radio-Journalismus, Unternehmenskommunikation, Medienmanagement und -soziologie, Kommunikationswissenschaft
Auslandssemester vorgesehen: nein

Gründungsjahr der Institution: 1991
Träger: öffentlich
Anzahl Studierende an der Hochschule insg.: 2.100
Studiengang wird angeboten seit: 1973, BA ab 2010; Akkreditierungsverfahren läuft

Besonderheiten: Die Studierenden lernen praxisorientiert, für Unternehmen und Non-Profit-Organisationen bedeutsame Sachverhalte mit journalistischen Methoden aufzubereiten und nutzbar zu machen; exzellent ausgestattetes Medienzentrum; anschließender Master-Studiengang »Management und Medien« mit Studienrichtungen »Strategische Kommunikation« und »Journalistik«

Zugangsvoraussetzungen: allgemeine oder fachgebundene Hochschulreife (ansonsten Feststellungsprüfung), Eignungsfeststellung für den Offiziersberuf durch die Offiziersbewerberprüfzentrale der Bundeswehr (www.bundeswehr-karriere.de)
NC: keiner
Bewerbungsverfahren: Bewerbung bei der Bundeswehr für die Offizierslaufbahn
Neu aufgenommene Bewerber pro Jahr (Jahrgangsgröße): max. 55
Anzahl Bewerber pro Jahr: k. A.
Aufnahmequote: k. A.

Studienbeginn: Herbsttrimester
Regelstudienzeit: 9 Trimester
Bewerbungsfrist: siehe www.bundeswehr-karriere.de
Gebühren: 1.800 Euro pro Semester

Bewerbungstipp des Studiengangleiters:
Wichtige Voraussetzungen sind gute Deutsch- und Englischkenntnisse, gute Kenntnisse in Mathematik; zusätzlich hilfreich, aber nicht notwendig, sind kaufmännisch-wirtschaftliche Kenntnisse aus Schule oder Berufsausbildung.

Prominente Absolventen: k. A.

DEKRA HOCHSCHULE BERLIN (FH)

Journalismus

(BERLIN)
Ehrenbergstraße 11–14, 10245 Berlin
Telefon: 0 30/2 90 08 02 00
info@dekra-hochschule-berlin.de
www.dekra-hochschule-berlin.de

Abschluss: Bachelor of Arts
Studieninhalte/Studienaufbau: Grundlagen des Journalismus; Medien, Kultur und Gesellschaft; Medienethik; Visuelle Kommunikation; Videotechnik; Fotografie; Ressorts. Im dritten Semester Spezialisierung in die Studienrichtung TV-Journalismus/Moderation (Media Acting, Stimme und Sprache, Stage Acting, Präsentation TV) oder Online-Journalismus (Schriftsprache für das WWW, Präsentation Web, Digitales Gestalten, Content Management, Programmierung).
Auslandssemester vorgesehen: nein, Praktikum im Ausland möglich

Gründungsjahr der Institution: 2009
Träger: privat
Anzahl Studierende an der Hochschule insg.: 287
Studiengang wird angeboten seit: 2009

Besonderheiten: kleine Gruppen, kreatives Lernumfeld, Lehre mit großem Praxisbezug

Zugangsvoraussetzungen: Abitur, Fachhochschulreife oder ein vergleichbarer internationaler Schulabschluss
NC: keiner

Bewerbungsverfahren: Beratungsgespräch, Studieneingangstest
Neu aufgenommene Bewerber pro Jahr (Jahrgangsgröße): max. 40
Anzahl Bewerber pro Jahr: ca. 50
Aufnahmequote: ca. 80 Prozent

Studienbeginn: Wintersemester
Regelstudienzeit: 6 Semester
Bewerbungsfrist: 30. Oktober
Gebühren: 20.910 Euro inkl. aller Gebühren

Bewerbungstipp des Studiengangleiters: *Persönliches Engagement zählt mehr als die letzte Mathenote*

Prominente Absolventen: noch keine – siehe Gründungsjahr

HMKW – HOCHSCHULE FÜR MEDIEN, KOMMUNIKATION UND WIRTSCHAFT

Journalismus und Unternehmenskommunikation

(BERLIN, NORDRHEIN-WESTFALEN)
Ackerstraße 76, 13355 Berlin
Telefon: 0 30/27 59 45 97
studienberatung-berlin@hmkw.de
www.hmkw.de
Weitere Standorte: Köln

....

Abschluss: Bachelor of Arts
Studieninhalte/Studienaufbau:
Wirtschaftswissenschaft, Sozialwissen-
schaft, Politologie und Soziologie,
Medien- und Kommunikationswissen-
schaft, Interkulturalität, journalistisches
Handwerk in verschiedenen Medien-
formaten, Medientechnologie,
Unternehmenskommunikation, Englisch
Auslandssemester vorgesehen: nein,
aber möglich

Gründungsjahr der Institution: 2008
Träger: privat
Anzahl Studierende an der Hochschule insg.:
ca. 200
Studiengang wird angeboten seit: 2009

Besonderheiten: Studiengang wird in
Berlin und Köln angeboten, auch ein
duales Studium mit integrierter
IHK-Berufsausbildung als Medien-
gestalter/in Bild und Ton ist möglich

Zugangsvoraussetzungen: allgemeine
oder fachgebundene Hochschulreife,
alternativ passende Berufsausbildung
und vier Jahre Berufserfahrung
NC: keiner

Bewerbungsverfahren: 1. Bewerbung,
2. Eignungstest (Einzel- und Gruppen-
aufgaben, Allgemeinbildungs- und
Englischtest), 3. persönliches Gespräch
**Neu aufgenommene Bewerber pro Jahr
(Jahrgangsgröße):** ca. 40
Anzahl Bewerber pro Jahr: 80 bis 100
Aufnahmequote: ca. 40 bis 50 Prozent

Studienbeginn: Sommer- und
Wintersemester
Regelstudienzeit: 6 Semester,
als duales Studium 8 Semester
Bewerbungsfrist: Bewerbungen laufend
möglich
Gebühren: 3.150 Euro Studiengebühren
pro Semester

Bewerbungstipp des Studiengangleiters:
möglichst frühzeitig bewerben
Prominente Absolventen: k. A.

....

SAE INSTITUTE

Cross-Media Production & Publishing

(BERLIN, BADEN-WÜRTTEMBERG, BAYERN, HAMBURG, HESSEN,
NORDRHEIN-WESTFALEN, SACHSEN)
Soltauer Straße 18–22, 13509 Berlin
Telefon: 0 30/4 30 94 47 19
germany@sae.edu
www.sae-institute.de
Weitere Standorte: München, Hamburg, Köln, Bochum, Leipzig, Stuttgart, Frankfurt/M.

....

Abschluss: Bachelor of Arts / Scienc (Hons.)
Cross-Media Communication and
Publishing (validated by Middlesex
University London)
Studieninhalte/Studienaufbau:
Journalistisches Arbeiten, Bildgestaltung,
Bildbearbeitung und Fotografie,
Podcasting, Sprachbeiträge und Atmo-
erstellung, Blogging und Online-Publi-
kation, Videodreh und Postproduciton,
Crossmediale Produktion, Business,
Legal & History, Marketing & Presenta-
tion, Advanced Industry Production
Auslandssemester vorgesehen: möglich

Gründungsjahr der Institution: 1976
Träger: privat
Anzahl Studierende an der Hochschule insg.:
2.000
Studiengang wird angeboten seit: 2010

Besonderheiten: praxisnahes und praxis-
orientiertes Lernen in begrenzten Kurs-
größen, Arbeiten in gut ausgestatteten
Studios und Üben mit ausschließlich
für den Lehrbetrieb vorgehaltenem
modernstem Equipment, enger Kontakt
mit der Branche durch Exkursionen und
Dozenten/Seminarleiter aus der Branche.
Weltweit vernetzt – mit über 35 Jahren

Lehrerfahrung in über 50 Standorten.
Internationales Alumni-Netzwerk.

Zugangsvoraussetzungen: allgemeine
Hochschulreife oder Mittlerer Bildungs-
abschluss sowie Mindestalter 18 Jahre
NC: keiner
Bewerbungsverfahren: Bewerbung mit
Arbeitsproben und individuelles
Aufnahmegespräch: Ausdrucksfähigkeit,
praktische Übung und persönliches
Gespräch, Englischkenntnisse und gute
Deutschkenntnisse
**Neu aufgenommene Bewerber pro Jahr
(Jahrgangsgröße):** 20–25 je Standort
Anzahl Bewerber pro Jahr: k. A.
Aufnahmequote: k. A.

Studienbeginn: April und September
Regelstudienzeit: 24 Monate
Bewerbungsfrist: 20. August 2012 /
11. März 2013
Gebühren: 4.290 Euro pro Semester oder
monatlich 740 Euro zzgl. Einschreibegebühr 200 Euro

Bewerbungstipp des Studiengangleiters:
*Bewerbung mit Beispielarbeiten und
Praktika von Vorteil*
Prominente Absolventen: k. A.

....

HOCHSCHULE BREMEN

Internationaler Studiengang Journalistik

(BREMEN)
Neustadtwall 30, 28199 Bremen
Telefon: 04 21/59 05 28 13
fachjournalismus@hs-bremen.de
www.hs-bremen.de

....

Abschluss: Bachelor of Arts
Studieninhalte/Studienaufbau: journalistisches Handwerk in verschiedenen Medienformaten, Fremdsprachen, Medienrecht/-ethik, Medienpolitik/-ökonomie, Gesellschaft, Spezialisierung in Natur- und Geisteswissenschaften, Kunst, Wirtschaft/Politik oder Technik, ein Praxis-und ein Auslandssemester
Auslandssemester vorgesehen: ja

Gründungsjahr der Institution: 1982
Träger: öffentlich
Anzahl Studierende an der Hochschule insg.: 8.000
Studiengang wird angeboten seit: 2004

Besonderheiten: k. A.

Zugangsvoraussetzungen: allgemeine oder fachgebundene Hochschulreife, zwölfwöchiges Praktikum im Medienbereich, gute Englisch-Kenntnisse (mind. Note 3,0)
NC: keiner
Bewerbungsverfahren: Bewerbung mit journalistischem Text zu vorgegebenem Thema (Bericht, Feature oder Reportage für Tageszeitung – wird benotet), Vergabe der Studienplätze nach Durchschnittsnote (Note der Arbeitsprobe wird mit Abiturnote verrechnet) und Wartezeit
Neu aufgenommene Bewerber pro Jahr (Jahrgangsgröße): 42
Anzahl Bewerber pro Jahr: ca. 150
Aufnahmequote: ca. 30 Prozent

Studienbeginn: Wintersemester
Regelstudienzeit: 7 Semester
Bewerbungsfrist: Mitte Juli
Gebühren: 500 Euro Studiengebühren und 221,92 Euro Semesterbeitrag pro Semester

Bewerbungstipp des Studiengangleiters:
Für einen erfolgreichen Studienstart empfiehlt es sich, die deutsche Medienlandschaft und die aktuelle Nachrichtenlage zu kennen.

Prominente Absolventen: Can Mansuroglu (Checker Can – Das Entdeckermagazin für Kinder, ARD), Roland Kannwicher (Moderator Morning Show Bremen 4), Sarah Dippel (Moderatorin und Reporterin HR), Carolina Quesada (Moderatorin Funkhaus Europa)

DIE MEDIENAKADEMIE

Sportjournalistik/Sportmanager

(HAMBURG, BAYERN, BERLIN)
Jenfelder Allee 80, 22039 Hamburg
Telefon: 08 00/4 00 18 00 (kostenfrei)
info@diemedienakademie.de
www.diemedienakademie.de
Weitere Standorte: Berlin, München

....

Abschluss: Bachelor of Arts
Studieninhalte/Studienaufbau: Medien und
Gesellschaft, Sportjournalismus, Medien-
und Sportrecht, Journalistische Grundlagen
und Arbeitstechniken, Kommunikationsforschung, Sportmedienproduktion, Cross
Media, Videotechnik, Audiotechnik, Schnitt,
Produktionsplanung, Hörfunk, Sport-
medienlehre, Sportmanagement, Wissenschaft und Fachtheorie, Betriebswirtschaft
Auslandssemester vorgesehen: möglich

Gründungsjahr der Institution: 2003
Träger: privat
Anzahl Studierende an der Hochschule insg.:
540
Studienrichtung wird angeboten seit: 2004

Besonderheiten: Lernen in kleinen Studiengruppen, reale Praxisprojekte, Arbeiten in
den akademie-eigenen Studios, Studentische Fernsehsendungen und Cross-Media-
Projekte, enger Kontakt mit der Branche,
erfahrene Branchenprofis und promovierte Fachkräfte als Dozenten

Zugangsvoraussetzungen: allgemeine Hochschulreife, Fachhochschulreife oder Berufsausbildung mit 3 Jahren Berufserfahrung
NC: keiner

Bewerbungsverfahren: Bewerbung mit
Motivationsschreiben, schriftlicher Auf-
nahmetest und individuelles Aufnahme-
gespräch
Neu aufgenommene Bewerber pro Jahr
(Jahrgangsgröße): max. 20 je Standort
Anzahl Bewerber pro Jahr: ca. 120 aus
360 Interessenten
Aufnahmequote: 70 Prozent

Studienbeginn: Wintersemester
Regelstudienzeit: 6 Semester
Bewerbungsfrist: keine, aber begrenzte
Kapazität
Gebühren: 5.500 Euro pro Semester

Bewerbungstipp: *Bewerbung mit Beispiel-*
arbeiten und Praktika von Vorteil
Prominente Absolventen: Maike Sidka
(DSF, Reporterin/Beitragsredakteurin),
Timm Kraeft (Sat.1, Redakteur), Alexander
Rieck (laola1.tv, Redakteur), Christian
Schneider (sky SPORT NEWS, Redakteur),
Julian Ojala (Klitschko-Management,
Bereich Social Media), Tim Niemeyer
(Hamburg1, Sportmoderator), Roman
Kirschstein (SPORTFIVE, Sportmanage-
ment)

....

DIE MEDIENAKADEMIE

TV-Producer/TV-Journalist

(HAMBURG, BAYERN, BERLIN)
Jenfelder Allee 80, 22039 Hamburg
Telefon: 08 00/4 00 18 00 (kostenfrei)
info@diemedienakademie.de
www.diemedienakademie.de
Weitere Standorte: Berlin, München

Abschluss: Bachelor of Arts
Studieninhalte/Studienaufbau: Medien und Gesellschaft, Journalistische Grundlagen und Arbeitstechniken, Angewandte Kommunikationsforschung, Visuelle Kommunikation, Cross Media, Recording (Kamera), Audiotechnik, Postproduction (Schnitt), Produktionsplanung, Distribution, Producing, Betriebswirtschaft, Schreiben/Texten, Moderation und Präsentation, Studioproduktion, Wissenschaft und Fachtheorie, journal. Cross Media Projekte, Social Media
Auslandssemester vorgesehen: möglich

Gründungsjahr der Institution: 2003
Träger: privat
Anzahl Studierende an der Hochschule insg.: 540
Studienrichtung wird angeboten seit: 2003

Besonderheiten: Lernen in kleinen Studiengruppen, reale Praxisprojekte, Arbeiten in den akademie-eigenen Studios, Studentische Fernsehsendungen und Cross-Media-Projekte, enger Kontakt mit der Branche, erfahrene Branchenprofis und promovierte Fachkräfte als Dozenten

Zugangsvoraussetzungen: allgemeine Hochschulreife, Fachhochschulreife oder Berufsausbildung mit 3 Jahren Berufserfahrung
NC: keiner
Bewerbungsverfahren: Bewerbung mit Motivationsschreiben, schriftlicher Aufnahmetest und individuelles Aufnahmegespräch
Neu aufgenommene Bewerber pro Jahr (Jahrgangsgröße): max. 20 je Standort
Anzahl Bewerber pro Jahr: ca. 180 aus 600 Interessenten
Aufnahmequote: 70 Prozent

Studienbeginn: Wintersemester
Regelstudienzeit: 6 Semester
Bewerbungsfrist: keine, aber begrenzte Kapazität
Gebühren: 5.500 Euro pro Semester

Bewerbungstipp: *Bewerbung mit Beispielarbeiten und Praktika von Vorteil*
Prominente Absolventen: David Heberling und David Holetzeck (Agentur »Table of Vision GmbH«), Susanne Kultau und Jan Brockmann (Firma »Saubere Filme«), Norman Dickfeld (Alex Offener Kanal Berlin, Produktionsleiter), Regina Reis (tape.tv, Producerin), Jost Niemann (CBC RTL Sendezentrum, Regieoperator), Carina Liegl (Endemol, Redakteurin)

HOCHSCHULE DARMSTADT

Online-Journalismus

(HESSEN)
Max-Planck-Straße 2, 64807 Dieburg
Telefon: 0 60 71/82 94 20
journalismus@h-da.de
www.journalismus.h-da.de

....

Abschluss: Bachelor of Arts
Studieninhalte/Studienaufbau:
nach drei Semestern Fachrichtung
(Online-Journalismus oder Public
Relations), journalistisches Handwerk
in verschiedenen Medienformaten,
PR-Grundlagen, Medien und
Gesellschaft, Politik, Technik und
Darstellung, International Journalism,
Recht und Ethik, Medien-, Sozial-
und Kulturwissenschaften,
zwischen 4. und 5. Semester
12 Wochen Praxisphase
Auslandssemester vorgesehen: nein, aber
in der Praxisphase möglich (12 Wochen)

Gründungsjahr der Institution: 1971
Träger: öffentlich
Anzahl Studierende an der Hochschule insg.:
12.200, davon 2.000 in Dieburg
Studiengang wird angeboten seit: 2001

Besonderheiten: k. A.

Zugangsvoraussetzungen: allgemeine
oder fachgebundene Hochschulreife,
sechswöchiges Praktikum in Redaktion
und Öffentlichkeitsarbeit
NC: ca. 2,5

Bewerbungsverfahren: Vergabe der
Studienplätze nach Durchschnittsnote
und Wartezeit
**Neu aufgenommene Bewerber pro Jahr
(Jahrgangsgröße):** 40
Anzahl Bewerber pro Jahr: ca. 600
Aufnahmequote: ca. 7 Prozent

Studienbeginn: Wintersemester
Regelstudienzeit: 6 Semester
Bewerbungsfrist: 15. Juli
Gebühren: 247 Euro Semesterbeitrag pro
Semester

Bewerbungstipp des Studiengangleiters:
*Interesse und Kenntnisse
in Journalismus und/oder PR*

Prominente Absolventen: k. A.

....

HOCHSCHULE DARMSTADT

Wissenschaftsjournalismus

(HESSEN)
Max-Planck-Straße 2, 64807 Dieburg
Telefon: 0 60 71/82 94 20
journalismus@h-da.de
www.journalismus.h-da.de

Abschluss: Bachelor of Arts
Studieninhalte/Studienaufbau:
journalistisches Handwerk in verschiedenen Medienformaten, Naturwissenschaften (Biologie, Physik, Chemie und
Spezialrichtungen), Grundlagen des
Wissenschaftsjournalismus, Genetik und
Life-Science-Wissenschaften, Medienrecht und -ökonomie, PR
Auslandssemester vorgesehen: nein, aber
möglich

Gründungsjahr der Institution: 1971
Träger: öffentlich
Anzahl Studierende an der Hochschule insg.:
12.200, davon 2.000 in Dieburg
Studiengang wird angeboten seit: 2005

Besonderheiten: Unterricht erfolgt am
Campus Dieburg und Campus Darmstadt

Zugangsvoraussetzungen: allgemeine
oder fachgebundene Hochschulreife,
mindestens sechswöchiges Praktikum
in Redaktion oder Öffentlichkeitsarbeit,
exzellente Deutschkenntnisse, sehr gute
Allgemeinbildung, starkes Interesse für
Biologie, Chemie, Physik und Medizin,
gute Englischkenntnisse (möglichst B2)
NC: ja

Bewerbungsverfahren: Vergabe der
Studienplätze nach Durchschnittsnote
und Wartezeit
**Neu aufgenommene Bewerber pro Jahr
(Jahrgangsgröße):** 20
Anzahl Bewerber pro Jahr: ca. 400
Aufnahmequote: 5 Prozent

Studienbeginn: Wintersemester
Regelstudienzeit: 6 Semester
Bewerbungsfrist: 15. Juli
Gebühren: 247 Euro Semesterbeitrag pro
Semester

Bewerbungstipp des Studiengangleiters: *k. A.*
Prominente Absolventen: k. A.

Fachjournalistik Geschichte im Studiengang Geschichts- und Kulturwissenschaften

(HESSEN)
Otto-Behaghel-Straße 10 C, 35394 Gießen
Telefon: 06 41/9 92 83 01
SekretariatDidGeFJ@geschichte.uni-giessen.de
www.uni-giessen.de

Abschluss: Bachelor of Arts
Studieninhalte/Studienaufbau:
Fachjournalistik Geschichte als kleines Hauptfach (70 CP) in Kombination mit Geschichte oder Osteuropäische Geschichte (jeweils großes Hauptfach 80 CP).
Inhalte: Kenntnis der diversen Medienformate, ihrer kulturellen Bedingtheit und historischen Entwicklung, zwei Pflichtpraktika,Theorie und Praxis der medialen Geschichtsvermittlung, Geschichte des medialen Umgangs mit Geschichte, allgemeine Mediengeschichte
Auslandssemester vorgesehen: möglich

Gründungsjahr der Institution: 1607
Träger: öffentlich
Anzahl Studierende an der Hochschule insg.: 25.000
Studiengang wird angeboten seit: als BA 2007, als Magisterstudium seit 1984

Besonderheiten: k. A.
Zugangsvoraussetzungen: Allgemeine Hochschulreife, Fremdsprachennachweis
In Kombination mit Geschichte: Latein (im Studium erlernbar) und eine Fremdsprache.

In Kombination mit Osteurop. Geschichte: zwei Fremdsprachen (eine osteurop. im Studium erlernbar)
NC: keiner
Bewerbungsverfahren: Online-Bewerbung
Neue aufgenommene Bewerber pro Jahr (Jahrgangsgröße): ca. 60
Anzahl Bewerber pro Jahr: ca. 75
Aufnahmequote: k. A.

Studienbeginn: Wintersemester
Regelstudienzeit: 6 Semester
Bewerbungsfrist: 15. Juli
Gebühren: Ersteinschreibung 264 Euro, dann 294 Euro / Semester (inkl. Semesterticket)

Bewerbungstipp des Studiengangleiters: *k. A.*
Prominente Absolventen: k. A.

FACHHOCHSCHULE HANNOVER

Fotojournalismus und Dokumentarfotografie

(NIEDERSACHSEN)
Expo Plaza 2, 30449 Hannover
Telefon: 05 11/92 96-26 02
redaktion@fotostudenten.de
www.fotostudenten.de

....

Abschluss: Bachelor of Arts
Studieninhalte/Studienaufbau: Schwerpunkt Dokumentation, Fotografische Techniken und Spezialbereiche (Porträt, Architektur, Mode, Reportage, Kampagne, Inszenierte und experimentelle Fotografie), Bildwissenschaften, Layout- und Internettechnik, Kunst- und Designgeschichte
Auslandssemester vorgesehen: nein, aber möglich

Gründungsjahr der Institution: 1971
Träger: öffentlich
Anzahl Studierende an der Hochschule insg.: circa 8.000, davon 2.000 in der Expo Plaza
Studiengang wird angeboten seit: 2005

Besonderheiten: k. A.

Zugangsvoraussetzungen: Allgemeine oder fachgebundene Hochschulreife, Arbeitsmappe (30×30) mit mindestens drei Arbeiten (Reportage, Essay oder Serie mit jeweils ca. 10–20 Fotos), davon mindestens eine Reportage über Menschen, die übrigen können sich mit Architektur, Landschaft, Porträt etc. beschäftigen; kurze Themabeschreibung beifügen
NC: keiner

Bewerbungsverfahren: Im Vorfeld Arbeitsmappe einreichen – rechtzeitig vor Mappenabgabe Gesprächstermin mit Fotoprofessoren wahrnehmen (evtl. optimieren, Fehler vermeiden), Kennenlernen potenzieller Bewerber vor der Prüfung; bei Annahme Erteilen einer Hausaufgabe bis zur Prüfung; Prüfung (Kolloquium, Lösung von zwei von drei Gestaltungsaufgaben); Bestehen der Prüfung bedeutet nicht automatisch Zulassung
Neu aufgenommene Bewerber pro Jahr (Jahrgangsgröße): circa 30
Anzahl Bewerber pro Jahr: 130 bis 160
Aufnahmequote: circa 20 Prozent
Studienbeginn: Wintersemester
Regelstudienzeit: 8 Semester
Bewerbungsfrist: 15. März
Gebühren: 760 Euro pro Semester, zusätzlich circa 150 Euro Materialkosten

Bewerbungstipp des Studiengangleiters: *Besuchen Sie möglichst frühzeitig die angebotenen Termine zur Mappenberatung. Termine finden Sie unter www.fotostudenten.de*

Prominente Absolventen: Michael Hauri (2470 Media), Anna Jockisch, Andreas Meichsner, Nicole Strasser, Stefan Kröger, Daniel Pilar

....

FACHHOCHSCHULE HANNOVER

Journalistik

(NIEDERSACHSEN)
Expo Plaza 12, 30539 Hannover
Telefon: 05 11/92 96 26 02
dekanat-dm@fh-hannover.de
www.fakultaet3.fh-hannover.de/

Abschluss: Bachelor of Arts
Studieninhalte/Studienaufbau:
journalistisches Handwerk, Kommunikationswissenschaft, Medienrecht und -ökonomie, Interkulturelle Kommunikation, Internationaler Journalismus (englisches Modul), Wirtschaft, Kultur und Sprachen
Auslandssemester vorgesehen:
nicht obligatorisch, aber möglich

Gründungsjahr der Institution: 1971
Träger: öffentlich
Anzahl Studierende an der Hochschule insg.: circa 8.000, davon 2.000 auf dem Expo-Campus
Studiengang wird angeboten seit: 1999

Besonderheiten: Studiengang Journalistik kooperiert mit Studiengang Medienmanagement der Hochschule für Musik und Theater

Zugangsvoraussetzungen: Allgemeine oder fachgebundene Hochschulreife, mindestens sechswöchiges redaktionelles Praktikum, Praktikumszeugnis oder Arbeitszeugnis
NC: keiner

Bewerbungsverfahren: Bewerbung inklusive Praktikumsbescheinigung, dann Auswahlverfahren: Vergabe 10 Prozent nach Wartezeit, 90 Prozent nach Auswahlverfahren (davon 50 Prozent nach Abiturnote, 50 Prozent nach speziell gewichteter Durchschnittsnote (Abiturnote und für Journalistik relevante Fächer)
Neu aufgenommene Bewerber pro Jahr (Jahrgangsgröße): 50
Anzahl Bewerber pro Jahr: ca. 500
Aufnahmequote: k. A.

Studienbeginn: ausschließlich Wintersemester
Regelstudienzeit: 6 Semester
Bewerbungsfrist: 15. Januar und 15. Juli
Gebühren: 500 Euro Studiengebühren und 281,27 Euro Semesterbeitrag pro Semester

Bewerbungstipp des Studiengangleiters: *k. A.*
Prominente Absolventen: k. A.

JADE HOCHSCHULE

Medienwirtschaft und Journalismus

(NIEDERSACHSEN)
Friedrich-Paffrath-Straße 101, 26389 Wilhelmshaven
Telefon: 0 44 21/9 85-33 94
zsb@jade-hs.de
www.jade-hs.de

Abschluss: Bachelor of Arts
Studieninhalte/Studienaufbau: siebensemestriges Studium mit integriertem Praxissemester (4. Sem.); fachlich breit angelegter Studiengang mit den Schwerpunkten Medienwirtschaft, Journalismus, Medien & Kommunikation, Gestaltung, Medieninformatik; Studienziel: Management von Medienprojekten; Bachelorarbeit theoretisch oder praktisch nach selbstgewähltem Thema möglich
Auslandssemester vorgesehen: erwünscht, aber nicht verpflichtend

Gründungsjahr der Institution: 2009
Träger: öffentlich
Anzahl Studierende an der Hochschule insg.: 6.700
Studiengang wird angeboten seit: 2001

Besonderheiten: Integration von Theorie und Praxis durch vielfältige Perspektiven und didaktisch abwechslungsreiche Methoden, mehrmediale Ausbildung, diverse Studios, Traineeprogramm mit Stipendien von Medienbetrieben im Aufbau, laut CHE-Absolventenstudie sehr guter Übergang in den Arbeitsmarkt

Zugangsvoraussetzungen: allgemeine oder fachgebundene Hochschulreife, vierwöchiges Vorpraktikum in einem medienbezogenen Bereich
NC: schwankt um 2,5
Bewerbungsverfahren: online über www.jade-hs.de/studieninteressierte
Neu aufgenommene Bewerber pro Jahr (Jahrgangsgröße): 45 zum Wintersemester + 40 zum Sommersemester
Anzahl Bewerber pro Jahr: ca. 1.000
Aufnahmequote: k. A.

Studienbeginn: Wintersemester 20. September oder Sommersemester 1. März
Regelstudienzeit: 7 Semester
Bewerbungsfrist: für das Sommersemester 15. Januar, für das Wintersemester 15. Juli
Gebühren: rund 260 Euro Verwaltungsbeitrag und Semesterticket + 500 Euro Studiengebühren

Bewerbungstipp der Studiengangleiterin: *lassen Sie sich nicht von NCs und hohen Bewerber/innen-Zahlen beeindrucken, denn gerade in den Medienstudiengängen bewerben sich viele mehrfach*

Prominente Absolventin: Muschda Sherzada, Moderatorin des Tigerentenclubs

Journalism & Business Communication

(NORDRHEIN-WESTFALEN, BERLIN)
Reiterweg 26b, 58636 Iserlohn
Telefon: 0 23 71/7 76-5 34 und 0 30/25 35 87 08
studienberatung@bits-hochschule.de
www.bits-hochschule.de
Weitere Standorte: Berlin

Abschluss: Bachelor of Arts
Studieninhalte/Studienaufbau:
journalistisches Handwerk,
Kommunikationswissenschaft,
PR & Unternehmenskommunikation,
Internationale Medienwissenschaft,
Business English, Politikwissenschaft,
Wirtschaft
Auslandssemester vorgesehen: ja

Gründungsjahr der Institution: 2000
Träger: privat
Anzahl Studierende an der Hochschule insg.:
ca. 1.250
Studiengang wird angeboten seit:
WS 2006/2007

Besonderheiten: Lehrredaktion ab
2. Semester, zahlreiche Praxispartner,
Exkursion EU Journalismus in Brüssel,
integriertes Auslandssemester an einer
der Partner-Hochschulen

Zugangsvoraussetzungen: Allgemeine
oder fachgebundene Hochschulreife,
alternativ Berufsausbildung und drei
Jahre Berufserfahrung (hier Mindestalter
22 Jahre), fundierte Deutsch- und
Englischkenntnisse
NC: keiner

Bewerbungsverfahren: Online-Bewerbung,
Eignungstest (Deutschtest, Englischtest,
Leistungstest, Wirtschaftstest),
persönliches Gespräch
**Neu aufgenommene Bewerber pro Jahr
(Jahrgangsgröße):** max. 35
Anzahl Bewerber pro Jahr: unterschiedlich
Aufnahmequote: k. A.

Studienbeginn: Sommer- und
Wintersemester
Regelstudienzeit: 6 Semester
Bewerbungsfrist: 1. September und
15. Februar
Gebühren: 4.470 Euro pro Semester,
außerdem einmalige Anmeldegebühr
von 495 Euro

Bewerbungstipp des Studiengangleiters:
*Dieser Studiengang ist geeignet
für Bewerber, die Spaß an Kommunikation
haben und darin ihre Zukunftschance
sehen.*

Prominente Absolventen: Robin Aschhoff,
SKODA Unternehmenskommunikation

DEUTSCHE SPORTHOCHSCHULE KÖLN

Sportjournalismus

(NORDRHEIN-WESTFALEN)
Am Sportpark Müngersdorf 6, 50933 Köln
Telefon: 02 21/49 82-25 20
studienberatung@dshs-koeln.de
www.dshs-koeln.de

....

Abschluss: Bachelor of Arts
Studieninhalte/Studienaufbau:
Printjournalismus, Schreibwerkstatt,
Sportfotografie, Kommunikation
(Publizistik, Mediensystem), TV-Journalismus, Radiojournalismus, Online
Journalismus, Digital News Rooms,
Content Management, PR, Mediengestaltung, Media, Sportmarketing, Sportrecht
Auslandssemester vorgesehen: nein

Gründungsjahr der Institution: 1947
Träger: öffentlich
Anzahl Studierende an der Hochschule insg.:
ca. 5.200
Studiengang wird angeboten seit:
WS 2012/2013, BA wird im Mai 2013
akkreditiert sein

Besonderheiten: Schwerpunkte Journalismus, Medienpraxis, Sportpraxis
und Kommunikationswissenschaften,
deutschlandweit einzigartiger universitärer Bachelorstudiengang, hohe Verzahnung von Praxis und Theorie durch
Integration von namenhaften Medienunternehmen

Zugangsvoraussetzungen: Nachweis der
Hochschulzugangsberechtigung (Abitur),

Sporteignungsprüfung der Deutschen
Sporthochschule Köln
NC: noch nicht bekannt
Bewerbungsverfahren: Online-Bewerbung:
www.dshs-koeln.de/bachelor/spj
**Neu aufgenommene Bewerber pro Jahr
(Jahrgangsgröße):** max. 30
Anzahl Bewerber pro Jahr: k. A.
Aufnahmequote: k. A.

Studienbeginn: Wintersemester 2012/2013
Regelstudienzeit: 6 Semester
Bewerbungsfrist: 15. Juli
Gebühren: zur Zeit keine

Bewerbungstipp des Studiengangleiters: *k. A.*
Prominente Absolventen: k. A.

....

FACHHOCHSCHULE DES MITTELSTANDS (FHM)

Medienkommunikation & Journalismus

(NORDRHEIN-WESTFALEN, NIEDERSACHSEN)
Ravensberger Straße 10 G, 33602 Bielefeld
Telefon: 05 21/9 66 55 21
info@fh-mittelstand.de
www.fh-mittelstand.de
Weitere Standorte: Hannover, Köln

Abschluss: Bachelor of Arts
Studieninhalte/Studienaufbau:
Journalistische Darstellungsfomen
in Print-, Online-, Hörfunk- und TV-
Journalismus, BWL und VWL, Publizistik,
Kommunikationswissenschaft, PR und
Öffentlichkeitsarbeit, Software-
Grundlagen, Medien- und Presserecht,
Corporate Publishing, Medienwirtschaft
und -theorie
Auslandssemester vorgesehen: nein,
aber möglich

Gründungsjahr der Institution: 2000
Träger: privat
Anzahl Studierende an der Hochschule insg.:
1.350
Studiengang wird angeboten seit: 2005

Besonderheiten: k. A.

Zugangsvoraussetzungen: allgemeine oder
fachgebundene Hochschulreife
NC: keiner, hochschulinternes Auswahlverfahren
Bewerbungsverfahren: 1. Bewerbung,
2. Eignungstest (Dauer ca. 3 bis 4 Stunden,
verschiedene Gruppenaufgaben, Englischtest, Kompetenzdiagnostik),
3. persönliches Gespräch

Neu aufgenommene Bewerber pro Jahr
(Jahrgangsgröße): max. 40 pro Studien-
gruppe (Bielefeld, Hannover, Köln)
Anzahl Bewerber pro Jahr: variiert nach
Standort
Aufnahmequote: k. A.

Studienbeginn: Sommer- und
Wintersemester
Regelstudienzeit: 9 Trimester (3 Jahre)
Bewerbungsfrist: ganzjährig, Berücksichtigung in Reihenfolge der Eingänge
Gebühren: 3.450 Euro Studiengebühren
pro Semester, außerdem einmalig
150 Euro für Bewerbung und Auswahlverfahren

Bewerbungstipp des Studienganleiters:
Darstellung der Motivation,
eventuell Praktikum im journalistischen
Bereich (nicht Bedingung!)

Prominente Absolventen: k. A.

HOCHSCHULE BONN-RHEIN-SIEG

Technikjournalismus/PR

(NORDRHEIN-WESTFALEN)
Grantham-Allee 20, 53757 Sankt Augustin
Telefon: 0 22 41/86 54 72
studienberatung-tj@hochschule-bonn-rhein-sieg.de
www.technikjournalismus.de

....

Abschluss: Bachelor of Science
Studieninhalte/Studienaufbau:
journalistisches Handwerk in verschiedenen Bereichen, Medienkunde und -design, Medienproduktion Bild/Ton, Maschinenbau, Naturwissenschaften, PR, Kommunikationswissenschaft, Elektrotechnik und Elektronik, Ökologie, Umwelt und Gesellschaft, Politik
Auslandssemester vorgesehen: nein, aber möglich

Gründungsjahr der Institution: 1995
Träger: öffentlich
Anzahl Studierende an der Hochschule insg.: 6.000
Studiengang wird angeboten seit: 1999

Besonderheiten: hoher Praxisanteil, Einblick in unterschiedliche Medienbereiche, Ausweitung von Fähigkeiten und Vorlieben, Eigeninitiative bei Projekten fester Bestandteil des Curriculums
Zugangsvoraussetzungen: allgemeine oder fachgebundene Hochschulreife, gute Deutschkenntnisse, journalistisches Interesse und technisches Verständnis
NC: 3,2

Bewerbungsverfahren: Vergabe der Studienplätze nach Durchschnittsnote und Wartezeit
Neu aufgenommene Bewerber pro Jahr (Jahrgangsgröße): 90
Anzahl Bewerber pro Jahr: k. A.
Aufnahmequote: k. A.

Studienbeginn: Wintersemester
Regelstudienzeit: 7 Semester
Bewerbungsfrist: 15. Juli
Gebühren: 233,10 Euro Semesterbeitrag pro Semester

Bewerbungstipp des Studiengangleiters:
Interesse an Technik sollte vorhanden sein (die Anforderungen in Mathe und Physik entsprechen Oberstufenniveau), Neigung zur guten sprachlichen Ausdrucksweise ist unbedingt von Vorteil

Prominente Absolventen:
Kathrin Bauernfeind, Julia Seelinger (Journalistin und Politikerin)

....

Musikjournalismus

(NORDRHEIN-WESTFALEN)
Emil-Figge-Straße 50, 44227 Dortmund
Telefon: 02 31/7 55 41 04
musiksek@post.tu-dortmund.de
www.musikjournalismus.tu-dortmund.de

Abschluss: Bachelor of Arts
Studieninhalte/Studienaufbau: (musik-)
journalistisches Handwerk in verschiedenen Medienformaten, Mediensysteme, Medienrecht, Musikgeschichte, Harmonielehre und Gehörbildung, Stimmbildung und Sprecherziehung, Instrumentalunterricht, Musik und Medien, Musikvermittlung

Auslandssemester vorgesehen: ja
Gründungsjahr der Institution: 1968
Träger: öffentlich
Anzahl Studierende an der Hochschule insg.: 24.900
Studiengang wird angeboten seit: 2010

Besonderheiten: seltene Doppel-Qualifikation Musik und Medien jenseits des klassischen Musikjournalismus

Zugangsvoraussetzungen: allgemeine Hochschulreife, sechswöchiges Praktikum bei aktuellem Medium (Tageszeitung, Wochenzeitschrift, Rundfunk-/Fernsehanstalt), musikalische Grundkenntnisse, erkennbare sprachlich-journalistische Begabung
NC: keiner

Bewerbungsverfahren: Bestehen der Eignungsprüfung (Hörfähigkeit und Allgemeine Musiklehre, Hörrepertoireprüfung mit musikjournalistischer Aufgabe, Instrumentalspiel/Gesang, Singstimme/Instrumentalpraxis, Blattsingen, persönliches Gespräch) und Nachweis von sechswöchigem Praktikum bei aktuellem Medium
Neu aufgenommene Bewerber pro Jahr (Jahrgangsgröße): 10 bis 15
Anzahl Bewerber pro Jahr: k. A.
Aufnahmequote: k. A.

Studienbeginn: Wintersemester
Regelstudienzeit: 6 Semester
Bewerbungsfrist: Mitte Mai
Gebühren: 225 Euro Semesterbeitrag pro Semester

Bewerbungstipp des Studiengangleiters:
Journalistische und musikalische Vorkenntnisse sind erwünscht und erforderlich. Im journalistischen Bereich sollten Sie rechtzeitig nach einem geeigneten Hospitationsplatz suchen. Zur Vorbereitung auf die musikalische Eignungsprüfung bietet die TU Dortmund jährlich Vorbereitungskurse für die Prüfungskandidaten an.

Prominente Absolventen: k. A.

TECHNISCHE UNIVERSITÄT DORTMUND

Wissenschaftsjournalismus

(NORDRHEIN-WESTFALEN)
Emil-Figge-Straße 50, 44227 Dortmund
Telefon: 02 31/7 55-41 52
monika.bartholome@tu-dortmund.de
www.wissenschaftsjournalismus.org

Abschluss: Bachelor of Arts (anschließend Master möglich)
Studieninhalte/Studienaufbau: Schwerpunktfach Journalistik/Wissenschaftsjournalismus durchgehend kombiniert mit Zweitfach zur Wahl: Naturwissenschaften (Schwerpunkt Biowissenschaften/Medizin oder Physik), Ingenieurwissenschaften (Schwerpunkt Maschinenbau/Elektrotechnik), Nebenfach Datenanalyse und Statistik, zwei externe Praktika, einjähriges Volontariat, Kommunikationswissenschaft, Medien und Gesellschaft, Medienwissenschaft, -ethik und -recht, Journalistisches Handwerk, Wissenschaftsjournalismus, Strukturen nationaler und internationaler Forschung
Auslandssemester vorgesehen: ja

Gründungsjahr der Institution: 1968
Träger: öffentlich
Anzahl Studierende an der Hochschule insg.: 24.000
Studiengang wird angeboten seit: 2003

Besonderheiten: integriertes Volontariat

Zugangsvoraussetzungen: Allgemeine Hochschulreife, interner NC, mind. 6-wöchiges Praktikum oder 6-monatige intensive (vgl. Zulassungsordnung) freie Mitarbeit bei Tageszeitung, Wochenzeitschrift, Rundfunk- oder Fernsehanstalt oder aktuellem Online-Medium (Wichtig: keine PR-Medien, Anzeigenblätter etc.)
NC: 1,2–1,8
Bewerbungsverfahren: Online-Bewerbung
Neue aufgenommene Bewerber pro Jahr (Jahrgangsgröße): 12–15 (davon 12 an Bewerber ohne Volontariat vor dem Studium)
Anzahl Bewerber pro Jahr: 283 (2010); 428 (2011)
Aufnahmequote: k. A.

Studienbeginn: Wintersemester
Regelstudienzeit: 8 Semester (inkl. 2 Semester Volontariat)
Bewerbungsfrist: Mitte Juli
Gebühren: 224 Euro pro Semester (Studentenwerksbeitrag etc.; keine Studiengebühren)

Bewerbungstipp des Studiengangleiters: *von NC nicht abschrecken lassen, da dieser immer schwanken kann. Umgekehrt gilt: ein guter NC allein genügt nicht; daher rechtzeitig um Vorpraktikum in einer Redaktion bemühen, das auch als persönlicher Test dienen soll, ob Berufswunsch und -wirklichkeit ausreichend übereinstimmen.*

Prominente Absolventen: k. A.

WESTFÄLISCHE HOCHSCHULE (FH GELSENKIRCHEN)

Journalismus und Public Relations

(NORDRHEIN-WESTFALEN)
Neidenburger Straße 43, 45897 Gelsenkirchen
Telefon: 02 09/9 59 66 36
journalismus.public-relations@w-hs.de
www.w-hs.de

....

Abschluss: Bachelor of Arts
Studieninhalte/Studienaufbau:
Schwerpunktwahl nach vier Semestern
(Journalismus oder Public Relations),
journalistisches Handwerk, Kommuni-
kationswissenschaft, PR und Marketing,
Ressortjournalismus, Wirtschaft,
Fremdsprachen, visuelle Kommunika-
tion, Medienethik
Auslandssemester vorgesehen: nein, aber
im 5. Semester möglich (Partnerhoch-
schulen in Belgien, Irland, Malta,
Rumänien, Schweiz und USA)

Gründungsjahr der Institution: 1992
Träger: öffentlich
Anzahl Studierende an der Hochschule insg.:
k. A.
Studiengang wird angeboten seit: 2005

Besonderheiten: Berücksichtigung der
alltäglichen engen Verzahnung von
Journalismus und Public Relations ohne
Vernachlässigung der Funktionsunter-
schiede

Zugangsvoraussetzungen: allgemeine
oder fachgebundene Hochschulreife,
mindestens sechswöchiges einschlägiges
Praktikum, NC

NC: 2,1 oder alternativ zehn Warte-
semester (2011)
Bewerbungsverfahren: Vergabe der
Studienplätze nach Durchschnittsnote
und Wartezeit
**Neu aufgenommene Bewerber pro Jahr
(Jahrgangsgröße):** 73
Anzahl Bewerber pro Jahr: 1.400
Aufnahmequote: 4,8 Prozent

Studienbeginn: Wintersemester
Regelstudienzeit: 6 Semester
Bewerbungsfrist: 15. Juli
Gebühren: 244 Euro Semesterbeitrag
pro Semester

Bewerbungstipp des Studiengangleiters: *k. A.*

Prominente Absolventen: Kai Feyerabend
(Verlagsleiter Motor Presse Stuttgart,
Herausgeber »promobil« und
»Caravaning«), Dennis Plauk (Chef-
redakteur der Zeitschrift »Visions«),
Nina Plonka (stern-Redakteurin im
Investigativ-Ressort), Daniel Aßmann
(Moderator DSDS Kids, RTL)

....

HOCHSCHULE MAGDEBURG-STENDAL

Bildjournalismus

(SACHSEN-ANHALT)
Breitscheidstraße 2, 39114 Magdeburg
Telefon: 03 91/8 86 41 25
studienberatung@hs-magdeburg.de
www.bildjournalismus-magdeburg.de

....

Abschluss: Bachelor of Arts
Studieninhalte/Studienaufbau:
Medien und Gesellschaft (Journalismus,
PR, Ethik), Wirtschaft und Recht (Markt,
Medienrecht), Bildgestaltung (Grundla-
gen, Bildbearbeitung, Editing), Fotogra-
fische Technik, Bildproduktion/-praxis,
Bildredaktion, Medienenglisch, Wahl-
sprachen Französisch, Spanisch, Russisch
(Fortgeschrittene)
Auslandssemester vorgesehen: ja

Gründungsjahr der Institution: 1991
Träger: öffentlich
Anzahl Studierende
an der Hochschule insg.: 6.400
Studiengang wird angeboten seit: 2008,
BA 2011 akkreditiert

Besonderheiten: Schwerpunkte Fotojour-
nalismus und Bildredaktion, Studium
an drei Tagen pro Woche, Exkursionen,
Blockseminare, Mischung Anfänger und
Profis, sehr gute technische Ausstattung

Zugangsvoraussetzungen: allgemeine oder
fachgebundene Hochschulreife (ansonsten Festellungsprüfung), mindestens
sechswöchiges Praktikum oder abgeschlossene Berufsausbildung im Bereich

visuelle Kommunikation, Arbeitsmappe
mit fachspezifischen Arbeitsproben
NC: keiner
Bewerbungsverfahren: Bewerbung mit
fachspezifischer Arbeitsmappe
Neu aufgenommene Bewerber pro Jahr
(Jahrgangsgröße): max. 20
Anzahl Bewerber pro Jahr: k. A.
Aufnahmequote: k. A.

Studienbeginn: Wintersemester
Regelstudienzeit: 6 Semester
Bewerbungsfrist: 15. Juli
Gebühren: 1.800 Euro pro Semester

Bewerbungstipp des Studiengangleiters:
Bewerbung mit Fotoarbeiten laut
Anforderung, Praktika von Vorteil

Prominente Absolventen: k. A.

....

HOCHSCHULE MAGDEBURG-STENDAL

Journalistik/Medienmanagement

(SACHSEN-ANHALT)
Breitscheidstraße 2, 39114 Magdeburg
Telefon: 03 91/8 86 41 35
redaktion.jmm@km.hs-magdeburg.de
www.hs-magdeburg.de

Abschluss: Bachelor of Arts
Studieninhalte/Studienaufbau:
vor 2. Semester Wahl zwischen Ver-
tiefungsrichtungen Journalistik und
Medienmanagement, weitere Inhalte:
BWL und VWL, Medien und Gesellschaft,
Gestaltung, Englisch, journalistisches
Handwerk, PR und Öffentlichkeitsarbeit
Auslandssemester vorgesehen: ja

Gründungsjahr der Institution: 1991
Träger: öffentlich
Anzahl Studierende
an der Hochschule insg.: 6.400
Studiengang wird angeboten seit: 2002

Besonderheiten: Kooperation mit MDR,
Volksstimme, Offener Kanal

Zugangsvoraussetzungen: allgemeine
oder fachgebundene Hochschulreife
NC: ca. 1,8
Bewerbungsverfahren: Vergabe der
Studienplätze nach Durchschnittsnote
und Wartezeit
Neu aufgenommene Bewerber pro Jahr
(Jahrgangsgröße): k. A.
Anzahl Bewerber pro Jahr: k. A.
Aufnahmequote: k. A.

Studienbeginn: Wintersemester
Regelstudienzeit: 7 Semester inklusive
verpflichtendem Auslandssemester
(Studium oder Praktikum)
Bewerbungsfrist: 31. Mai oder 15. Juni
(ergibt sich aus Stadium des Bewerbers
und Wartesemester)
Gebühren: 65 Euro Semesterbeitrag
pro Semester

Bewerbungstipp des Studiengangleiters:
*alle zu den Inhalten der Studiengänge
passenden Aktivitäten und Praktika
(von Schülerzeitung über gesellschaftliches Engagement bis zur Organisation
eines Band-Contests) angeben und
belegen*

Prominente Absolventen: Volontäre bei
ZDF und MDR, Mitarbeiter bei Agenturen,
Produktionsfirmen und Sendern

BAYERISCHE AKADEMIE FÜR FERNSEHEN

Fernsehjournalismus

(BAYERN)
Betastraße 5, 85774 Unterföhring
Telefon: 0 89/4 27 43 20
info@fernsehakademie.de
www.fernsehakademie.de

....

Abschluss: Fernsehjournalist/in (BAF)
Studieninhalte und Verlauf: Von der Themenrechere bis zum fertigen Beitrag. Zum Unterrichtsstoff gehören im Hauptfach Fernsehjournalismus u. a. Recherche, Interviewtechnik, Moderation und Dramaturgie sowie Texten und Sprechen von Beiträgen. Die Nebenfächer Produktionstechnik und Medienkunde ergänzen den Studiengang. Dabei lernen Sie mit Mikrofon, Kamera und Schnittprogrammen sicher umzugehen und Produktionsabläufe zu verstehen. Im Fach Medienkunde bekommen Sie einen Überblick über die deutsche Medienlandschaft, medienrechtliche Zusammenhänge sowie Programmstrukturen und Medienehtik.
Auslandssemester vorgesehen: k. A.

Gründungsjahr der Institution: 1993
Träger: privat
Anzahl der Kursteilnehmer: 20
Ausbildungsgang wird angeboten seit: 1994

Besonderheiten: Praxisnähe, neuestes professionelles Equipment, eigenes 150 m² HD-Fernsehstudio, Kooperation mit der Medienbranche, erfahrene Dozenten aus der Praxis, kleine Gruppen, sehr gute Berufsaussichten

Zugangsvoraussetzungen: allgemeine Hochschulreife oder Fachabitur, Medienvorkenntnisse wie z. B. journalistische Praktika
NC: keiner
Bewerbungsverfahren: 1) Bewerbung mit aussagekräftigem Bewerbungsschreiben, Lebenslauf, Lichtbild, Zeugniskopien und Arbeitsproben, 2) erfolgreiche Teilnahme am Auswahlverfahren
Neu aufgenommene Bewerber pro Jahr (Jahrgangsgröße): ca. 20
Anzahl Bewerber pro Jahr: k. A.
Aufnahmequote: k. A.

Ausbildungsbeginn: jährlich im Oktober
Ausbildungdauer: 10 Monate
Bewerbungsfrist: Mitte Mai
Gebühren: einmalige Einschreibegebühr 500 Euro; 650 Euro/Monat

Bewerbungstipp der Studienleitung:
Unverzichtbar ist es, regelmäßig die Tagespresse zu lesen und damit über Aktuelles in Politik, Wirtschaft, Sport, Kultur usw. informiert zu sein.

Prominente Absolventen: k. A.

....

Modejournalismus/Medienkommunikation

(HAMBURG, BAYERN, BERLIN, NORDRHEIN-WESTFALEN)
Alte Rabenstraße 1, 20148 Hamburg
Telefon: 040/237878-0
hamburg@amdnet.de
www.amdnet.de
Weitere Standorte: Berlin, Düsseldorf, München

Abschluss: Modejournalist (AMD)
Ausbildungsinhalte/Ausbildungsaufbau:
Journalistisches Schreiben, Kultur-
Journalismus, Online-Journalismus,
TV-Journalismus, Redaktionsmanage-
ment, Modefotografie, Bildredaktion,
Layout, Editorial Design/Art Direktion,
Styling/Shooting, Mode- und Design-
theorie, Kostüm- und Kunstgeschichte,
Medientheorie, Marketing, PR, Visuelle
Kommunikation, Literatur/Film/Musik,
Medienrecht
Auslandspraktikum möglich: ja

Gründungsjahr der Institution: 1989
Träger: privat
**Anzahl Kursteilnehmer an der Akademie
insg.:** ca. 300
Ausbildungsgang wird angeboten seit: 1996

Besonderheiten: Praxisnähe, Kooperationen mit der Medien-, Mode- und Kom-
munikationsbranche, interdisziplinäre
Workshops, individuelle Förderung durch
kleine Gruppen, erfahrene Dozenten aus
der Praxis, sehr gute Berufsaussichten

Zugangsvoraussetzungen: allgemeine oder
fachgebundene Hochschulreife
NC: keiner

Bewerbungsverfahren: 1. Bearbeitung von
Bewerbungsaufgaben, die am jeweiligen
AMD Standort angefordert werden
können. 2. erfolgreiche Teilnahme
am Auswahltag (Gruppen- und Einzel-
aufgaben, persönliches Gespräch)
**Neu aufgenommene Bewerber pro Jahr
(Jahrgangsgröße):** ca. 27 pro Standort
(Hamburg, Düsseldorf, München, Berlin)
Anzahl Bewerber pro Jahr: k. A.
Aufnahmequote: k. A.

Ausbildungsbeginn: jeweils zum Winter-
halbjahr ab September
Ausbildungsdauer: 39 Monate
Bewerbungsfrist: 31. Juli
Gebühren: 530 Euro/Monat;
850 Euro Aufnahmegebühr

Bewerbungstipp des Studienleiters: *Praktika
sind keine Voraussetzung, aber eine
hilfreiche Orientierung im Vorfeld der
Bewerbung*

Prominente Absolventen: k. A.

HANNS SEIDEL STIFTUNG

Institut für Begabtenförderung

(BUNDESWEITE FÖRDERUNG)
Lazarettstraße 33, 80636 München
Telefon: 0 89/12 58-3 00
kuefer@hss.de
www.hss.de

Ausbildungsinhalte: Praxiskurse in TV, Radio, Print, Online, Phonetik, journalistischen Darstellungsformen, interkultureller Kommunikation, Theorieseminare in Medienethik und -recht, Medienwirtschaft etc.

Gründungsjahr der Institution: 1967
Anzahl Stipendiaten insg.: 950 Stipendiaten (ca. 80 in der Journalismusförderung)
Förderung wird angeboten seit: 1981

Besonderheiten: Ideelle Förderung, praxisnahe studienbegleitende Ausbildung, Netzwerk von Altstipendiaten, Hilfe bei Praktikumsbewerbungen, ideelle und finanzielle Unterstützung bei Auslandsaufenthalten

Bewerbungsvoraussetzungen: sehr gute Studienleistungen, gesellschaftliches Engagement, journalistisches Interesse
NC: keiner
Bewerbungsverfahren: 1. Termingerechter Eingang der vollständigen Bewerbungsunterlagen, 2. Interne Vorauswahl der Bewerbungen, danach schriftliche Absage oder Einladung zur Auswahltagung, 3. Auswahltagung mit Fachtests und persönlichen Gesprächen vor einem unabhängigen Auswahlausschuss aus Wissenschaft und Praxis, 4. Schriftliche Benachrichtigung über die Entscheidung des Auswahlausschusses
Neue aufgenommene Stipendiaten pro Jahr (Jahrgangsgröße): 20–25
Anzahl Bewerber pro Jahr: 120–150
Aufnahmequote: etwa 1:6/1:7

Förderungsbeginn: 1. 4. und 1. 10.
Regelförderungszeit: 2–4 Jahre
Bewerbungsfrist: 15. Januar und 15. Juli
Höhe des Stipendiums: Bezug und Dauer analog Bafög, zuzüglich Büchergeld 150 Euro, gegebenenfalls Familienzuschlag

Bewerbungstipp des Programmleiters:
Mut zur Bewerbung
Prominente Absolventen: Ulrich Wilhelm, Intendant des Bayerischen Rundfunks; Dr. Ludwig Spaennle, Bayerischer Staatsminister für Unterricht und Kultus

INSTITUT ZUR FÖRDERUNG PUBLIZISTISCHEN NACHWUCHSES (IFP)

Studienbegleitende Journalistenausbildung

(BUNDESWEITE FÖRDERUNG)
Kapuzinerstraße 38, 80469 München
Telefon: 0 89/54 91 03-0
info@ifp-kma.de
www.ifp-kma.de

....

Ausbildungsinhalte:
Praxiskurse in TV, Hörfunk, Print und
Online / insgesamt drei mehrwöchige
Pflichtpraktika in verschiedenen Medien,
die vom ifp ermittelt werden / Spezial-
seminare zu gesellschaftspolitischen
Themen / Europawoche /
Zusatzangebote wie Journalistenreisen

Gründungsjahr der Institution: 1968
Anzahl Stipendiaten insg.: 45
Förderung wird angeboten seit: 1970

Besonderheiten: Das ifp ist ein Journalistenschule in kirchlicher Trägerschaft
und wurde 1968 von der Deutschen
Bischofskonferenz gegründet. Auch wenn
die professionelle Journalistenausbildung
an erster Stelle steht, fühlt sich das ifp
durch den kirchlichen Charakter gerade
auch medienethischen Themen besonders verpflichtet. Die Schule verfügt
über ein eigenes Schulungsgebäude
in der Münchner Innenstadt mit Hör-
funk- und Fernsehstudio und Zimmern
für die Seminarteilnehmer. Der Kontakt
zwischen Journalistenschülern und
Absolventen wird durch Jahrestreffen,
regionale Stammtische und ein
Mentorenprogramm gepflegt.

Die Stipendiaten werden während der
gesamten Ausbildungszeit durch einen
Studienleiter beraten und begleitet.

Bewerbungsvoraussetzungen:
Abitur, katholisch, Immatrikulation
an einer Hochschule, Bewerbung
bis 4. Fachsemester, zum Förderungsbeginn höchstens 28 Jahre,
möglichst journalistische Erfahrung
NC: keiner

Bewerbungsverfahren:
Stufe 1: schriftliche Bewerbung mit
Lebenslauf, Motivationsschreiben,
Persönlichkeitsgutachten, Zeugnissen,
ggf. Arbeitsproben,
Stufe 2: Probereportage,
Stufe 3: Auswahlgespräch und Schreiben
einer Nachricht anhand von Agentur-
meldungen
**Neu aufgenommene Stipendiaten pro Jahr
(Jahrgangsgröße):** 15
Anzahl Bewerber pro Jahr: 80–100
Aufnahmequote: k. A.

....

Förderungsbeginn: mit dem ersten Seminar in der vorlesungsfreien Zeit im Februar/März

Regelförderungszeit: 3 Jahre

Bewerbungsfrist: 31. Mai

Höhe des Stipendiums:
Die Ausbildung ist kostenlos. Zudem übernimmt das ifp die gesamten Kurskosten inkl. Unterbringung, Verpflegung, An- und Abreise und gewährt den Stipendiaten eine Honorargarantie, Mietkostenzuschuss und Fahrtkostenerstattung, wenn ein Praktikum von der Redaktion nicht vergütet wird. Darüber hinaus können Zusatzprojekte der Stipendiaten durch den Förderverein des ifp bezuschusst werden.

Bewerbungstipp des Programmleiters:
Im Bewerbungsverfahren viel Arbeit in die Probereportage stecken – nicht nur auf guten Stil, sondern auch auf Recherche und gesellschaftspolitische Relevanz achten. Die Studienbegleitenden Journalistenausbildung eignet sich perfekt als praktische Ergänzung zu einem wissenschaftlich orientierten Fachstudium wie etwa Politik, Jura, Romanistik, Theologie, Biologie.

Prominente Absolventen:
Bettina Schausten (ZDF-Hauptstadtstudio), Heribert Prantl (Süddeutsche Zeitung), Klaus Brinkbäumer (SPIEGEL), Wolfgang Büchner (dpa), Christiane Florin (Christ & Welt/ Die ZEIT), Dagmar Reim (rbb), Rainald Becker (ARD-Hauptstadtstudio), Willy Steul (Deutschlandradio)

KONRAD-ADENAUER-STIFTUNG

Journalistische Nachwuchsförderung (JONA)
Journalisten-Akademie

(BUNDESWEITE FÖRDERUNG)
Rathausallee 12, 53757 Sankt Augustin (bei Bonn)
Telefon: 0228/883 9210
journalisten-akademie@kas.de
www.journalisten-akademie.com

....

Ausbildungsinhalte: Multimediale, volontariatsadäquate Ausbildung durch Praxis- und Theorieseminare sowie Praktika

Gründungsjahr der Institution: Journalistische Nachwuchsförderung 1979
Anzahl Stipendiaten insg.: z. Zt. 160
Förderung wird angeboten seit: 1979 (in Form der volontariatsadäquaten Ausbildung seit 2002)

Besonderheiten: Multimediale Ausbildung (mit führend bei crossmedialen Seminaren und Multimedia-Seminaren), Hilfe bei Freier Mitarbeit, Praktika und Berufsfindung, Unterstützung von Auslandsstudien, Seminarprogramm teilweise außerhalb Deutschlands, Kooperation mit vielen Medienhäusern, großes Netzwerk an Absolventen

Bewerbungsvoraussetzungen: Exzellentes Abitur, erste Journalistische Erfahrungen, gesellschaftliches Engagement, Identifikation mit den Werten und Zielen der Stiftung

NC: keiner

Bewerbungsverfahren: schriftliche Bewerbung mit Lebenslauf und Motivationsschreiben, dann Auswahltagung mit Allgemeinwissenstest, journalistischem Eignungstest, Einzel- und Gruppengesprächen
Neue aufgenommene Stipendiaten pro Jahr (Jahrgangsgröße): ca. 40 (variabel)
Anzahl Bewerber pro Jahr: ca. 150
Aufnahmequote: keine Vorgabe

Förderungsbeginn: Winter- und Sommersemester
Regelförderungszeit: Regelstudienzeit
Bewerbungsfrist: 15. Januar und 1. Juli jedes Jahres
Höhe des Stipendiums: 150 € Büchergeld pro Monat plus Stipendium bis zur Höhe des vollen BaFöG-Satzes

Bewerbungstipp des Programmleiters:
Begeisterung für Journalismus, Offenheit für zeitintensives Ausbildungsprogramm, Affinität zu den gesellschaftlichen Werten der KAS

Prominente Absolventen:
z. B. Elmar Theveßen, ZDF;
Dr. Andree Uzulis, dapd

....

Ausbildungen und Studiengänge
mit Zugangsvoraussetzung abgeschlossenes Erststudium

AUSBILDUNGEN AN JOURNALISTENSCHULEN
(VORAUSSETZUNG: ERSTSTUDIUM)

Anbieter	Ort	Homepage
Burda Journalistenschule	Offenburg BADEN-WÜRTT.	www.burda-journalistenschule.de
Bayerische Akademie für Fernsehen (BAF)	Unterföhring BAYERN	www.fernsehakademie.de
Deutsche Journalistenschule (DJS)	München BAYERN	www.djs-online.de
Günter Holland Journalistenschule	Augsburg BAYERN	www.medien-akademie-augsburg.de
Institut zur Förderung publizistischen Nachwuchses	München BAYERN	www.ifp-kma.de
Stiftung Journalistenakademie Dr. Hooffacker	München BAYERN	www.journalistenakademie.de
Axel Springer Akademie	Berlin BERLIN	www.axel-springer-akademie.de
Berliner Journalisten-Schule (BJS)	Berlin BERLIN	www.berliner-journalisten-schule.de
Evangelische Journalistenschule	Berlin BERLIN	www.evangelische-journalistenschule.de
Freie Journalistenschule	Berlin BERLIN	www.freie-journalistenschule.de
KLARA. Akademie für Journalismus Berlin	Berlin BERLIN	www.klaraberlin.de
ELECTRONIC MEDIA SCHOOL / SCHULE FÜR ELEKTRONISCHE MEDIEN	Potsdam BRANDENBURG	www.ems-babelsberg.de
Bauer Media Academy	Hamburg HAMBURG	www.bauer-media-academy.com
Hamburg Media School	Hamburg HAMBURG	www.hamburgmediaschool.com

Henri-Nannen-Journalistenschule	Hamburg HAMBURG	www.journalistenschule.de
Georg von Holtzbrinck-Schule für Wirtschaftsjournalisten	Düsseldorf NORDRHEIN-WESTFALEN	www.holtzbrinck-schule.de
Journalisten-Akademie	Sankt Augustin NORDRHEIN-WESTFALEN	www.journalisten-akademie.com
Journalistenschule Ruhr	Essen NORDRHEIN-WESTFALEN	www.journalistenschule-ruhr.de
Kölner Journalistenschule	Köln NORDRHEIN-WESTFALEN	www.koelnerjournalisten-schule.de
RTL-Journalistenschule für TV und Multimedia	Köln NORDRHEIN-WESTFALEN	www.rtl-journalistenschule.de
SID Sport-Journalisten-Schule	Köln NORDRHEIN-WESTFALEN	www.sid.de
Leipzig School of Media	Leipzig SACHSEN	www.leipzigschoolofmedia.de
Mitteldeutsche Journalistenschule	Mittweida SACHSEN	www.mitteldeutsche-journalistenschule.de

MASTER-JOURNALISMUSSTUDIENGÄNGE AN HOCHSCHULEN

Studiengang	Hochschule	Homepage
Deutsch-Französische Journalistik	Albert-Ludwigs-Universität Freiburg BADEN-WÜRTTEMBERG	www.fz.uni-freiburg.de
Musikjournalismus für Rundfunk und Multimedia	Hochschule für Musik Karlsruhe BADEN-WÜRTTEMBERG	www.lernradio.de
Fachjournalismus und Unternehmens-kommunikation	Hochschule für ange-wandte Wissenschaften Würzburg-Schweinfurt BAYERN	www.fachjournalismus.com

Journalismus	Ludwig-Maximilians-Universität München BAYERN	www.ifkw.uni-muenchen.de
Management und Innovation in Journalismus und Medien	Katholische Universität Eichstätt-Ingolstadt BAYERN	www.journalistik-eichstaett.de
Musikjournalismus	Hochschule für Musik und Theater München BAYERN	www.multimedia-musik-journalismus.de
Kulturjournalismus	Universität der Künste Berlin BERLIN	www.udk-berlin.de
Journalism and Media within Globalisation	Universität Hamburg HAMBURG	www.mundusjournalism.com
Journalistik und Kommunikationswissenschaft	Universität Hamburg HAMBURG	www.journalistik.uni-hamburg.de
Fernsehjournalismus	Fachhochschule Hannover NIEDERSACHSEN	www.fakultaet3.fh-hannover.de
Journalistik	Technische Universität Dortmund NORDRHEIN-WESTFALEN	www.journalistik-dortmund.de
Musikjournalismus	Technische Universität Dortmund NORDRHEIN-WESTFALEN	www.musikjournalismus.tu-dortmund.de
Wissenschaftsjournalismus	Technische Universität Dortmund NORDRHEIN-WESTFALEN	www.journalistik-dortmund.de
Journalismus	Johannes-Gutenberg-Universität Mainz RHEINLAND-PFALZ	www.journalistik.uni-mainz.de
Journalistik	Universität Leipzig SACHSEN	www.uni-leipzig.de
Sozial- und Gesundheitsjournalismus	Hochschule Magdeburg-Stendal SACHSEN-ANHALT	www.hs-magdeburg.de
Journalismus und Medienwirtschaft	Fachhochschule Kiel SCHLESWIG-HOLSTEIN	www.fh-kiel.de

Glossar

Die 140 wichtigsten Begriffe aus der Welt des Journalismus

Abfahren • Aber bitte pünktlich! Beim Abfahren wird mit der Aufzeichnung oder Ausstrahlung einer Sendung oder dem Druck eines Printmediums begonnen.

Abnahme • Ob Neuling oder alter Hase: Jeder Beitrag muss vom Chef abgenommen werden, also auf Herz und Nieren geprüft und kontrolliert werden. Ist Dein Werk »abgenommen«, kannst Du Dich entspannt zurücklehnen. Denn dann hast Du alles richtig gemacht.

Abschießen • Entweder werden Promis auf der Fotosafari des Klatschreporters mit der Kamera »abgeschossen« oder der Techniker im TV-Studio »schießt« per Knopfdruck seine → Beiträge ab und spielt sie dadurch in die laufende Sendung ein.

Akkreditierung • Besuch ohne Vorankündigung ist unhöflich, aber nicht ungewöhnlich. Dennoch gibt es Anlässe, zu denen man sich als Journalist akkreditieren, also registrieren, muss, um hereinzukommen. Das können Events, Messen oder brisante Pressekonferenzen sein. Für die Akkreditierung braucht man meistens einen Auftrag der Redaktion oder einen Presseausweis, um seine Absicht des Berichtens zu untermauern.

Aktionsjournalismus • Zwei Dinge, ein Wort.
Möglichkeit 1: Das Publikum wird aufgefordert, an einem Gewinnspiel oder einer Aktion des Mediums teilzunehmen (→ Leser-Blatt-Bindung).
Möglichkeit 2: Der Journalist selbst wird in einer Aktion tätig und man kann ihn etwa in einer Straßenumfrage sehen oder bei einem Selbstversuch begleiten.

Anschläge • Müssen nicht immer von Terroristen verübt werden. Die Zahl der Anschläge entspricht der Zahl der gedrückten Tasten auf der Tastatur – genauer gesagt also der Zeichenzahl. Über die Zahl der Anschläge wird die durchschnittliche Länge einer → Zeile definiert.

Arie • Der Leser bestimmt und die Redaktion singt. Doch nicht gerade Oper im eigentlichen Sinn. Wenn ein Text nur ins Blatt kommt, weil der Leser zu einem bestimmten Ereignis einen Artikel erwartet, verspotten den manche Kollegen gerne als »Arie«. Die Klassiker der journalistischen Arien: der plötzliche Wintereinbruch und Staus am ersten Ferienwochenende.

Art Director • neudeutsch für den Chef des Layouts eines Printmediums. Er trägt die Verantwortung für den visuellen Teil einer Zeitung oder Zeitschrift, entwickelt oft das Grundkonzept fürs Layout und leitet gegebenenfalls ein Layoutteam. Grabenkämpfe mit Redakteuren und Chefredakteur um die Anordnung von Überschriften und Bildern sind nicht selten. Und so manch ein Art Director kann nur schwer widerstehen, den Schreiberlingen aus optischen Gründen nicht einfach zehn Zeilen vom Artikel wegzukürzen ...

Artikel • »Der«, »die«, »das« und noch ganz viel mehr, wenn man Journalisten danach fragt. Artikel sind nämlich fast alle Redaktionstexte, die in einem Printmedium erscheinen. Mal sind das alle Texte, mal nur die längeren, mal die nicht ganz so langen. Sicher ist nur: Meldungen fallen nicht darunter. Denn die wären schon wieder fast so kurz wie »der«, »die« und »das«.

Atmosphäre • kurz: Atmo, macht vor allem bei Radio- und TV-Beiträgen erst das gewisse Etwas aus. Denn was wäre die Straßenumfrage ohne Geräusche aus der Fußgängerzone?

Aufhänger • Ein Thema ist eher lauwarm als brandheiß aber dennoch berichtenswert? Davon muss auch der Leser überzeugt werden, am besten mit einem guten Aufhänger. Dabei wird das Thema beispielsweise am aktuellen Geschehen »aufgehängt«, also damit in Verbindung gebracht. Der Beitrag scheint dadurch plötzlich auch aktuell, neuartig und vor allem relevant zu sein und kommt deshalb als lesenswert rüber. Oft greifen Journalisten auf Jahrestage oder regelmäßige Veranstaltungen zurück und hängen daran Themen aus dem näheren Umfeld auf. Ein guter Aufhänger macht beim Leser vor allem Lust auf mehr und muss deshalb ziemlich früh bei ihm ankommen. Deshalb wird oft auch der Beginn des Beitrags selbst als »Aufhänger« bezeichnet.

Auflage • »Glaube keiner Statistik, die Du nicht selbst gefälscht hast!«, soll schon Winston Churchill gesagt haben. Das gilt auch für die Auflagenzahlen von Printmedien: Direkt geschummelt wird zwar nicht. Doch wer sich mit den unterschiedlichen Versionen von »Auflage« nicht auskennt, hat schnell den Überblick verloren, wie viele Leute den eigenen Artikel nun tatsächlich zu Gesicht bekommen haben.
Gedruckte Auflage: Zahl der insgesamt gedruckten Ausgaben ...
Verbreitete Auflage: ... die erst einmal unter die Leute gebracht werden müssen. Das geschieht nicht nur durch den Verkauf, sondern auch durch Freiexemplare an Bahnhöfen, in Flugzeugen, bei Messen und bei Zeitungsprojekten in der Schule. An ihnen verdient der Verlag somit keinen Cent. Die verbreitete

Auflage umfasst somit sowohl die verkauften Ausgaben als auch die kostenlos verteilten.

Verkaufte Auflage: Der Verkauf der Ausgaben ist das große Ziel, dennoch ist die verkaufte Auflage stets die kleinste der drei Zahlen.

Aufmacher • Damit wird eine Sendung, Zeitung oder Zeitschrift »eröffnet«: Der Aufmacher ist das Thema Nummer eins des Mediums, sei es als erste Meldung der Nachrichten oder als größte Schlagzeile einer Tageszeitung oder Zeitschrift. Der Aufmacher erhält somit die meiste Aufmerksamkeit des Publikums und sollte dieses auch zu überzeugen wissen.

Aufmachung • Optik zählt, egal wie gut ein Text geschrieben ist. Da niemand gerne → Bleiwüsten liest, wird immer auch ein Blick auf die Aufmachung, also das Layout eines Artikels oder einer Seite, geworfen. Aber Vorsicht: Der Begriff ist kein Synonym für den → Aufmacher.

Aufriss • Oft steht die Aufmachung bereits fest, bevor der Artikel überhaupt geschrieben ist. An der Skizze einer Zeitungsseite, dem Aufriss, bastelt ein → Art Director oder Layouter nämlich bereits am frühen Morgen. Dabei geht es nicht nur darum, einen einzelnen Artikel gut aussehen zu lassen. Vielmehr soll der Leser sich auf einer übersichtlichen, ansprechend gestalteten Seite mit einem guten Wort-Bild-Verhältnis schnell zurechtfinden. Und was wäre langweiliger als eine Zeitung voller Seiten, bei denen jedes Bild auf jeder Seite am gleichen Fleck ist? Aus dem ersten Aufriss wird über den gesamten Zeitungstag hinweg eine fertige Zeitungsseite, die meistens noch erkennbare Züge vom Aufriss trägt, sich aber den Inhalten und Gegebenheiten des aktuellen Geschehens und der zugehörigen Artikel angepasst hat.

Aufsager • Vor der Kamera steht für die Zuschauer meist nur einer: der Moderator. Doch manchmal wechselt auch ein Reporter die Seiten und steht für seinen Aufsager vor der Kamera. Anstatt seinen Sprechertext aus dem Off zu sprechen, platziert er sich samt Mikrofon vor einem bekannten Gebäude wie dem Weißen Haus oder passender Szenerie im Hintergrund und spricht seinen Text direkt in die Kamera.

Autorenkasten • Ruhm und Ehre, aber bitte für jeden deutlich sichtbar. Wer unter seinem Artikel oder über einem Kommentar nicht nur mit einem Kürzel, sondern mit einem Autorenkasten genannt wird, der kann kaum noch deutlicher als Autor dargestellt werden. In den Kasten muss mindestens der volle Name, dazu kommt meist noch eine Positionsbezeichnung. In vielen Jugendmedien wird der Autorenkasten auch genutzt, um eine Anekdote des Autors zum Thema seines Artikels unterzubringen. Wenn dann noch ein kleines Porträtfoto daneben abgedruckt wird, muss man zugeben: nicht nur die Oma wird sich diesen Artikel ausschneiden und aufheben.

Balkonfrage • Der Balkon ist hier im wahrsten Sinne des Wortes ein reiner »Vorbau«, nämlich vor der eigentlichen Frage im Interview. Der Balkon ist deshalb meist ein kurzer Satz, der neue Informationen nennt, auf die der Interviewte eingehen kann. Deshalb eignen sich Balkonfragen besonders gut, um ein neues Thema anzuschneiden oder den Interviewten nach einer vagen Antwort mit Fakten zu konfrontieren. Denn darauf antwortet er hoffentlich konkreter.

Bauchbinde • Zwar verdeckt sie oft das ein oder andere Bäuchlein, der eigentliche Sinn einer Bauchbinde ist aber ein anderer. Zu Beginn eines O-Tons sollen die Fernsehzuschauer wissen, wer da überhaupt spricht. Dafür blendet die Technik einen kleinen Kasten am unteren Bildrand, die Bauchbinde, ein und platziert dort den Namen, die Position oder kurze Kommentare zum Interviewpartner.

Beitrag • Das Pendant zum → Artikel, nur im Hörfunk- und Fernsehbereich. Alles, was hierfür produziert wird, außer Nachrichten, fällt darunter, von → Vox Pop über → Reportage bis hin zum → Feature.
Gebauter Beitrag: Besteht ein Beitrag vor allem aus O-Tönen und Textbausteinen, nennt man ihn »gebaut«.

Bericht • Der Journalistenlehrer Walther von La Roche hat den Bericht als »großen Bruder der Nachricht« bezeichnet: Er ist länger und kann mehr Informationen über Hintergründe und Zusammenhänge eines Ereignisses geben als die kurze Nachrichtenmeldung. Der Bericht über den Hasenzüchterverein für die Lokalzeitung wird gerne als klassischen Einstieg in den Journalismus genannt, ist jedoch gar nicht so einfach. Denn für einen gelungenen Bericht müssen die reinen Informationen über das letzte Treffen der Hasenzüchter mit spannenden → O-Tönen und erlebten → Reportageelementen ausgeschmückt werden. O-Töne und Reportageelemente schmücken die reine Information über die Tätigkeiten des Vereins aus.

Bett (Musikbett) • Auf das Musikbett kommt die Stimme des Moderators – er redet dabei gleichzeitig zu einer laufenden Hintergrundmusik. Das schafft → Atmosphäre oder kündigt bereits durch die ersten Takte das nächste Lied oder einen → Beitrag an, in dem das Bett wieder vorkommt.

Bild-Text-Schere • Dabei klaffen die gezeigten Bilder eines TV-Beitrags und der dazu gesprochene Text inhaltlich weit auseinander. Manchmal geht das als künstlerisches Mittel durch, vor allem Anfänger sollten sich daran aber eher seltener trauen. Beispiel gefällig? Wenn bei einem Beitrag zur Kinderarmut in Deutschland plötzlich ein Mädchen mit Dolce & Gabbana-Jacke durchs Bild läuft, passt das kaum zusammen.

Bildunterschrift • Bilder lügen nicht, es sei denn, man stellt sie in den falschen Kontext. Damit der Betrachter eines Bildes genau weiß, wer was wann und wieso

auf diesem Bild getan hat und wer ihn dabei fotografiert hat, kommen all diese Informationen in die Bildunterschrift direkt darunter.

Blatt • Spricht ein Redakteur über seine eigene Zeitung oder Zeitschrift, hat er zwei Möglichkeiten: entweder, er verwendet eine Abkürzung, oder spricht von seinem »Blatt« – Letzteres geht einem deutlich schneller und leichter über die Lippen als FAZ, SZ, FR oder BZ.

Blattkritik • Ist vom »Blatt« abgeleitet und bezeichnet die Kritik an der eigenen Zeitung. Meistens wird am nächsten Tag in der Redaktionssitzung das eigene Blatt bereits von den eigenen Redakteuren und Ressortleitern in die Mangel genommen. Manche Magazine und Zeitungen gönnen sich außerdem den Luxus, Kritiker von außen in die Sitzungen einzuladen. Das können Prominente, Politiker, Wirtschaftsbosse oder langjährige Leser sein. Die Blattkritik von außen schützt vor Betriebsblindheit und eröffnet Redakteuren oft einen ganz anderen Blick auf ihr Blatt – nämlich den des Lesers. Und um den geht es ja.

Blattlinie • Für jedes Publikum eine Zeitung und vor allem ein Politikteil. Die Blattlinie bezeichnet die politische Tendenz eines Mediums, die vor allem in der meinungsorientierten Berichterstattung eine große Rolle spielen kann. So lesen konservative Wähler eher konservativ orientierte Blätter, um sich in der eigenen Meinung bestätigt zu sehen oder einen ähnlichen Blickwinkel auf Politik in ihrem Medium zu sehen.

Blattmacher • Der Blattmacher hat dabei meist im Voraus schon entschieden, welche Beiträge und Themen es ins Blatt schaffen. Deshalb kann der Begriff »Blattmacher« auf ganz unterschiedliche Positionen in der Redaktionshierarchie zutreffen: Mal ist es der Verleger, der eine redaktionelle Linie bestimmt, mal sind es Chefredakteur und → CvD, die als »Blattmacher« bezeichnet werden.

Bleiwüste • Als Druckplatten noch von Hand bestückt wurden, bestanden die einzelnen Lettern aus Blei. Wenn nun eine ganze Seite vor allem aus Text, Text und noch mehr Text ohne Bilder oder auflockernde Elemente besteht, ist deshalb auch noch heute die Rede von der Bleiwüste.

Blog • hieß in den Anfangszeiten noch »Weblog« und war ein reines Internettagebuch. Heute schreiben die meisten Blogger über mehr als nur das eigene Leben. In politischen Blogs wird oft über Themen berichtet, die für klassische Medien zu wenig Relevanz besitzen, Modeblogs berichten über den Style der Straße und kritisieren Trends aus der Perspektive der Käufer und Technikblogs haben meistens zuerst die neusten Insiderinfos über Neuerscheinungen.

Blue Box/Screen • Ein virtuelles Studio im Hintergrund, die Infografik mit aktuellen Wahlergebnissen oder schlicht der aktuelle Wetterbericht: Im modernen Nachrichtenstudio funktioniert nichts mehr ohne einen Blue Screen im Hintergrund. Dabei stehen die Moderatoren eigentlich vor einer einheitlichen blauen Wand, die per Computer für den Zuschauer daheim mit wilden Animationseffekten bestückt wird. Blöd nur, wenn der Moderator ein Hemd im gleichen Blauton trägt: denn dann projiziert der Computer auch auf ihn die Wahlgrafik des Tages.

Borderlinejournalismus • Bewegt sich an der Grenze zwischen Wirklichkeit und Erfundenem. Berühmtestes Beispiel dafür ist Tom Kummer, der im Jahr 2000 mit seinen gefälschten Interviews mit Prominenten aufflog. Doch es müssen nicht ganze Texte herbeigedichtet sein: Sobald ein Journalist mehr Schriftsteller als Reporter wird und zum Recherchierten eigene Übertreibungen und Erfindungen hinzufügt, ist das bereits sehr viel Borderline und nur noch wenig Journalismus. Denn Letzterer orientiert sich an Fakten und an Wahrheit und nicht an Übertreibungen der eigenen Fantasie.

Boulevardjournalismus • Klatsch, Kuriositäten und Katastrophen: Der Boulevardjournalismus lebt von seinen Sensationen und den dazugehörigen Schlagzeilen. Die wurden früher noch von den Zeitungsjungen auf den Boulevards, also den großen Straßen einer Stadt, marktschreierisch verkündet, um die Aufmerksamkeit der Leser zu wecken. Deshalb appelliert der Boulevardjournalismus auch heute noch, egal ob in Print, Online oder Rundfunk, eher ans Herz als an den Verstand: Sachverhalte werden vereinfacht, Sensationen werden besonders hervorgehoben und die Sprache soll von der breiten Masse verstanden werden.

Etwas bringen • Wird etwas ins Blatt gebracht, so wird es dort behandelt und thematisiert. Das kann mal ein Artikel sein, mal ein ganzes Thema oder ein Schwerpunkt für das nächste Heft.

Bruch • Morgens am Kiosk: Sauber liegen da die druckfrischen Tageszeitungen aufgereiht, eine an der anderen und mit einem Knick in der Mitte, dem Bruch, der die obere von der unteren Hälfte der Titelseite trennt. Der → Aufmacher sollte deshalb also möglichst über dem Bruch, also auf der oberen Hälfte der Titelseite, platziert sein – sonst kann er am Kiosk überhaupt nicht gesehen werden.

Collage • So bunt wie eine große Fotocollage kann auch die journalistische Collage im Hörfunk sein: Dabei werden O-Töne zusammengeschnitten und mit Musik unterlegt. Es wird zwar vergleichsweise wenig Inhalt transportiert, dafür ist die Collage als besonders abwechslungsreicher Einstieg in ein Thema gut geeignet.

Copy and Paste • Zwei Shortcuts auf der Tastatur, die fast jeder kennt: Strg+C, gleich danach Strg+V und schon hat man jede Menge Text mal eben kopiert (copy) und eingefügt (paste).

Im Zeitalter des Onlinejournalismus wird oft abfällig über »Copy-and-Paste-Journalismus« gesprochen. Dabei wird entweder ein Artikel aus der Printausgabe direkt auf die Onlineseite kopiert (und nicht mehr an die Gegebenheiten von Online angepasst), oder ein Artikel besteht nur noch aus kopierten Textschnipseln älterer Beiträge des eigenen Mediums. Besonders dreiste Fälle von »Copy and Paste« kopieren sogar bei fremden Medien und ändern deren Texte nur noch minimal ab.

Crossmedial • Beim crossmedialen Arbeiten ist man nicht mehr nur auf einer der vier Mediengattungen – Print, Radio, TV und Online – festgelegt, sondern arbeitet über Mediengrenzen hinweg. Da kann der Onlinejournalist einmal selbst mit der Kamera losgeschickt werden, um einen Beitrag für das eigene Nachrichtenportal zu drehen, der Printjournalist erstellt eine interaktive Fotogalerie zu seinem Artikel im Netz oder der Radiojournalist schreibt einen Hintergrundbericht zu seinem Beitrag.

Der ideale Ort für Crossmedia ist das Internet, da nur hier Audio, Video und Text auf einen Blick miteinander verknüpft werden können, ohne sich verbiegen zu müssen.

Cutter • Kurze Filmsequenzen aneinanderreihen, ein »Ähm« aus dem O-Ton herausschneiden oder die Musik an der richtigen Stelle einsetzen lassen – klingt einfach, ist es aber nicht. Der Cutter schneidet wirre Sätze zu einem sinnvollen um, setzt die Bilder so aneinander, dass der Wechsel nicht zu hektisch und auch nicht zu langweilig wird, und kümmert sich eigentlich um die Schlusskomposition eines Beitrags im Radio oder im Fernsehen. So gut der Inhalt eines Beitrags auch sein mag: Ist er schlecht geschnitten, wird das Publikum sich nur noch über holprige Hänger in O-Tönen wundern und bald nicht mehr zuhören.

CvD • Kürzel für: Chef vom Dienst. Dessen Aufgaben werden gerne einmal mit denen des Chefredakteurs verwechselt, denn der CvD managt alle alltäglichen Abläufe bei der Medienproduktion. Er kümmert sich jeden Tag aufs Neue darum, dass eine fertige Zeitung oder eine fertige Sendung abgeliefert werden. Dafür organisiert er die Aufgabenverteilung, spricht sich mit anderen Abteilungen eines Verlags ab und erfährt dadurch zum Beispiel, wie viel Platz auf jeder Zeitungsseite von Anzeigen eingenommen wird oder wann Werbung eingeplant werden muss.

Dachzeile • Die Zeile über einer Überschrift. Oft wird hier das Thema als Schlagwort bereits genannt, ansonsten kommen hier bereits erste Fakten wie konkrete Zahlen unter.

Dokumentation • Entweder die hauseigene Rechercheabteilung, die in ihrem Archiv alte Beiträge und Artikel dokumentiert hat und als Hintergrundwissen für die Bearbeitung ein neues Thema zusammenstellt oder die ausführliche journalistische Behandlung eines Themas. Eine Dokumentation ist dabei meistens sehr objektiv und faktenbasiert, zeigt zurückliegende Ereignisse im Rückblick und wird gerne mit Interviews von Betroffenen ergänzt.

Drehbuch • Ready for take off: Der Kameramann steht bereit, der Tonassistent hat sein notwendiges Equipment gepackt und der Redakteur, der sich den Fernsehbeitrag ausgedacht hat, steht noch blank da. Denn ohne ein ungefähres Drehbuch für seinen Beitrag geht nichts. Darin überlegt er sich bereits vor seinen → Interviews und dem Dreh in etwa, worauf er in dem Beitrag hinaus möchte und welche → Einstellungen und → Atmosphäre aufgenommen werden soll. Ein Beitrag bedeutet somit immer mehr gedankliche Vorarbeit als das reine Recherchieren von Interviewpartnern.

Editorial • Noch vor dem Inhaltsverzeichnis ist in fast jeder Zeitschrift das Editorial platziert, ein Vorwort des Chefredakteurs oder der gesamten Redaktion. Dort werden kurz die großen Themen oder der → Aufmacher der Ausgabe umrissen, Hintergründe zur Recherche geliefert oder klar Stellung zu Ereignissen rund um die Themen bezogen. Feste Formvorgaben gibt es dabei nicht, der Autor des Editorials kann deshalb meist seine Gedanken frei und schriftstellerisch zu Papier bringen ohne gleich → Borderlinejournalist zu sein.

Einblendung • können entweder O-Töne in einem gebauten → Beitrag oder Elemente, die visuell hinzugefügt werden, sein. Darunter fallen deshalb alle Wahlgrafiken, → Bauchbinden oder das klassische Politikerbild in der Tagesschau.

Einstellung • Weißabgleich, Licht, Perspektive, Fokus – all das muss für jede Szene erneut vom Kameramann eingestellt werden. Da leuchtet es ein, dass eine durchgehende Szene im Fernsehbereich auch »Einstellung« genannt wird.

Feature • Die Königsdisziplin in TV und Radio: Ein Feature behandelt meist ein spezielles Thema und bleibt dabei nicht so trocken wie eine → Dokumentation. Stattdessen entsteht eine lebendige Sendung, meist zwischen 30 und 60 Minuten lang, in der O-Töne, Erlebnisberichte, → Collagen und Information sich abwechseln.

Feuilleton • Früher war der Kulturteil noch ein kleines Blättchen (frz. Feuilleton), das der eigentlichen Zeitung beigelegt wurde. Heute wird das Kulturressort einer Zeitung oftmals als Feuilleton bezeichnet. Darunter fallen dann aber nicht nur Theaterkritiken und Buchbesprechungen. Im Feuilleton können sich Journalisten von den klassischen Stilformen wie Nachricht und Bericht

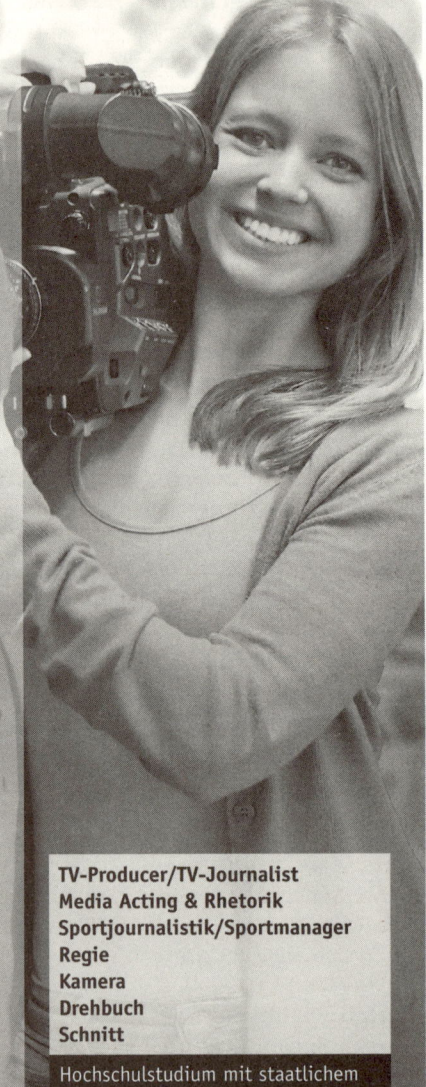

absetzen. Kommentare, Glossen und Essays sind hier keine Seltenheit und oft veröffentlichen sogar Philosophen und Literaten ihre Texte im Feuilleton großer überregionaler Zeitungen.

Flattersatz • In der Natur können nur Vögel und Insekten flattern, im Journalismus können das auch Zeilen. Wenn diese links- oder rechtsbündig am Spaltenrand gleichmäßig beginnen und zur jeweils anderen Seite unregelmäßig auslaufen, flattert der Satz: Die Zeilen enden nicht alle am gleichen Punkt. Das Gegenteil davon ist der Blocksatz, bei dem Zeilenanfang und -ende beide am Spaltenrand zu finden sind.

Format • Ist der Sendetag im Radio bereits minutiös vorgeplant, spricht man vom formatierten Radio: Sprech- und Musikanteile sind klar vergeben und auch die Planung der einzelnen Musiktitel findet meist bereits weit im Voraus statt. Das Musikformat ist dabei für viele Privatsender das, was für die Zeitschrift das Layout: im besten Fall unverwechselbar und eindeutig. Dabei wird zwischen Formaten wie zum Beispiel »Contemporary Hit Radio«, also den Tophits aus den Charts für 14- bis 29-Jährige, »Adult Contemporary« mit den besten Hits der letzten Jahrzehnte oder etwa reinen Jazz-Radios unterschieden.

Frage • Wie es in den Wald hineinruft, so schallt es wieder raus. Die alte Regel gilt auch für das Interview mit der abgewandelten Devise: Je nachdem, wie man eine Frage stellt, erhält man eine Antwort. Allein durch die Formulierung und den Fragetypus kann man bereits einen Interviewpartner zum Drauflosreden bringen oder einen Worst Case hervorrufen ...
geschlossene Frage: ... nämlich mit einer geschlossenen Frage. Auf die kann man nur mit »ja« oder »nein«, womöglich noch mit »weiß nicht« antworten. Fragt man also den Oppositionsführer: »Finden Sie die aktuelle Politik der Bundeskanzlerin gut?«, so wird dieser aller Wahrscheinlichkeit nach mit »Nein« antworten. Diese Antwort ist vorhersehbar und hat so gut wie keinen Informationsgehalt, um sie später in einem guten Beitrag wieder zu verwenden.
offene Frage: Im Journalismus interessieren nicht nur reine Meinungen, es interessieren die Begründungen und Hintergründe dafür. Zu gerne rutscht einem im Interview eine geschlossene Frage heraus, bei der man gleich mit einer offenen Frage nachhaken sollte. »Warum finden Sie die Politik der Bundeskanzlerin nicht gut?« animiert den Oppositionsführer nun also, seine persönliche Sicht der Dinge auszuführen und man erhält gute Zitate für den späteren Beitrag.

Galerie • Im Zeitalter des Onlinejournalismus ist eine entscheidende Ressource dazugekommen, um die sicherlich jeder Print- den Onlineredakteur beneidet: Platz, noch und nöcher, denn im World Wide Web machen die paar Bits

und Bytes mehr nichts weiter aus. Dadurch wurden auch Bildergalerien überhaupt erst möglich: Die Modenschau muss in der VOGUE nicht mehr durch die drei besten Kleider beschrieben werden, online können sich die Leser durch 40 Seiten mit den neusten Kleidern der Saison klicken. Und die Fußballelf des Tages kann ausführlich in Wort und Bild vorgestellt werden. Wenn es jedoch um Politik und Symbolgalerien der Europäischen Zentralbank geht, verlieren Bildergalerien schnell ihren Sinn und Reiz. Eines jedoch bringen sie, egal in welchem Ressort, immer: Klickzahlen. Genauer gesagt einen Klick für jedes neue Bild in der Galerie. Und Klicks sind inzwischen eine fast so wichtige Währung wie die → Auflage.

Gegenlesen • Auch langjährige Erfahrung und eine exzellente Ausbildung schützen weder vor Betriebsblindheit noch vor Tippfehlern. Deshalb wird jeder Artikel noch einmal von einem Kollegen »gegengelesen«, also noch einmal kontrolliert. Bei inhaltlicher Kritik ist das der Redakteur am nächsten Schreibtisch, fürs Formale ist die Schlussredaktion im eigenen Haus zuständig.

Glosse • Mit spitzer Feder muss eine Glosse geschrieben sein, ironisch und doch mitten ins Schwarze treffend. Die Glosse unterhält durch ihren Wortwitz und kritisiert mindestens so sehr wie ein meinungsstarker Kommentar. Bestes Beispiel: das tägliche »Streiflicht« auf der Titelseite der Süddeutschen Zeitung.

Header • Aus technischer Sicht verbergen sich im Header jeder Internetseite viele Informationen, sogenannte Metadaten, die man als Leser auf der Seite so überhaupt nicht sieht. Schlagworte, Autorennamen oder Kennzeichen für die einzelnen Ressorts werden dort für Suchmaschinen und das Redaktionssystem hinterlegt. Grafisch gesehen ist der Header entweder das Grafikelement oben auf einer Website, das zum Beispiel den Namen des Portals beinhaltet, oder ein Element über dem Artikel, der das Ressort oder eine bestimmte Reihe kennzeichnet.

Headline • So sehr Journalisten der deutschen Sprache mächtig sein müssen, Anglizismen und Neudeutsch halten auch in Redaktionen immer weiter Einzug. Und so wird aus dem einfachen Wort »Schlagzeile« die »Headline«.

Heiße Probe • Wenn bei einer Probe bereits das volle Programm an Technik und Effekten aufgefahren und vor allem mit der Kamera mitgefilmt wird, ist eine Probe »heiß«. Im Notfall könnten Ausschnitte daraus verwendet werden, außerdem zeigen sich eventuelle technische Probleme im Zusammenspiel mit inhaltlichen Komponenten.

Herunterbrechen • Komplizierte Dinge für das eigene Publikum verständlich machen, eine wichtige Aufgabe für jeden Journalisten. Dazu müssen Sachverhalte

scharf

Bachelor/Master-Studiengang
Musikjournalismus für Rundfunk und Multimedia

Europaweit einzigartige Ausbildung zu qualifizierten **Musikjournalisten** für Kulturprogramme in Radio/TV/Neuen Medien

Studieninhalte Bachelor
- Journalistische Grundformen Audio/Video/Print
- Moderation Radio/TV
- Sende-/Produktionstechnik
- Künstlerische Ausbildung

Studieninhalte Master
- Moderation/Präsentation Radio/TV
- Magazinsendungen/Features
- Trimediale Produktion Radio/TV
- Internetproduktion
- Musikfilm

Voraussetzungen
- Nachweis der Allgemeinen Hochschulreife
- Bestehen der Aufnahmeprüfung

Voraussetzungen
- Abgeschlossenes Musikstudium oder
- Studienabschluss und umfangreiche Musikerfahrung
- Bestehen der Aufnahmeprüfung

Information und Anmeldung

Anmeldeschluss: 15. Juni des Jahres
Hochschule für Musik Karlsruhe - Institut LernRadio
www.lernradio.de | E-Mail: lernradio@hfm-karlsruhe.de
Telefon 0049 (0)721-6629-104

Naturkundemuseum Karlsruhe. Foto: Volker Griener

»heruntergebrochen«, also vereinfacht werden. Dabei dürfen Tatsachen jedoch nicht verdreht werden. Stattdessen muss der Journalist Wichtiges von Unwichtigem trennen oder etwa Gesetzestexte in einfachere Worte bringen und erklären.

Illustrieren • Ein beliebtes Mittel zum → Herunterbrechen eines Themas oder, um es einfacher zu verstehen, sind optische Mittel. Mit ihnen wird ein Text »illustriert«, also bebildert oder mit Informationsgrafiken versehen. Davon kommt übrigens auch der Begriff »Illustrierte«, in denen sich besonders viele Bilder finden.

Impressum • Das Impressum stellt nicht nur die »Hall of Fame« dar, in der Chefredakteur, Ressortleiter und Mitarbeiter der Ausgabe der Reihe nach aufgezählt werden – in Deutschland besteht eine gesetzliche Impressumspflicht für Print- und Onlinemedien, die unter anderem einen → V. i. S. d. P und eine Kontaktadresse im Impressum nennen müssen. Die Pflicht gilt nicht nur für große Zeitungen und Zeitschriften, sondern auch für die eigene Schülerzeitung und seit 2007 sogar für → Blogs.

Informantenschutz • Vertrauen zum Journalisten ist das höchste Gut, um an brisante Informationen zu kommen. Ein entscheidender Schritt dafür ist der gesetzlich verankerte Informantenschutz, den jeder Journalist kennen sollte. Demnach dürfen nicht nur Ärzte, sondern auch Journalisten vor Gericht die Aussage verweigern und sich auf ihre Art der Schweigepflicht, den Informantenschutz, berufen. Sie müssen deshalb nicht gegen ihre Quelle vor Gericht aussagen und können auch nicht gezwungen werden, den Namen eines Informanten zu nennen.

Interaktivität • Neben dem zusätzlichen Platz (siehe → Galerie) der große Pluspunkt im Netz. Leser können sich mit den Autoren von Beiträgen austauschen und in eigenen Kommentaren ihre Meinung zu einem Thema veröffentlichen.

Interview • Für alle Journalisten ist der Kontakt zu Experten oder berichtenswerten Menschen unverzichtbar. Im klassischen Interview wird ein Gesprächspartner zu sich, seinen Ansichten oder einem bestimmten Thema befragt – dieses Frage-Antwort-Spiel wird schließlich leicht abgeändert und genau so gebracht. Viel häufiger ist allerdings das Rechercheinterview – dort erfährt der Journalist wichtige Fakten für seinen Artikel und kann einzelne Sätze als → O-Töne später in seinen Beitrag einfließen lassen.

Investigativ • Immer wieder werden die Medien als »vierte Macht« bezeichnet. Niemand übt diese Macht so sehr aus wie der investigative Journalist. Er deckt dunkle Machenschaften in allen Bereichen der Gesellschaft auf und beschert dadurch seinem Medium echte → Scoops. Investigative → Recherche ist auf-

wendig und muss absolut wasserdicht sein, sonst wird aus dem aufgedeck-
ten Skandal schnell eine Pleite. Zwischen himmelhochjauchzend (wie die
Washington Post, die die Watergate-Affäre aufgedeckt hat) bis hin zu Tode be-
trübt (wie der stern, der die vermeintlichen Hitler-Tagebücher abdruckte) ist
im investigativen Journalismus nämlich alles möglich.

Jingle • Immer eine bestimmte Erkennungsmelodie im Radio, entweder für einen
ganzen Sender oder eine bestimmte Sendung. Der Jingle eines Senders ist das,
was im Ohr hängen bleibt. So lässt sich für den Zuhörer schnell erkennen, welcher Sender gerade läuft.

Klicks • Was die Auflage für Print und die Quote für den Funk, das sind Klicks für
den Onlinejournalismus. Über spezielle Tools in der Administration lässt sich
für die Betreiber jeder Website schnell herausfinden, wie viele und wie oft
die Besucher auf der eigenen Seite unterwegs waren. Für Onlinemedien sind
diese Zahlen jedoch nicht nur wichtig, um die eigene Eitelkeit zu beruhigen:
Gute Klickzahlen steigern auch den Wert einer Seite als Werbeplattform und
liefern gleichzeitig gute Argumente, um so manch spärlich besetzte Onlineredaktion zu vergrößern.

Kolumne • Spätestens seit Carrie Bradshaw gehören Kolumnisten zu den Stars
unter den Journalisten. Früher mal hat man nur die Zeitungsspalte als Kolumne bezeichnet, heute geht es jedoch meistens um eine regelmäßige Rubrik, in
der ein Autor seine Gedanken präsentiert: Sei es regelmäßig zum aktuellen
Geschehen oder zur aktuellen Lage auf dem Stiletto-Markt.

Kommentar • Meinung und Nachricht gehören getrennt, weshalb selten genug
Journalisten dazu kommen, schonungslos ihre eigenen Ansichten zu veröffentlichen. Der Kommentar ist dafür die ideale Gelegenheit: er ist meinungsorientiert, bezieht sich meist auf ein aktuelles Thema und ergänzt deshalb oftmals
die neutrale Berichterstattung. Zwar wird auch hier auf Ausgewogenheit mit
Pro- und Contra-Positionen geachtet, dennoch gibt der Kommentar vorrangig
die Meinung des Verfassers wieder.

Konserve • Konserven sind das ideale Produkt zum Hamstern für schlechte Zeiten. Auch die gibt's im Journalismus. Das sagenumwobene Sommerloch führt
regelmäßig zu Informationsflauten und entsprechender Verzweiflung angesichts leerer Zeitungsseiten und ungenutzter Sendeminuten. Gut, wenn man
da was aus der Konserve bringen kann: Diese Beiträge sind auf Vorrat recherchiert und fertiggestellt und müssen meist nur noch mit einem mehr oder
minder originellen → Aufhänger bestückt werden.

Korrespondent • Was für ein Traumjob: Fremde Länder bereisen, auf Abruf für
die Redaktion daheim bereitstehen, zwischen den Aufträgen Land und Leute

kennenlernen und dafür auch noch bezahlt werden. Mit dieser Wunschvorstellung hat die Realität leider oft nicht viel zu tun, der Job des Auslandskorrespondenten ist alles andere als entspannt. Frederik Pleitgen (CNN) verbringt Wochen und Monate in Kriegsgebieten und auch Tom Buhrow (ARD) weiß aus seiner Zeit in Washington, dass ein Korrespondent nicht nur bei der Liveschalte vor dem Weißen Haus eine gute Figur machen muss, sondern auch im Hintergrund jede Menge Arbeit wartet.

Layout • Der erste Eindruck zählt, auch in den Medien. Den können prägnante Überschriften, packende Bilder und übersichtliche Texte liefern – am besten alle zusammen in einem tollen Layout, das zum Image des Mediums passt. Goldene Regel im Print: der Leser sollte sich auf einer Seite schnell zurechtfinden und einen Text gerne lesen wollen, ganz unabhängig vom Inhalt. → Bleiwüsten sind dabei tabu, genauso wie chaotische Anordnungen von bunten Elementen und zu viel Effekthascherei.

Lead • Zu Deutsch: der Vorspann eines Texts. Er unterstützt die Überschrift und gibt in wenigen Worten nähere Informationen zum Artikel oder dem Geschehen, über das berichtet wird.

Leitartikel • Der → Kommentar in der Deluxe-Version: auch er ist meinungsorientiert, wird jedoch an viel prominenterer Stelle im Blatt platziert, oft sogar auf der Titelseite, ist meist länger als ein Kommentar und bezieht besonders klar Stellung zu einem Thema. Im Leitartikel spiegelt sich die → Blattlinie wieder, weshalb oftmals der Chefredakteur persönlich an der Ausarbeitung beteiligt ist.

Leser-Blatt-Bindung • Der Mensch als Gewohnheitstier liebt für gewöhnlich seinen Kaffee immer gleich, genauso sein Frühstücksbrötchen und die Zeitung daneben. Hat ein Medium erst einmal eine Leser-Blatt-Bindung hergestellt und einen Leser gar als Abonnenten für sich gewonnen, kann dieser nur schwer wieder vergrault werden. Doch bis die Bindung entsteht, muss das Medium überzeugen: durch ein gutes → Layout, hochwertige Inhalte und schlussendlich auch durch den Preis.

Listen • sind eine eher junge journalistische Stilform, die neben Informationen zu einem Thema auch Unterhaltsames liefern kann. Klassische Listen sind ABCs zu einem Thema, die für jeden Buchstaben des Alphabets einen Begriff zu einem Thema beschreiben, Glossare wie dieses hier oder auch reine Listen mit kuriosen Zahlen. Die bekannteste Liste: »Unnützes Wissen«, jeden Monat in der NEON.

Lokales • Das Freischwimmerbecken für Journalisten? Denkste. Lokaljournalismus steht zwar für viele Journalisten am Anfang der Karriere, ist jedoch schwerer

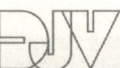

als gedacht. Agenturmeldungen mit vorrecherchierten Informationen gibt es nur selten, genauso wie mediengeübte Gesprächspartner, die → O-Töne auf den Punkt abliefern können. Lokaljournalisten sind deshalb besonders oft als Reporter unterwegs und müssen nah am Menschen sein. Das Lokalressort stellt für viele Leser sogar den wichtigsten Teil »ihrer« Zeitung dar: So lesen 89 Prozent der Zeitungsleser im Allgemeinen immer den Lokalteil, das Politikressort kommt dagegen nur auf 69 Prozent.

MAZ • Die Tage der Videokassette sind längst gezählt, dennoch reden Fernsehjournalisten immer noch von ihren Beiträgen und Clips als MAZen – also magnetischen Bildaufzeichnungen – die sie schneiden oder spielen. »MAZ ab« ist zum geflügelten Begriff im Fernsehen geworden und wird wohl noch lange bestehen.

Mediadaten • Sie liefern die Argumente für Werbekunden: → Auflage, → Quote und → Klicks, dazu meistens noch Informationen über das typische Publikum eines Mediums. Damit können Marketingabteilungen schnell sehen, ob ihre Werbung die Zielgruppe erreicht.

Meldung • Eine Meldung ist immer eine → Nachricht, oft werden die beiden Begriffe sogar als Synonyme verwendet. Das hängt sicherlich mit den Meldungen der → Nachrichtenagenturen zusammen, die als besonders kurze Textstücke im → Ticker ständig in der Redaktion auflaufen.

Mikrofon • Des Rundfunkjournalisten bester Freund: Ohne Ton geht nichts, vor allem im → Interview oder beim Aufzeichnen von → O-Tönen. Deshalb müssen Radio- und TV-Journalisten zumindest den Umgang mit dem Mikrofon bestens beherrschen. Denn spätestens nach der ersten → Vox Pop als Praktikant wird einem klar, wie wichtig der Unterschied zwischen den beiden gängigsten Formen eines Mikrofons ist: »der Kugel« und »der Niere«.
Das *Kugelmikrofon* nimmt kugelförmig um seine eigene Spitze alle Geräusche wahr und zeichnet diese in der gleichen Lautstärke auf. Deshalb fängt es immer besonders viel → Atmosphäre im Hintergrund ein.
Das *Nierenmikrofon* dagegen ist vor allem nierenförmig nach vorne und etwas zur Seite ausgerichtet. Kommt ein Geräusch von hinten, also aus der Richtung des Mikrofongriffs, bekommt eine Niere davon kaum noch etwas mit. Wenn es in einer Gesprächssituation im Hintergrund also besonders laut ist und Gefahr besteht, den Gesprächspartner nicht mehr zu verstehen, ist der Einsatz des Nierenmikrofons ideal.

Mod • Kurz für die Moderation. Mod taucht vor allem in der Redaktionssprache und in Manuskripten auf und bezeichnet immer den Moderationstext, nicht den Moderator. Oft müssen die Redakteure die Moderationen zu ihren Beiträgen selbst schreiben oder zumindest einen Vorschlag machen, am besten

einen für die Anmod, die einen Beitrag ankündigt, und eine mögliche Abmod, die einen interessanten Aspekt hinzufügen kann oder auf weitere Informationsquellen verweist.

Mutterblatt • Ableger gibt es nicht nur in der Pflanzenwelt, auch auf dem Medienmarkt erscheinen immer neue Medien, die sich mit dem Ruhm des Mutterblattes schmücken wollen und teilweise auf dessen Redaktion zurückgreifen: BRAVO Girl und SPIEGEL Online sind nur zwei von etlichen Beispielen. Das Mutterblatt, in diesem Fall BRAVO und SPIEGEL, bleibt als Marke immer präsent. Und so wird aus dem einstigen Geolino-Leser später einmal vielleicht der nächste Abonnent der Geo.

Nachricht • »When a dog bites a man, that's not news. But when a man bites a dog, that's news«: Die berühmte »Man bites dog«-Formel wird unterschiedlichsten Medienmachern zugeschrieben. Klar ist jedoch, dass sie die ideale Definition einer Nachricht liefert. Diese muss vor allem eine berichtenswerte Neuigkeit enthalten und zusätzlich möglichst aktuell, neutral und vor allem verständlich gebracht werden.

Nachrichtenagentur • Auf der ganzen Welt passieren tagtäglich wichtige Dinge, doch überall eigene → Korrespondenten können sich nur die wenigsten Redaktionen leisten. Nachrichtenagenturen übernehmen heutzutage diesen Job und beliefern deshalb Medien mit eigenen → Meldungen und bieten ihnen gegen Gebühr an, diese direkt im eigenen Blatt abzudrucken, oder als Quelle für weitere eigene Recherchen zu benutzen. Deshalb sind Nachrichtenagenturen heutzutage aus keiner Redaktion mehr wegzudenken.

Neutralität • Wenn nicht gerade ein → Kommentar oder eine → Glosse geschrieben werden, verpflichtet das Berufsethos geradezu zu Neutralität. Der Journalist informiert, wägt ab und lässt auch die Gegenseite in seinem Beitrag zu Wort kommen. Egal ob er deren Meinung teilt oder nicht. Der neutrale Journalist liefert deshalb alle notwendigen Informationen, damit sich interessierte Bürger ihre eigene Meinung bilden können. Wichtig ist die Neutralität deshalb vor allem bei → Nachrichten und Hintergrundberichten.

Newsrooms • Die Zeiten von kleinen Kammern mit Schreibmaschinen sind vorbei: Heute arbeiten Tageszeitungsredakteure und Nachrichtenmacher im Newsroom, einem Großraumbüro, in dem alle Ressorts nebeneinander arbeiten. Das soll die Koordination einer gesamten Redaktion fördern und bringt vor allem eines: jede Menge Lärm, den Telefone, Tastaturen, Kaffeemaschinen und jede Menge Stimmen den ganzen Tag so machen.
Im Newsroom steht zudem der zentrale *Newsdesk*. Hier gehen ständig neue Nachrichten ein und werden direkt an die zuständigen Redakteure weitergegeben.

Nullzeit • 20 Uhr: Beginn der Tagesschau und früher auch einmal Start der → Primetime bei den Privatsendern. Der Beginn des Programms zur vollen Stunde sollte damals die Errungenschaft sein und den Privaten den entscheidenden Vorsprung vor der ARD geben. Tatsächlich jedoch gingen die → Quoten baden und die Nullzeit ist heute vor allem noch für die ARD entscheidend: Denn die richtet ihr Programm so aus, dass um Punkt 20 Uhr ihre Hauptnachrichtensendung beginnen kann.

Objektivität • Eng mit der → Neutralität verknüpft. Vollkommene Objektivität wird es kaum geben, denn jeder Mensch ist nun einmal subjektiv. So kann der Journalist zwar versuchen, zwei konkurrierende Ansichten in seinem Beitrag unterzubringen, doch durch die Platzierung und Gewichtung der → O-Töne und überhaupt die Auswahl der beiden Seiten und den zugehörigen Rednern bringt er seine eigene Meinung bereits wieder ein.

On air • Achtung, jetzt wird gesendet! Die klassische rote Lampe an der Kamera und außen an der Studiotür leuchtet auf und jetzt ist höchste Konzentration gefragt. Selbst wenn niemand live vor der Kamera oder am Mikrofon sprechen muss, finden im Hintergrund sehr wohl viele Abläufe live statt: Die Beiträge müssen in der richtigen Reihenfolge und reibungslos abgespielt werden und die Einblendungen an der richtigen Stelle stehen.

O-Ton • Der »Originalton« bezeichnet im Rundfunk das klassische direkte Zitat: Der O-Ton wird aus dem → Interview herausgeschnitten und in den gebauten → Beitrag als Aussage des Interviewten eingefügt. Obwohl der Begriff eigentlich nur in Funk und Fernsehen von Bedeutung ist, schleicht er sich auch immer mehr in Textredaktionen bei Print und Online ein. Dort ersetzt der Begriff des O-Tons immer mehr den des gegebenen Zitats.

PK • kurz für die Pressekonferenz. Neben Agenturmeldungen und Interviews sind sie eine weitere wichtige Säule bei der Beschaffung von Informationen. Der Vorteil ist, dass meistens eine gute Aufnahmesituation herrscht und derjenige, der die PK einberuft, sich den Fragen der Journalisten stellen möchte oder gezielt ein Statement abgibt. Der Nachteil: Exklusivität gibt es hier nicht, alle anwesenden Kollegen erhalten dieselben Informationen, egal, für welches Medium sie arbeiten.

Podcast • Eigener Sendechef sein, selbst → Beiträge über interessante Themen produzieren oder einfach nur über das eigene Leben quatschen. Das, was → Blogs meistens schriftlich bieten, schaffen Podcaster als Audio- oder Video-Dateien einfach selbst. Die meisten Podcasts lassen sich per → RSS-Feed oder über spezielle Plattformen einfach abonnieren, sodass man bei jeder Aktualisierung des eigenen MP3-Players automatisch eine neue Ausgabe des gewünschten Podcasts herunterlädt. Die kann man schließlich anhören wann und wo man

go studieren weltweit out!

Studium ist heute mehr als das Lernen an der heimischen Hochschule. Gefragt und gefordert ist internationale Mobilität! Ob Auslandssemester, Jahresaufenthalt, Praktikum, Sprachkurs oder Recherchearbeit: Nicht nur fachliche Gründe sprechen für den Blick und den Sprung über den Tellerrand. Persönliche Fähigkeiten erproben und weiterentwickeln, den Erfahrungshorizont erweitern, weltweit Kontakte knüpfen und neue Freunde gewinnen – das sind großartige Chancen. Sie lohnen das Wagnis eines zeitweiligen Ortswechsels ins Ausland allemal!

Der DAAD unterstützt die Studierenden, Graduierten, jungen Wissenschaftler und Hochschullehrer durch zahlreiche und differenzierte Stipendien- und Austauschprogramme.

www.go-out.de

- Infos zu Studium und Praktikum im Ausland

- Erfahrungsberichte von Studierenden

- Veranstaltungskalender: Messen und Infobörsen

- Blogs von DAAD-Stipendiaten in fernen Ländern

- Expertenchats, Gewinnspiele, Spots & Filme

www.daad.de

- Tipps vorab: Vorbereitung von Auslandsaufenthalten, Anerkennung von Leistungen

- Länderinformationen und Studienbedingungen, Internationales Studium

- Auslandspraktika in europäischen und internationalen Organisationen, fachbezogene Praktika weltweit

- Förderungsmöglichkeiten, Stipendien und Programme, Bewerbung, Auslands-BAföG

Eine Initiative von

 Bundesministerium für Bildung und Forschung

 **DAAD** Deutscher Akademischer Austausch Dienst
German Academic Exchange Service

will. Viele Rundfunkanstalten produzieren inzwischen selbst Podcasts oder stellen ihre Sendungen sogar zum Download zur Verfügung.

Pressekodex • Spezielle Gesetze für Journalisten gibt es kaum. Schon gar keine, die in ihre Arbeitsweise eingreifen. Umso wichtiger ist die Selbstverpflichtung zu einer gewissen Berufsethik, wie sie in Deutschland etwa der Pressekodex des Deutschen Presserats liefert. Darin stehen Normen wie die Achtung der Menschenwürde, sorgfältige Arbeitsweise, die Trennung von Werbung und Redaktion und etwa auch der → Informantenschutz.

Primetime • Früher mal die → Nullzeit, heute eine Viertelstunde später: Die beste Sendezeit beginnt in Deutschland um 20.15 Uhr, direkt nach der »Tagesschau« in der ARD.

Producer • Den Job des Producers kennt man vor allem in den USA oder auch in den Auslandsstudios deutscher Sender. Der Producer ist so etwas wie die »rechte Hand« des Korrespondenten: Er unterstützt ihn inhaltlich und logistisch bei allen Entstehungsphasen eines Fernsehbeitrags. Der Producer recherchiert also z. B. nicht nur Themen und besorgt geeignete Interviewpartner, sondern kann auch dafür verantwortlich sein, dass ein Übertragungswagen pünktlich an Ort und Stelle ist.

Protokoll • Dabei wird ein Gespräch nicht direkt »protokolliert« – vielmehr wird das geführte Interview direkt in einen durchgehenden Text in der Ich-Form des Interviewten gebracht, als würde dieser Erlebtes selbst niederschreiben. Das schafft Nähe und Authentizität.

Quote • genauer gesagt die Einschaltquote. Nur eine kleine Gruppe in der Bevölkerung wird überhaupt erfasst. Von deren Fernsehgewohnheiten wird schließlich auf ganz Deutschland hochgerechnet. Somit bestimmen ein paar Tausend Menschen über den Erfolg und Misserfolg einer Sendung – zumindest in der Theorie. Tatsächlich treffen die hochgerechneten Zahlen ziemlich genau zu und bieten somit eine echte Währung für den Werbemarkt. Für das Radio ist die Erhebung jedoch deutlich komplizierter, denn hier gibt es keine Möglichkeit, die Radionutzung wirklich zu messen. Deshalb finden hierfür alljährlich Telefonumfragen statt, die schließlich die Basis für die Hochrechnung liefern.

Recherche • Auch Journalisten sind keine wandelnden Lexika. Deshalb gehört eine saubere Recherche von Fakten zum A und O des Berufs. Denn selbst der promovierte Physiker könnte als Wissensredakteur nur wenig über das Immunsystem von Bienen schreiben. Um gute und vor allem richtige Fakten herauszufinden, müssen Journalisten ein ganzes Arsenal von Quellen beherrschen und möglichst viele zum gegenseitigen Faktencheck verwenden. Die besten

Möglichkeiten: → Interviews, Pressekonferenzen, wissenschaftliche Artikel und andere Medienberichte. Letztere jedoch nur von verlässlichen Kollegen.

Redaktionsschluss • »Nichts« geht mehr, jetzt müssen die Druckerpressen angeschmissen werden, um die Zeitung noch rechtzeitig auszuliefern. Der Redaktionsschluss ist die allerletzte Deadline, um eine fertige Seite an die Druckerei zu übermitteln. Das bedeutet, dass ein Text bereits gelayoutet sein muss und dementsprechend schon früher fertig sein sollte. Im Redaktionsalltag herrschen in den letzten Stunden vor Redaktionsschluss Stress und Hektik, vor allem, wenn sich neue Entwicklungen im Weltgeschehen ergeben oder Texte noch → redigiert werden müssen.

Redigieren • Ist der Artikel zu lang, die Agenturmeldung zu knapp oder hat der freie Mitarbeiter einen Beitrag mit fehlerhaften Zahlen und Namen in die Redaktion gebracht, ist Redigieren angesagt. Dabei korrigiert oder verändert ein Redakteur vorliegende Texte, bügelt sprachliche Unsauberkeiten aus und bringt den Artikel auf die richtige Länge.

Reichweite • Die Reichweite gibt für den Rundfunkbereich an, welcher Anteil der Gesamtbevölkerung Kontakt zu einem Medium hatte – sei es als Zeitung, Fernsehsendung oder Radiobeitrag. Bei Printmedien dagegen bezeichnet die Reichweite die Zahl der erreichten Leser, die sich gemeinsam eine Ausgabe einer Zeitung oder Zeitschrift geteilt haben.

Relevanz • »Relevanz, Relevanz, Relevanz!« hieß die Parole vom damals neuen Chefredakteur des FOCUS, Wolfram Weimer, als er 2010 seinen Posten antrat. Denn nicht jeder Fakt ist für das Publikum interessant oder gar relevant. Relevant ist zum Beispiel, was aktuell ist, was mit wichtigen Menschen in unserer Gesellschaft zu tun hat oder was in der näheren Umgebung passiert. Gepaart mit einem guten → Aufhänger hat ein relevantes Thema die besten Chancen, vom Publikum wahrgenommen zu werden.

Reportage • Ein Reporter zieht aus dem Redaktionsalltag in das echte Leben hinaus und berichtet über Menschen, Geschichten und Hintergründe – gar nicht so einfach, weshalb die Reportage gerne auch als »Königsdisziplin« im Journalismus angesehen wird. Dabei sind subjektive Eindrücke ausnahmsweise Mal erlaubt und auch das Wichtigste muss nicht gleich zu Beginn stehen. Viel mehr geht es um die richtige Dramaturgie, die den Leser am Ball hält. Der Reporter sollte deshalb selbst vor Ort sein, dort mit Menschen in Kontakt kommen und diese Geschichten gegebenenfalls mit harten Fakten unterfüttern.

Ressort • Nicht jeder »Teil« einer Zeitung interessiert jeden Leser: Der eine sortiert zuerst die Wirtschaft aus, der nächste blättert ohnehin jeden Tag über den Sportteil hinweg. Ressorts sind die Fachredaktionen hinter eben diesen

Teilen. Die großen Fünf, die in keiner Tageszeitung fehlen dürfen: Politik, Wirtschaft, Sport, Kultur und Lokales.

RSS-Feed • In der Datenflut des World Wide Web vergessen wir schon einmal, was wir eigentlich noch lesen wollten. Zwischen Fußballticker, Newssites und Facebook geht uns der neuste Beitrag auf unserem liebsten → Blog flöten oder wir merken überhaupt nicht, dass eine neue Folge eines guten → Podcasts online gestellt wurde. Wie praktisch wäre da ein Abonnement, das uns einfach ohne nachzudenken mit den neusten Ausgaben versorgt? RSS-Feeds machen genau das im Web. Einfach ein entsprechendes Plugin im Browser installieren, alle verfolgten Websites per Mausklick abonnieren und schon erhält man seinen ganz persönlichen Ticker mit interessanten Seiten.

Rubrik • Kommt eine bestimmte Darstellungsform an derselben Stelle zu jeder Ausgabe immer wieder, dann ist dies, allgemein gesprochen, eine Rubrik. Das kann mal das gewohnte Kreuzworträtsel sein, mal ein bestimmter → Kommentar oder der → Leitartikel. In Lokalzeitungen sind feste Rubriken über die eigene Stadt meist gern gesehen und auch der wöchentliche Bericht über einen Verbraucherärger in Servicemagazinen gilt als Rubrik.

Schlussredaktion • Zwei Paar Augen sehen mehr als eins. Deshalb ist eine gute Schlussredaktion bei Printmedien unverzichtbar. Der Schlussredakteur checkt alle Texte auf Tipp- und Rechtschreibfehler durch und überprüft, ob Fotos und Überschriften alle am richtigen Platz sitzen. Seinen Argusaugen entgeht nichts, auch nicht, ob der Name des Fotografen in der → Bildunterschrift mal ausgeschrieben wird oder nur Kürzel vorhanden sind. Einheitlichkeit und vor allem Richtigkeit sind seine Prinzipien. Und egal, wie gründlich der Redakteur in seiner Arbeit war – jeder wurde schon von einem Schlussredakteur der Betriebsblindheit oder Nachlässigkeit überführt.

Scoop • Jackpot! Aktuell eine Nachricht zu haben ist gut. Der Erste und Einzige zu sein, der eine Nachricht veröffentlicht, das ist überragend. Ein Scoop ist die exklusive Nachricht oder Geschichte, die ein Medium bringt. Meistens funktioniert das nur noch über → investigative Recherchen. Doch auch Exklusivinterviews haben schon so manchen Scoop hervorgebracht, der die Verkaufszahlen in die Höhe schnellen ließ. Gleich zwei Scoops lieferte Karl-Theodor zu Guttenberg unterschiedlichen Zeitungen: So berichtete die Süddeutsche Zeitung zuallererst über entdeckte Plagiate in seiner Doktorarbeit, DIE ZEIT veröffentlichte zu seinem Comebackversuch Auszüge aus dem ersten Interview seit Guttenbergs Rücktritt als Verteidigungsminister.

Seite Drei • Mal seriös, mal schlüpfrig: Im deutschen Sprachraum ist die Seite Drei als dritte Seite einer Zeitung vor allem aufgrund der Süddeutschen Zeitung bekannt. Sie bringt täglich an dieser Stelle als feste → Rubrik eine lange Repor-

tage, mal frisch zum aktuellen Geschehen, mal aus der → Konserve. In Großbritannien ziert etwas ganz anderes die dritte Seite der Boulevardzeitungen.
Dort posieren tagein, tagaus nackte oder spärlich bekleidete Frauen neben den
neusten Boulevardmeldungen.

Seitenspiegel • Er liefert dem Zeitschriftenmacher einen Überblick über alle Seiten
des kommenden Hefts. Ausgedruckt werden alle gelayouteten und betexteten
Seiten nebeneinander aufgehängt und können so leicht vertauscht werden.
Außerdem sieht der → Art Director, welche Doppelseiten nicht optimal har-
monieren und nachträglich angepasst werden müssen oder wo sich kurzfristig noch Anzeigen eingeschoben haben.

Sidebar • Onlineportale sind meistens bunt, selten übersichtlich. Die eigentli-
chen Artikel stehen links oder mittig auf der Seite, → illustriert mit großen
Bildern. Zu sehen sind dabei lediglich die → Überschrift und der Vorspann.
Umso wichtiger ist die Sidebar, sodass sich User auf der Seite orientieren kön-
nen. Sie ist die Menüleiste, die vertikal verläuft, und entweder ein Menü der
Ressortseiten oder Informationen rund um Autoren, das Wetter oder Fußball-
ergebnisse liefern kann. Die Sidebar ist somit eine Fixkonstante im variablen
Seitenaufbau eines Portals.

Slow Motion • In Zeitlupe, auf Englisch slow motion, sieht man manche Dinge
einfach besser. Zum Beispiel Abseitssituationen beim Fußball oder heimliche
Geldübergaben.

Statement • Englisch für eine Aussage, die als → O-Ton von jemandem gemacht
wird. Meistens handelt es sich bei dem Begriff um klare Meinungsäußerun-
gen, Kommentare oder Richtigstellungen von Pressesprechern oder Offiziellen, die ihr Statement auf einer → PK oder auf Nachfrage »abgeben«.

Stream • Videos auf Abruf und Liveberichte von Konzerten fallen im Internet
unter den gleichen Begriff: Streaming bedeutet prinzipiell, im Internet Radio
zu hören oder fernzusehen. Der Livestream bezeichnet die Liveübertragung des
laufenden Programms, von Kongressen oder von Konzerten. Video-on-Demand-
Streams können auf Abruf angesehen oder -gehört werden. Im Gegensatz zu
→ Podcasts werden Streams nicht auf die Festplatte heruntergeladen, sodass
das Konsumieren lediglich über die Website des entsprechenden Mediums
funktioniert.

Suggestivfrage • Vollkommene → Objektivität gibt es nicht, dennoch muss man
einen Interviewpartner nicht gleich mit Suggestivfragen beeinflussen. Durch
die Fragestellung wird ihm dabei nämlich bereits eine Meinung vorgelegt, der
er nur noch zustimmen muss. Beispiel gefällig? »Journalisten verdienen doch
nichts, denken Sie nicht auch?«

Supplement • Es gibt nicht nur für Hauptdarsteller Oscars und auch die Zeitung muss sich ab und an die Show stehlen lassen. Etwa, wenn ihr ein Supplement beiliegt, das zum eigentlichen Star am Frühstückstisch wird. Die häufigste Form stellt sicherlich das kostenlose Fernsehprogramm dar, ein Supplement kann jedoch eine ganze Zeitschriftenredaktion beschäftigen. Ein Beispiel für eine erfolgreiche Beilage: das Magazin der Süddeutschen Zeitung, das jeden Freitag die Verkaufszahlen in die Höhe schnellen lässt.

Tag (engl.) • Zu deutsch: Schlagwort. Artikel auf Nachrichtenportalen oder → Blogs sollten mit möglichst zutreffenden Schlagworten beschrieben werden. Dadurch lassen sich Artikel zu einem Thema oder Schlagwort besonders leicht auflisten und werden leichter über Suchmaschinen gefunden.

Take • Versuch Nummer 1: verhaspelt. Versuch Nummer 2: Ein Passant läuft durchs Bild. Versuch Nummer 3: Treffer. Solange eine Sendung nicht live ist, lassen sich einzelne Teile eines Beitrags oder einer Moderation immer wiederholen, jeder Versuch stellt dabei einen Take dar.

Teaser • Manchmal liegt der Reiz im Ungeahnten, so auch bei gut gemachten Teasern. Sie machen Lust auf mehr und verraten dabei deutlich weniger als ein → Trailer. Teaser werden deshalb meist einige Zeit davor veröffentlicht, egal ob für Filme, Sendungen oder Werbekampagnen, und lassen den Zuschauer darüber rätseln, um was es wohl im Endprodukt gehen mag.

Teleprompter • Entertainer mögen ihre Moderationen vielleicht ja wirklich aus dem Stegreif erzählen, doch wie schafft es der Nachrichtensprecher, mir so viel Text vorzusagen, ohne nur ein einziges Mal auf sein Blatt zu schauen? Der Teleprompter ist die Lösung. Vor dem Kameraobjektiv ist eine Glasplatte angebracht, auf die der Moderationstext projiziert wird. So sieht der Sprecher vermeintlich direkt den Zuschauer an, liest tatsächlich aber nur ab. Doch ganz nebenbei: Nicht nur im Fernsehen wird per Teleprompter getrickst. Sogar Barack Obama benutzt Teleprompter links und rechts vom Rednerpult, um seine mitreißenden Reden korrekt abzulesen.

Textchef • → Redigieren, redigieren und noch mal redigieren: Durch die Hände des Textchefs geht jeder Artikel, er überprüft, korrigiert und gibt Hinweise zur Überarbeitung.

Thumbnail • So klein wie ein Daumennagel sind sie nur in den seltensten Fällen, dennoch erkennt man auf Thumbnails für gewöhnlich nicht allzu viel. Die kleinen Vorschaubilder in Bildergalerien geben uns lediglich einen Überblick über alle vorhandenen Bilder. Ein Klick und schon breiten sie sich in Originalgröße über den Bildschirm aus. Thumbnails haben aufgrund ihrer Größe eine deutlich geringere Datenmenge, können deshalb schneller geladen werden und lassen auf dem Bildschirm genug Platz, um neben einem Bild in Originalgröße noch eine Vorschau auf die kommenden Fotos zu liefern.

Ticker • Früher war es das klickende, tickende Geräusch von Fernschreibern, das dem Ticker seinen Namen einbrachte. Heute tickt daran nichts mehr. Stattdessen erscheinen neue Meldungen am PC oder sie kommen in Papierform kontinuierlich aus dem Drucker.

Per Ticker verbreiten die → Nachrichtenagenturen ihre neusten Meldungen kontinuierlich. Im Sport hat sich inzwischen der Liveticker als eigene Form der Berichterstattung eingebürgert. Wer das Spiel nicht sehen kann, der kann fast im Minutentakt die wichtigsten Spielzüge und die Einschätzung des Kommentators im Ticker verfolgen und weiß nur wenige Sekunden nach einem gefallenen Tor darüber Bescheid. Ticker müssen allerdings nicht mehr ausschließlich von Journalisten betrieben werden. Über → Blogs oder → Twitter kann inzwischen jeder kontinuierlich von einem Event berichten und die Welt auf dem Laufenden halten.

Titel • Mal wieder ein Wort mit ganz unterschiedlichen Bedeutungen. Mal ist damit die Überschrift gemeint, mal der Titel eines Mediums oder gleich das ganze Cover. Im Radio versteht der Musikredakteur darunter auch noch das einzelne Lied. Deshalb ist es schlau, gleich zu Beginn der Zeit in einer neuen Redaktion herauszufinden, was darunter verstanden wird. Sonst sind böse Überraschungen vorprogrammiert.

Trailer • Im Gegensatz zum → Teaser wird der Trailer deutlich konkreter. Er will nicht nur Lust auf etwas machen, er will überzeugen. So werden in Trailern meist die besten Szenen eines Filmes eingebaut, um das Publikum ins Kino oder vor den Fernseher zu locken. Gar keine einfache Aufgabe, Trailer sind deshalb meistens schon kleine Filme in sich, die eine eigene Dramaturgie haben und in wenigen Minuten die Atmosphäre und den groben Inhalt des großen Filmes dahinter vermitteln müssen.

etwas türken • Eine nachgestellte Szene, die als echt verkauft wird, eine aufgezeichnete Sendung, die als live deklariert wird oder ein geschickt zusammengeschnittenes Interview, das eine ganz andere Aussage als das Original vermittelt. Alles falsch dargestellt, alles geschwindelt, alles getürkt. Und alles eindeutig gegen den → Pressekodex, der Journalisten eigentlich zu wahrhaftigem Handeln verpflichtet.

Twitter • Seit 2006 haben → Blogs einen kleinen Bruder: Microblogging, das in Form von Twitter die digitale Welt im Sturm erobert hat. In höchstens 140 Zeichen können die User ihre Gedanken und Neuigkeiten nun in die Welt hinaus »zwitschern« und andere Userbeiträge abonnieren – egal ob am PC oder am Smartphone. Über die Hashtag-Funktion, in der Beiträge, die Tweets, mit

Schlagworten versehen werden, lässt sich außerdem ein ganzer → Ticker mit allen Tweets zu einem Thema einsehen. Damit wird Twitter zum hochaktuellen Nachrichtenlieferanten, vor allem in Situationen, in denen die Medien noch gar nicht vor Ort sind.

Überschrift • Der Türöffner zum Artikel, der zeigt, um was es in etwa im Artikel geht. Unterstützung bekommt die Überschrift vom → Lead und der → Dachzeile, die weitere Informationen liefern können. Eine gute Überschrift muss jedoch mehr als nur informieren. Sie muss die Aufmerksamkeit des Lesers erringen. Zu den Großen im Texten von Überschriften gehört deshalb sicherlich die BILD-Zeitung. Denn »Wir sind Papst!« wurde nach der Wahl Joseph Ratzingers zum Papst nicht nur zur großen Headline, sondern sogar zum geflügelten Wort.

Umfrage • Kann entweder als → Vox Pop eine eigene Darstellungsform sein oder auch ein beliebtes Mittel, um Meinungen darzustellen. Die wichtigste Umfrage ist dabei sicherlich die Sonntagsfrage, die einen ständigen Überblick über die aktuelle Beliebtheit der Parteien liefert. Starke Veränderungen oder kuriose Ergebnisse von Meinungsumfragen können dadurch selbst ein wichtiges Thema sein oder zumindest einen guten → Aufhänger liefern.

Versalien • Bedeutet nichts anderes als Großbuchstaben, die festgelegte Begriffe bilden. So würde kein Zeitungsleser sofort unter dem Begriff »Uno« die »UNO« erkennen und auch »EHEC« machte in Versalien einen viel wichtigeren Eindruck als »gemischt«. Versalien sind somit vor allem bei Abkürzungen wichtig, sollten jedoch nicht einfach hinzugedichtet werden, wenn es sich nicht um eine offizielle Bezeichnung handelt.

V. i. S. d. P. • Der Verantwortliche im Sinne des Pressegesetzes muss, im Sinne des Pressegesetzes eben, stets im → Impressum genannt werden. Er ist verantwortlich für den Inhalt und kann somit haftbar gemacht werden.

Visualisieren • Der Mensch ist ein visuelles Wesen, die größte Aufmerksamkeit liegt auf der Optik. Texte sind zwar auch mit den Augen zu erfassen, dennoch hilft die Visualisierung von Sachverhalten beim Verständnis und lockert das → Layout einer Seite auf. Vor allem Fotos oder Infografiken, die einen Überblick über Verläufe und Systeme zeigen, sind beliebte Mittel, um komplizierte Sachverhalte ansprechend zu präsentieren und gleichzeitig → herunterzubrechen.

VJ • Bei MTV und Viva hießen die Moderatoren mal VJs, also »Videojockeys«, die analog zum DJ die neusten Musikvideos aufgelegt haben. Im Journalismus sind VJs ebenfalls Pioniere: So bezeichnet man dort Videojournalisten, die ganz alleine mit der Kamera losziehen, um einen TV-Beitrag zu produzieren.

Videojournalisten sind dabei nicht nur für die inhaltliche Arbeit am Beitrag verantwortlich, sondern bedienen selbst Kamera und Mikrofon. Dadurch ist jede Menge Multitasking gefragt. Vor allem im → Interview, wenn der Ton auf die richtige Lautstärke gebracht werden muss, gleichzeitig die Kamera das Gesicht des Interviewpartners scharf stellen muss, man seine Fragen stellt und auf die Antworten des Gesprächspartners eingehen muss.

Volo(ntariat) • Neben Journalistenschulen und einem Journalistikstudium die dritte Möglichkeit, Journalismus in irgendeiner Form zu erlernen. Volontariate sind mindestens so rar gesät wie Plätze an Journalistenschulen, da die Ausbildung ausschließlich im alltäglichen Redaktionsablauf stattfindet. Dafür darf man sich danach ausgebildeter Redakteur nennen und hat durch das »Großwerden« in der Redaktion meistens gute Karten, wenn es um eine Festanstellung für die Zeit danach geht.

Vox Pop • Dem Volk eine Stimme geben: Vox populi bedeutet auf Latein nichts anderes als »die Stimme des Volkes« im Radio- und Fernsehjargon hat sich kurz Vox Pop als Bezeichnung für eine Umfrage eingebürgert. Diese findet meistens auf der Straße statt und kann als → Collage eine Sendung bunter machen oder gar einen → Aufhänger für angestaubte Themen liefern. Vox Pops sind besonders als Beschäftigung für Praktikanten beliebt, denn nirgendwo sonst merkt man in so kurzer Zeit, wie wichtig grundlegendes Handwerkszeug des Journalisten ist: nämlich die Auswahl der richtigen → Atmo, des geeigneten → Mikrofons und der Mut, auf Menschen zuzugehen.

Waschzettel • Die Zeit ist knapp, die Verführung ist groß und liegt in Form eines Waschzettels auf dem Tisch des Reporters. Meist von PR-Beratern oder Pressestellen vorbereitet, enthält der Waschzettel alle notwendigen Informationen rund um ein Ereignis oder ein Produkt. Und das auch noch in bestem Deutsch und kostenlos zur Verfügung gestellt, um direkt in der Zeitung abgedruckt zu werden. Dennoch: Waschzettel bleibt Waschzettel, also eine Pressemitteilung oder gar Werbung, direkt aus der Feder eines Betroffenen. Gute → Recherche lässt sich damit nicht ersetzen, dennoch geben immer wieder Redakteure der Verführung nach – und drucken den Waschzettel ganz oder in Auszügen ab.

Yellow Press • Bezeichnet die Gesamtheit der → Boulevardzeitungen und -zeitschriften an und für sich. Der Begriff stammt angeblich aus der Zeit gegen Ende des 19. Jahrhunderts: Damals lieferten sich die beiden amerikanischen Verleger Joseph Pulitzer und William Randolph Hearst einen erbitterten Kampf um die Vorherrschaft auf dem New Yorker Markt für Boulevardzeitungen. Beide druckten in ihren Zeitungen den Comic »The Yellow Kid« ab, wodurch der Begriff des »yellow kid journalism« und schließlich die »Yellow Press« entstanden sein sollen. Sicher ist nur: Nicht erst seit den Simpsons scheint gelb eine Erfolgsfarbe für Comics zu sein.

Zeile • Kann ganz unterschiedlich lang sein, je nach definierter Zahl der → Anschläge. Auf Basis der geschrieben Zeilen eines Beitrags wird schließlich oft das Honorar für freie Mitarbeiter ermittelt. Außerdem wird in den meisten Redaktionsprogrammen der Platz für Text in verfügbaren Zeilen angegeben.

Zwischentitel • Die → Bleiwüste unterbrechen ist das große Ziel des Layouters, zu dem schon der Autor etwas beitragen kann. Sinnvolle Zwischentitel, etwa Abschnittsüberschriften oder prägnante Zitate zwischen zwei Absätzen, entzerren den Fließtext und geben inhaltlich einen Vorgeschmack über das, was noch kommt.

Dank

Zeitnot ist die Berufskrankheit eines jeden Journalisten. Es war also keine Selbstverständlichkeit, dass Deutschlands Top-Journalisten einige wertvolle Stunden geopfert haben, um uns ihre Erfolgsgeheimnisse zu verraten. Auch im Namen unserer Leser gebührt ihnen hierfür ein besonders herzlicher Dank. Ebenso unserem Verleger Wolfgang Neumann, der sich sofort für dieses Buch begeistern ließ und uns immer mit professionellem Rat zur Seite stand.

Christina Metallinos war mit ihrem Enthusiasmus und ihrer Zuverlässigkeit eine Redaktionsassistentin, wie man sie sich nur wünschen kann – insbesondere beim Verfassen des Glossars. Stefan Rippler hat uns beim Mini-Praktikumsknigge mit wertvollen Tipps unterstützt. Martha Dudzinski, Wiebke Henke, Christian Hutter, Mateja Tadic, Bettina Weiss-Schaber und Susanne Zimmermann haben maßgeblich zum Entstehen des Ausbildungsverzeichnisses beigetragen, Manuel Heckel zur schematischen Darstellung der verschiedenen Ausbildungswege. Die journalistische Nachwuchsförderung der Konrad-Adenauer-Stiftung hat Jan Philipp während seines Studiums mit vielen lehrreichen Seminaren gefördert und u. a. durch ein fundiertes Interviewtraining unter der Leitung von Dr. Marcus Nicolini zum Gelingen dieses Buches beigetragen.

An dieser Stelle möchten wir außerdem von ganzem Herzen unseren Eltern und Großeltern danken, die uns unseren Traumberuf niemals auszureden versuchten, sondern unsere Pläne jederzeit mitfiebernd unterstützt haben. Ein besonders liebevoller Dank gilt unseren Freundinnen Carolin und Cecilia, die uns auf unserem Weg in den Traumberuf Journalismus trotz unserer häufigen Abwesenheit seit Jahren stets verständnisvoll, ermutigend und bestens beratend begleiten.

Über die Autoren

Dr. Jan Philipp Burgard (geb. 1985) studierte Politikwissenschaft in Bonn und an der Pariser Sorbonne. Schon während des Studiums schrieb er für Die Welt, Süddeutsche Zeitung, Handelsblatt und Focus und war Chefredakteur der Zeitschrift absolut°karriere. Als Producer im ARD-Studio Washington berichtete er über den US-Präsidentschaftswahlkampf 2008 und begleitete die Obama-Kampagne hautnah. Darüber ist im Nomos-Verlag sein erstes Buch erschienen: »Von Obama siegen lernen oder ›Yes, We Gähn!‹?« Von 2009 bis 2011 arbeitete Burgard für die ARD Tagesthemen. Inzwischen ist er als Reporter unterwegs für den NDR und das ZDF Morgenmagazin. Das Medium Magazin wählte ihn unter die 30 Top-Journalisten in Deutschland unter 30 Jahren. *www.jp-burgard.de*

Bibliografie:
Wege in den Traumberuf Journalismus, Münster 2012
Glauben Sie noch an die Liebe?, München 2012
Entern oder Kentern? Wie zwei Piraten-Abgeordnete die ersten Tage nach der Berliner Wahl erlebten in: *Die Piratenpartei. Alles klar zum Entern?*, Berlin 2011
Von Obama siegen lernen oder »Yes, We Gähn!«?, Baden-Baden 2011

Moritz-Marco Schröder (geb. 1983) ist Gründer und Herausgeber der Zeitschrift absolut°karriere, dem bundesweiten Karriere-Ratgebermagazin für angehende Abiturienten. Es zeigt motivierten Schülerinnen und Schülern der gymnasialen Oberstufe die spannendsten Ausbildungs- und Studienmöglichkeiten auf und erscheint bundesweit mit einer Druckauflage von 440.000 Exemplaren pro Jahr direkt an zum Abitur führenden Schulen. Moritz-Marco Schröder interviewt für absolut°karriere regelmäßig Prominente aus Wirtschaft, Sport und Politik. Außerdem veranstaltet er die bundesweite Eventreihe »Wege in den Traumberuf Medien« mit jährlich rund 10.000 Teilnehmern. *www.moritzmarcoschroeder.com*

Bibliografie:
Wege in den Traumberuf Journalismus, Münster 2012

Hinter den Kulissen der Inszenierungsgesellschaft

Jens Bergmann
Bernhard Pörksen
(Hrsg.)

Medien menschen

Gespräche mit

Joschka Fischer
Michel Friedman
Gregor Gysi
Regina Halmich
André Heller
Hans-Olaf Henkel
Tim Mälzer
Günter Netzer
Verona Pooth
Peter Sloterdijk
Franziska van Almsick
u. v. a.

Wie man
Wirklichkeit
inszeniert

solibro

Was machen Prominente mit den Medien? Was machen die Medien mit den Prominenten? Wer ist Täter, wer Opfer? Wie funktioniert das Geschäft mit der Selbstdarstellung, und was ist sein Preis? Nach welchen Regeln konstruiert man Authentizität?

Diesen Fragen haben sich 30 herausragende Persönlichkeiten aus Politik, Wirtschaft, Wissenschaft, Religion, Sport und Entertainment gestellt. Sie berichten in sehr persönlicher Form über den Widerspruch zwischen Image und Ich, über ihre Hassliebe zu den Medien, über Schlüsselerlebnisse und folgenschwere Fehler im Kampf um Aufmerksamkeit.

Jens Bergmann, Bernhard Pörksen
(Hrsg.): Medienmenschen.
Wie man Wirklichkeit inszeniert.
Gespräche mit Joschka Fischer, Verona Pooth, Peter Sloterdijk, Hans-Olaf Henkel, Roger Willemsen u. v. a.
Münster: Solibro Verlag 2007
[defacto, Bd. 1] ISBN 978-3932927-32-4
Broschur • 352 Seiten

mehr **Infos & Leseproben:**
www.solibro.de

**Der erste Rat-
geber, der zeigt,
dass Weisheit
erlernbar ist.**

SOLIBRO KLARSCHIFF

GUIDO ECKERT

DER VERSTAND IST EIN DURCHTRIEBENER SCHUFT

Wie Sie **garantiert** weise werden

In **10** Schritten
durch
jede Krise!

Eine weit verbreitete Ansicht geht davon aus, dass Weisheit etwas sei, das sich zwar mühsam, aber automatisch mit zunehmendem Alter einstelle. Diese Ansicht ist in zweierlei Hinsicht falsch.

Zum einen ist nicht jeder Greis zwangsläufig weise. Und zum anderen lässt sich Weisheit kultivieren und auch schon in jüngeren Jahren praktizieren.

Dieses Buch zeigt konkret, welche Blockaden im Denken gelöst werden müssen, um weise zu werden. In 10 Schritten. Ohne Vorkenntnisse, für jeden Bildungsgrad.

Guido Eckert:
**Der Verstand ist ein durch-
triebener Schuft. Wie Sie
garantiert weise werden**
Münster: Solibro Verlag 2010
[Klarschiff Bd. 3]
ISBN 978-3-932927-47-8
Broschur • 256 Seiten

mehr **Infos & Leseproben:**
www.solibro.de